[제2판]

현대 노인복지론

Social Welfare for the Elderly

박 상 훈

정민사
JUNGMINSA

머 · 리 · 말

우리나라는 세계에서 가장 빠르게 저출산 · 고령화가 진입되고 있으며, 출생아 수가 지난해 20만 명대로 줄어들고 합계출산율(0.84명)은 세계에서 최악의 수준이다. 반면 인구고령화 속도는 세계에서 가장 빠르다. 2025년에는 65세 이상 노인 인구가 천 만명이 넘어 초고령사회로 진입된다. 급격한 노인인구 증가와 베이비붐세대 고령화 진입으로 노인의 욕구충족과 문제 해결은 새로운 차원에서 다루어져야 될 것으로 본다. 또한 생산가능인구도 매년 감소하고 있다. 생산할 사람이 줄면 국가경제도 문제지만 노인복지정책 및 시스템을 한시라도 빨리 개선해서 경제 발전에 일조할 수 있도록 해야 된다.

그동안 많은 노인복지론이 출판되었으나 2018년 사회복지사업법 시행규칙 일부 개정안과 사회복지 현장에서 겪을 수 있는 여러 가지 새로운 문제에 대비하게끔 현대 노인복지론을 출간하게 되었다. 현대 노인복지론의 교과목이 가진 목표는 우리나라가 초고령사회에 진입하면 노인에 대한 기본적인 이해와 노인성 질병인 치매 예방 프로그램으로 대비할 수 있게 하였다. 특히, 노인장기요양보험제도에서 노인등급 관련 서비스에 대하여 자세히 알 수 있게 하였고, 노인복지정책 및 노인복지시설을 운영할 수 있도록 하였다. 마지막으로 노인복지의 미래산업을 구체적으로 제시하였다.

이 책의 체계적인 구성은 노인의 이해, 노인복지의 실천 분야, 노인복지정책 및 전망의 3개 부문으로 나누어 총 13개 장으로 배치하였으며, 그 세부적인 구성과 내용을 소개하면 다음과 같다.

제1부 〈노인의 이해〉 영역에서는 본격적인 노인복지를 논의하기 전에 일반적이고 기초적인 개념과 이론을 학습할 수 있는 내용을 5개 장으로 배정하였으며,

제1장에서는 서론에 해당하는 부문으로서 노인과 노화의 이해를 위하여 노인의 정의, 고령사회의 노인문제, 노인의 신체적 · 심리적 · 사회적 특성에 관하여 다루었다. 제2장에서는 노인의 인권보호를 위한 원칙과 노인학대를 분류하여 다루었으며, 제3장에서는 현대노인이 겪는 노인의 성 문제, 노인고독사, 노인자살을 새로운 차원에서 분석하였다. 제4장에서는 노인의 주요 사회문제로서 노인의 예비죽음 교육 및 호스피스에 대하여 자세하게 다루었다. 제5장에서는 노인성 질병인 치매 원인과 유형, 증상, 치료, 가족 돌봄, 지원 사업을 구체적으로 다루고 성년후견제도를 소개하였다.

제2부 〈노인복지의 실천 분야〉 영역에서는 노인의 문화활동과 경제활동에서 다루어지는 노인복지서비스가 전달되는 실천현장에서 활용되는 노인사례관리와 노인상담 기법에 관한 실무적이고 전문성을 익힐 수 있도록 4개 장으로 배정하였다. 세부적으로 보면 제6장 노인여가문화에서는 노인평생교육의 필요성, 노인여가활동의 유형, 노인자원봉사의 현황을 자세히 다루었다. 제7장에서는 노인경제활동의 중요성과 일사리지원사업을 현재 진행 중인 유형별로 소개하고, 노인고용촉진 방안을 세부적으로 서술하였다. 제8장에서는 노인의 사례관리에 중요한 실천과정별 실무적인 과정을 소개하였다. 제9장 노인상담은 실천현장에서 활용되는 상담기법을 중요하게 다루었다.

제3부 〈노인복지정책 및 전망〉 영역에서는 노인복지를 이해하는 목적과 원칙 이론에서부터 노인복지 발달사 및 노인복지정책을 학습할 수 있는 내용과 노인복지시설 설치 · 운영에 필요한 특례 사항까지 세부적으로 소개하였고, 미래산업의 전망도 제시하여 4개 장으로 배정하였다. 제10장에서는 노인복지정책의 개괄적인 이해를 위해 노인복지의 목적과 원칙, 노인복지정책의 개념과 노인복지의 전개과정도 구분하였고, 노인복지정책 유형 중 소득보장인 국민연금, 기초연금, 국민기초생활보장, 의료복지정책은 의료급여제도 프로그램을 이해하는 초입 단계 역할을 하도록 하였다. 주거보장정책도 자세히 설명하였다. 제11장에서는 노인장기요양보험제도를 학습하면서 만약에 가정에 노인 대상자가 있으면 혼자서 진행할 수 있도록 아주 상세히 소개하였으며, 일본 개호보험도 비교할 수 있게

자세히 다루었다. 제12장에서는 노인복지의 미래산업인 고령친화산업, 노년공학, 특히 로봇공학, 인공지능을 자세히 다루었다. 마지막으로 제13장에서는 노인복지서비스 실천이 이루어지는 시설을 다루는 장이므로 먼저 노인복지시설 전체를 개관하고 노인주거와 관련된 노인주거복지시설과 노인의료복지시설, 재가노인복지시설, 노인여가복지시설, 노인보호전문기관에 대하여 설치목적과 입소대상, 설치 · 운영 기준을 세부적으로 서술하였으므로 노인복지시설을 설립하려는 분에게는 많은 참고가 되었으면 한다.

끝으로 이 책을 통하여 노인복지를 학습하는 분이나 일반인도 알 수 있게 구체적으로 편집하였고, 이 책에서 미흡한 부분에 대해서는 개정할 기회가 있으면 수정할 것을 약속한다. 전 한국노인복지학회 회장 이근홍 교수님, 조언과 격려를 해주신 협성대학교 인문사회과학대학장 김익균 교수님에게 우선 감사를 드리고 싶다. 아울러 어려운 출판환경 속에서도 좋은 책 내기에 힘쓰고 있는 정민사 박세원 대표님에게 감사의 말씀을 드리고, 출판그룹 임직원 여러분께도 감사의 말씀을 드린다. 조만간에 백수를 맞이하실 어머님에게 감사드리며 항상 건강하시길 바랍니다.

2022년 5월

봉담 연구실에서 박 상 훈

CONTENTS

차 · 례

PART

01

노인의 이해

CHAPTER 01

Social Welfare for the Elderly

고령화사회와 노인

1. 노인의 정의

노인에 대한 정의를 학문적으로 정의하고자 한다면 용이하지가 않다. 왜냐하면 노인하면 연령으로 기준으로 한다. 만 65세라는 연령은 노인이 되는 정책적 및 행정적 편의기준으로 활용되고 있는 것이지 노화의 개인 차이에 대하여는 고려되지 않은 기준으로 노화에 대한 신체적 · 심리적 · 사회적 · 개인적 · 연령적 · 기능적 특성에 대한 개념이 반영되지 않고 사용되고 있다. 일반적으로 노인이란 신체적으로 늙어가고 있으며, 심리 · 정서적으로도 성격 변화와 정신적 기능이 약화되어지고 있는 사람이다. 그럼, 노인이란 어느 정도의 연령으로 규정할 건지 또는 어느 정도 노화 상태면 노인으로 규정할 건지에 대하여는 그 시대와 사회적 · 개인적 · 신체적 · 연령적 · 기능적 · 심리적으로 개개인의 주관적 입장에서도 상당히 많은 차이가 있다. 이러하듯 노인을 한 마디로 정의하기는 쉽지 않다.

노인에 대한 개념은 국가나 사회적 · 경제적 · 문화적 배경과 사회의 관습 · 규범 또는 그 사회의 전통과 역사에 따라 다를 수 있기 때문이다. 용어의 사용에서도 어르신, 연장자 등으로 사용되기도 한다(박석돈 외, 2016). 따라서 모든 인간은 성장, 성숙, 노화라는 세 가지 단계를 거쳐 발달(Atchley, 2003)하게 되는데, 이 중에서 노화 단계에 속하는 사람을 '노인'이라는 용어로 구별하여 부르고 있다. 그리고 연령이나 '신체적으로 늙었다'고 하는 생물적인 노화를 기준으로 노인을 규정하는 경우가 일반적이지만, 연령에 따라서 인간의 발달 단계를 획일적으로 구분하는 것에는 한계가 있다(권중돈 외, 2004). 우리나라에서는 만 65세인 노인의 기준연령은 1981년 노인복지법이 제정되면서 통용되기 시작했다. 그러나 당시 기대수명은 66세였지만 40여 년이 지난 현재 평균기대수명이 83.3세로 크게 높아졌다. 2015년 대한노인회 정기이사회에서는 노인의 기준 연령을 현행 65세에서 70세로 높여야 한다는 입장을 정하면서 노인연령 기준 상향 조정하는 것을 제시하였다. 이러한 측면에서 노인의 연령기준을 70세로 상향 조정하면 국가는 재정 부담이 크게 주는 반면에 노년층은 소득의 증가 없이 복지만 줄어들 경우 노인 빈곤율은 높아질 수 있고, 노인층의 재취업으로 청년층 취업은 더욱 더 어려워지기 때문이다. 노인의 연령기준 상향조정은 계속적으로 논의가 필요하나 충분한 기간과 단계적인 상향 조정이 되어야 되며, 사회적 합의도 필요하다.

1) 노화 현상에 의한 개념

노인의 개념은 '국제노년학회의 정의'와 '조작적 설정에 의한 개념'로 구분할 수 있는데, 이는 노인의 노화 현상과 노인의 특정 연령을 대표적으로 사용하는 노인의 개념을 살펴보면 다음과 같다.

(1) 국제노년학회의 정의

미국 세인트루이스시에서 1951년 제2회 국제노년학회에서는 노인의 개념을 노화현상과 관련하여 노인의 특징을 가진 사람을 다음과 같이 정의하고 있다.

가. 환경 변화에 적절히 반응할 수 있는 생리적 조직기능이 쇠퇴하고 있는 사람
나. 생체의 자체 통합력이 감퇴하고 있는 사람
다. 생체의 기관, 조직, 기능이 감퇴기에 있는 사람

라. 생체의 적응 능력이 제대로 되지 않는 사람

마. 생체조직의 예비능력이 감퇴하여 환경 변화에 적응력이 떨어지는 사람

Biren(1959)은 노인의 개념을 노화 현상과 결부하여 정의하여 노인을 첫째, 생리적 및 생물학적인 면에서 퇴화기에 있는 사람, 둘째, 심리적인 면에서 정신기능과 성격이 변화되고 있는 사람, 셋째, 사회적인 면에서 지위와 역할이 상실되어가는 사람으로 규정하고 있다. 이러한 노화현상에 의한 노인은 생리적 · 신체적 · 심리적 · 사회적 역할기능이 약화되고 있는 사람이라고 정의할 수 있다.

(2) 조작적 설정에 의한 개념

노인에 대한 조작적 개념을 보면 사회과학적 조사 연구대상의 목적으로 행정적 · 정책적 편의를 위해 인위적, 혹은 조작적 설정에 따라 노인의 정의가 이루어진다고 볼 수 있다. 조작적으로 규정한 노인의 개념을 보면, 개인의 자각에 의한 노인, 역연령에 의한 노인, 사회적 역할 상실에 의한 노인, 기능적 연령에 의한 노인으로 정의하나, 역연령에 의한 정의가 대표적으로 이루어진다고 볼 수 있다. 역연령(chronological age)에 따른 노인의 정의는 일정 연령에 이르게 되는 역연령이 가장 보편적으로 사용하는 정의다. 역연령에 따르면 사람이 태어난 날부터 달력상 나이로 계산한 만 나이가 일정 연령 이상일 경우 노인으로 규정한다. 이 정의는 독일의 노령연금 수급기준을 65세로 규정한 것에서 유래되었는데, 서구에서는 일반적으로 사회보장제도의 급여 수급자격 기준을 65세로 규정하고 있다.

따라서 국가나 사회가 노인복지정책을 수립하기 위해 노년기의 출발시점을 특정 연령으로 결정하여야 할 경우, 역연령에 의한 노인의 정의는 불가피한 경우이겠지만 실제적 상황에 있어서는 사람들의 노화의 개인차를 도외시하는 정의라고 할 수 있을 것이다(윤선오 외, 2005). 특정 연령적 집단을 동일한 특성의 집단으로 분류함에서 오는 무리를 피하기 위해서 미국 시카고대학의 심리학 교수 Neugarten (1974)은 노인의 연령 범위를 고려하여 세부적으로 구분한 특정 연령집단 분류를 보면 55~74세의 노인을 연소노인, 75~84세의 노인을 고령노인, 85세 이상 노인

을 후기노인으로, Brody(1977)는 60~64세의 노인을 연소노인, 65~74세의 노인을 중고령노인, 75세 이상의 노인을 고령노인 그리고 미국 통계국에서는 55~64세를 연소노인, 65~74세를 노인, 75~84세를 고령노인 85세 이상을 초고령노인으로 구분한다.

그러나 행정업무상 혹은 복지정책상의 노인은 모두가 역연령의 구분에 의해 결정되는데, 우리나라의 경우 「국민연금법은 2022년에는 62세를 노령연금 수급연령으로 정하고 있으며, 「국민기초생활보장법」이나 「노인복지법」상의 공공부조에 의한 수급연령대상은 대부분 65세로 정하고 있다. 그리고 「고용상 연령차별금지 및 고령자고용촉진에 관한 법률」상으로 고령자는 55세 이상인 자, 준고령자는 50세 이상에서 55세 미만인 자로 규정하고 있다(고수현 외, 2018). 그럼에도 만 65세라는 연령은 노인이 되는 정책적 및 행정적 편의 기준으로 활용되고 있으나 노화의 개인 차이에 대하여는 고려되지 않은 기준으로 노화에 대한 신체적 · 심리적 · 사회적 · 개인적 · 연령적 · 기능적 특성에 대한 개념이 반영되어야 한다.

2) 노인의 용어

노인이란 용어는 나이든 사람, 혹은 늙은 사람에 대한 일반적인 호칭으로 사용되고 있으며 고령자, 연장자, 할아버지, 할머니라는 호칭을 사용하는 반면에 노인의 부정적 의미를 줄이기 위해 노년이란 용어를 표현하기도 한다. 국가나 사회적 · 경제적 · 문화적 배경 및 시대와 사회적 흐름에 따라 의미가 다르게 표현되기 때문에 노인에 대한 개념을 명확하게 정의하기는 용이하지 않다.

한국사회복지협의회는 1998년 UN이 정한 세계 노인의 해를 맞이하면서 노인의 사회적 지위 향상과 권익 증진의 일환으로 '노인'을 대체할 수 있는 새로운 호칭을 공모하여 '어르신'으로 결정하고 이후부터는 '어르신'으로 부를 것을 장려하였으며, 문서나 정책 등의 표현에서는 '노인'이라는 단어를 기존과 같이 사용하여 왔다(김인혁, 2011). 노인의 호칭은 영어권 국가에서는 연세가 드신(elderly), 나이든 사람(aged), 늙은 사람(older person), 연장자(Senior), 선배시민(senior citizen), 황금연령(golden age), 일본은 실버(silver), 중국은 60대 장년(長年), 70대 존년(尊年) 등으로 표현한다.

2. 고령사회와 노인문제

1) 인구고령화 현상

(1) 노인인구 고령화 추이

우리나라의 고령화 현상은 현대사회의 급속한 사회발달과 더불어 경제개발과 함께 소득수준이 향상되고 의료기술의 발전과 영양 식생활의 개선 등으로 평균수명이 늘어나는 인구의 고령화라는 또 하나의 사회현상을 만들고 있다. 최근에 와서는 고령화 진척 속도가 급격한 속도로 고령화가 진행되고 있어 세계에서 가장 빠른 속도로 초고령사회로 진입하고 있다

우리나라는 2000년 노인인구 비율이 7.2%로서 '고령화사회'로 진입한 이래 2017년 65세 이상 노인인구가 767만 명(14.9%)을 차지하면서 '고령사회'로 진입했다고 볼 수 있다. 노인인구가 2025년에는 1,177만 명(22.8%)을 넘고 '초고령사회'로 진입된다고 볼 수 있다. 이후 2035년에는 1,724만 명(33.9%), 2045년에는 2,189만 명(44.6%), 2055년에는 2,377만 명(52.6%)으로 급속하게 증가할 전망이다. 향후 40년 후에는 우리나라 총인구가 약 1,000만 명 이상 크게 감소되며, 반면에 65세 이상 노인인구가 최고치로 증가하게 되면 우리나라 전체 인구 중 2명 중 1명이 노인이 된다는 것이다. 또한 85세 이상 초고령 노인인구는 2017년 60만 명에서 2025년에 100만 명이 넘고, 2065년 540만 명으로 2017년 대비 9배 수준으로 크게 증가할 전망이다. 65세 이상 고령인구 성비도 2017년 73.9명, 2065년에는 91.2명으로 높아질 전망이다(통계청, 2021).

표 1-1 **고령인구 추이** (단위: 만 명, %, 여자인구 1백 명당)

구분		2017	2020	2025	2030	2035	2040	2045	2050	2055	2060	2065	2070
총인구		5,136	5,184	5,145	5,120	5,087	5,019	4,903	4,736	4,515	4,262	4,007	3,766
고령인구	65세 이상	707	815	1,059	1,306	1,529	1,724	1,834	1,900	1,877	1,868	1,840	1,747
	85세 이상	60	78	118	158	195	253	355	441	500	541	540	544
구성비	65세 이상	13.8	15.7	20.6	25.5	30.1	34.4	37.4	40.1	41.6	43.8	45.9	46.4
	85세 이상	1.2	1.5	2.3	3.1	3.8	5.0	7.2	9.3	11.1	12.7	13.5	14.4
성비	65세 이상	73.9	76.0	79.7	82.5	84.0	85.1	85.5	86.2	87.1	89.3	91.2	92.7
	85세 이상	34.6	37.5	42.9	47.7	53.2	57.5	61.3	63.3	64.7	66.9	68.9	71.6

출처: 통계청(2021). 장래인구중위추계.

고령사회와 초고령사회

UN이 제시한 기준에 의하면 한 국가의 총인구 중 65세 이상 인구가 차지하는 비중이 7% 이상이면 고령화사회(ageing society), 14% 이상이면 고령사회(aged society), 20% 이상이면 초고령사회(super-aged society)로 분류된다.

(2) 노년부양비 및 노령화지수의 급격한 상승

노년부양지수 및 노령화지수의 급격한 상승은 사회적 노인부양 부담을 증가시키고, 유년인구보다 노년인구가 많아짐으로써 미래에 우리 사회의 활력이 저하된다고 볼 수 있다. 노년부양비는 2020년 21.7명으로 65세 이상 고령자 1명에 대해 생산연령인구(15~64세) 4.6명이 부양한다. 저출산·고령화의 영향으로 65세 이상 고령자가 많아지면서 노년부양비 증가 속도가 빨라져 2065년에는 100.4명으로 생산연령인구를 넘어설 것으로 보인다. 따라서 생산연령인구의 노인부양부담이 급격히 늘어나서 사회적인 노인부양부담을 가중시킨다는 것이다.

노령화지수는 0~14세 인구 100명당 65세 이상 인구로 2016년 100.1명으로 0~14세 인구를 넘어서, 2020년 129.0명으로 나타나 노령화지수는 지속적으로 증가하여 2060년에는 현재의 4.6배 수준인 546.1명으로 증가할 전망이다. 미래에는 유년인구보다 노년인구가 많아진다고 전망할 수 있다.

출처: 통계청(2019). 「인구주택총조사」.

참고: 1) 노년부양비 = (65세 이상 인구/15~64세 인구)×100

2) 노령화지수 = (65세 이상 인구/0~14세 인구)×100

3) 고령자 1명당 생산연령인구 = 15~64세 인구/65세 이상 인구

그림 1-1 노년부양비 및 노령화지수

(3) 베이비붐세대 고령사회 진입

우리나라는 한국전쟁 이후인 1955년부터 1963년 초반에 태어난 세대를 베이비붐세대로 규정해 왔다. 이 기간에 태어난 출생아를 1차 베이비붐이라고 한다. 현재 생존하는 1차 베이비붐 인구수는 약 6,936만 명(2020) 정도이고, 우리나라 전체 인구의 13.3%를 차지하는 최대 인구세대이다. 이들이 은퇴를 시작하여 65세가 되는 첫 시점인 2020년부터 베이비붐세대가 고령사회에 진입되었다. 이후 매년 베이비붐세대의 진입으로 고령화의 증가 속도는 더욱 더 빨라질 것이다. 그 후로 우리나라는 급속한 경제성장과 더불어 매년 출생아 수가 80만 명을 넘었는데, 이 사이에 태어난 제2차 베이비붐세대가 1968년부터 1974년이다. 1, 2차 베이비붐세대를 합치면 총인구의 31.8%(1,649만 명)를 차지하는 거대한 인구세대가 된다. 그동안 우리 경제 · 사회 · 현대화에 기여한 베이비붐세대가 인구구조에 미치는 효과는 매우 클 것으로 예상되기 때문에 앞으로 중 · 장기적인 대책이 수립되어야 될 것이다(통계청, 2020).

한편 우리나라 1차 베이비붐세대들은 1970년대 중반부터 우리나라가 고도 경제성장을 이루던 시기에 산업역군으로써 각 분야에서 중추적인 역할을 하며 국가경제에 이바지한 세대들로 평가된다. 또한, 이 시기에는 경제성장과 더불어 민주화를 동시에 이루어내고 IMF를 극복한 세대이다. 또한 1차 베이비붐세대의 특징은 높은 고학력, 고소득(연금 등), IT문화 친숙, 여가문화와 사회참여 욕구가 적극적이고 후기 고령자층하곤 다른 양상이다. 또한 개인주의적 성향과 욜로(yolo)라이프 선호층으로 차후 소비경제 주력층으로 부상할 수 있는 '신노년층'라고 볼 수 있다. 우리나라가 초고령사회로 진입하는 2025년에는 1차 베이비붐세대가 고령화 인구로 급격하게 편입되어 빠르게 초고령사회를 촉진하고 있다. 한편 2차 베이비붐세대가 65세에 이르는 2030년 후반에는 고령화 인구 비율이 상승될 수 있는 것을 알 수 있고, 2차 베이비붐세대도 고령인구 증가에 많은 영향을 미친다고 볼 수 있다.

(4) 국가별 인구고령화 속도

우리나라는 1960년 이후 노인인구가 꾸준히 증가하여 고령화 현상이 다른 선진국에 비해 훨씬 빠른 속도로 진행되고 있다. 2000년에는 노인인구 비율이 7.2%로 고령화사회로 진입하였으며, 2017년에는 노인인구 비율이 14%인 고령사

표 1-2 국가별 인구고령화 속도

국가	도달 연도			증가 소요 년수	
	고령화사회 (7%)	고령사회 (14%)	초고령사회 (20%)	고령사회 (7% → 14%)	초고령사회 (14 → 20%)
한국	2000	2017	2025	17	8
일본	1970	1994	2006	24	12
독일	1932	1972	2009	40	37
미국	1942	2015	2036	73	21
이탈리아	1927	1988	2006	61	18
프랑스	1864	1979	2018	115	39

출처: 통계청(2006). 장래인구 추계결과.

회에 도달하는 데 걸리는 소요 년수가 17년이며, 고령사회에서 초고령사회가 되는 2025년에 20%에 도달하는 데 걸리는 소요 년수가 8년으로 세계 일본, 독일, 미국, 이탈리아, 프랑스 등 세계 다른 국가에 비해 급속하게 빠른 속도로 초고령사회가 되어가고 있다.

2) 고령사회의 노인문제

고령사회가 되면서 나타나는 노인문제에 대해 고령자 1인 가구 증가, 노인 의료비 및 케어 비용 증가, 복지비용 및 노동시장의 변화, 노인의 4고(苦), 노인부양 및 해결 방안 측면에서 살펴본다.

(1) 고령자 1인 가구 증가

고령자 1인 가구는 배우자 및 친인척 중 누구와도 거주를 함께하지 않는 노인을 의미한다. 이러한 고령자 1인 가구의 심각한 사회문제는 정서적인 외로움에 견디지 못하고, 경제적이나 신체적으로 어려움을 겪어 자살로 이어지는 경향이 상당히 많이 발생된다. 장래가구특별추계에 의하면 2020년 가구주 연령이 65세 이상인 고령자 가구는 4,642천 가구로 전체 가구의 22.8%를 차지하고, 1인 가구는 1,589천 가구(34.2%)를 차지하고 있다.

고령자 가구가 차지하는 비중은 계속 늘어나 65세 이상인 고령자 가구는 2047년에는 우리나라 전체 가구의 약 절반(49.6%)이 고령자 가구가 될 것으로 전망되고, 1인 가구도 지속적으로 증가하여 4,051천 가구(36.6%)를 차지하게 된다. 또한, 가구 유형별로 봐도 1인 가구(34.2%)가 가장 높다. 부부(33.1%), 부부+미혼자녀(9.7%), 부(모)+미혼자녀(5.5%) 순으로 높게 나타난다.

표 1-3 **고령자가구 및 1인 가구** (단위: 천 가구, %)

연도	총 가구	고령자 가구[1)]	비중	고령자 가구 유형 및 구성비									
				부부	구성비	부부+미혼자녀	구성비	부(모)+미혼자녀	구성비	1인 가구	구성비	기타	구성비
2000	14,507	1,734	11.9	573	33.1	184	10.6	79	4.5	544	31.4	354	20.4
2010	17,495	2,923	16.7	985	33.7	286	9.8	149	5.1	991	33.9	512	17.5
2020	20,350	4,642	22.8	1,536	33.1	450	9.7	255	5.5	1,589	34.2	812	17.5
2030	22,036	7,438	33.8	2,420	32.5	729	9.8	400	5.4	2,586	34.8	1,302	17.5
2040	22,651	10,012	44.2	3,136	31.3	943	9.4	510	5.1	3,623	36.2	1,799	18.0
2047	22,303	11,058	49.6	3,302	29.9	1,019	9.2	547	4.9	4,051	36.6	2,139	19.3

출처: 통계청(2020), 「장래가구특별추계」.
주 1) 가구주의 연령이 65세 이상인 가구

(2) 노인 의료비 및 케어 비용 증가

노인인구의 증가는 만성질환 치료수요의 높은 증가로 이어져 65세 이상 노인 한 사람의 의료비 지출이 2018년 65세 이상 고령자의 건강보험상 1인당 진료비는 448만 7천원, 본인부담 의료비는 104만 6천원으로 각각 전년보다 32만 5천원, 3만 1천원 증가하였다(그림 1-2).

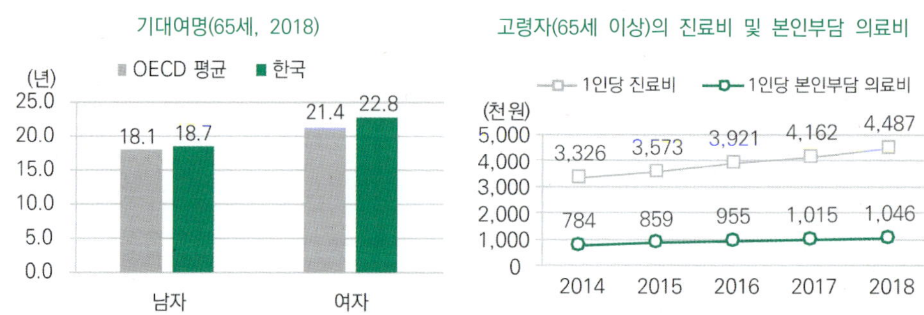

자료: OECD, 「Health Status」(2020.8.13. 기준)

자료: 국민건강보험공단 · 건강보험심사평가원, 「건강보험통계」

출처: 통계청(2020). 장래가구 특별추계.

그림 1-2 **65세 이상 기대여명 및 진료비 · 본인부담금**

개인 의료비 지출이 늘어남과 동시에 노인인구도 크게 증가하면서 2018년 65세 생존자의 기대여명은 20.8년(남자 18.7년, 여자 22.8년)으로 경제협력개발기구(OECD) 평균 대비 남자는 0.5년, 여자는 1.5년 더 높은 수준이다(통계청, 2020).

한국보건사회연구원(2017)의 요양보호비용 추계에 의하면, 2001년 6조 8억 원, 2005년 8조 3천억 원, 2010년 10조 1천억 원, 2020년 14조 6천억 원 등 장기요양보호를 필요로 하는 노인 수의 증가에 따라서 비용도 기하급수적으로 증가하고 있다. 즉, 노인인구 증가 및 평균수명 연장에 따른 고령자세대의 건강상태 악화로 노인 의료비용이 증가하게 되며 노부부 사별 후 독거노인이나 노인 1인 가구의 증가 및 돌봄 부재로 인한 요양서비스를 제공하기 위한 요보호노인 케어 비용이 크게 늘어날 것으로 예측되고 있다.

(3) 복지비용 및 노동시장의 변화

인구고령화로 노인인구 증가로 각종 복지비용이 증가하게 되며 그중 국민연금 수급률이 급증하고 현행 체제가 유지된다면 2050년에는 기금이 완전히 소진되는 등 심각한 연금 재정위기에 직면할 우려가 제기되고 있다. 고령화가 진전되면 경제활동인구가 감소하기 때문에 보험료를 내는 수는 감소되고, 평균수명 연장에 따라 수급자의 증가가 초래되어 연금재정의 지출은 증가할 것으로 전망된다. 노인인구의 증가는 연금 수급자의 증가 및 노인의료 및 재정지출 등 복지비용 급증으로 이어지기 때문이다. 이와 같이 고령화 진전으로 노인빈곤 및 소외, 노동력 부족, 의료비 및 연금재정 고갈 등 각종 사회·경제적 문제가 파생되는데, 이러한 문제를 완화하기 위한 방안 마련을 국가는 중·장기적인 계획으로 실천해야 된다.

노동시장 변화는 인구고령화의 고령자 노동공급은 증가하고 청년인구는 감소되어 환경변화에 대한 적응력 및 경제의 활력이 떨어지며, 산업구조 변화 등 환경변화와 상승작용을 일으켜 임금·정년제 등 고용관행 전반에 영향을 미칠 전망이다. 따라서 노동력 부족 문제를 해결하기 위해서는 여성 경제활동참여가 늘어나면서 일과 가정의 양립이 중요시되고, 고령자 고용확대의 필요성이 더욱 중요하게 대두될 전망이다. 따라서 산업인력의 고령화는 획기적 생산성의 향상이 이루어져야 된다.

(4) 노인의 4고(苦)

노인문제는 노년기에 은퇴 후 소득 감소로 빈곤 문제가 야기되며, 노화 및 신체적 약화로 질병이나 건강상의 문제가 발생되고 있다. 가족의 단절로 인한 노년기에 소외감이나 고립될 수 있으며, 노후에 아무런 할일이 없는 무위로 역할 상실이 이루어진다고 볼 수 있다. 이로 인하여 일반적으로 노인이면 누구나 당면할 수 있는 문제로 빈곤, 질병, 고독, 역할 상실의 4고(苦)로 나누어진다.

가. 빈곤

현대 산업사회에서 노동력이 상품화되어 기술과 능력이 부족한 노인들은 점차 산업 현장에서 물러나게 되면서 생계수단이며 소득의 주요한 원천인 일자리를 잃게 됨으로써 노인들이 빈곤에 시달리는 경우가 많다. 2018년 기준 우리나라 은퇴연령층(66세 이상)의 상대적 빈곤율은 43.4%로 경제협력개발기구(OECD) 가입국 중 가장 높은 수준으로 나타났다(OECD, 2020.8.19. 기준, 「Social and Welfare Statistics」).

나. 질병

노인들은 생물학적 노화로 인하여 건강이 약화되면서 각종 질병에 시달리고 있으며, 주로 만성적 질병과 합병증이 나타나고 있다. 이러한 질병은 진행정도가 느리고 회복이 어려운 관계로 과다한 의료비 지출을 야기시켜 노인들을 더욱 어렵게 하고 있다. 새로운 약이 개발되고 치료할 수 있는 질환이 늘수록 진료비는 증가한다. 고혈압, 관절염, 당뇨, 정신질환, 치주질환 등 5대 만성질환 노인의료비는 2005년 1조 5,287억 원에서 2015년 6조 2,348억 원으로 3배 이상 늘었다. 또 서구화된 식습관과 비만 역시 만성질환 의료비를 높이는 요인이다(국민건강보험공단, 2017).

다. 고독

노인이 되면서 직업적 · 사회적 역할 및 지위의 상실, 사회참여 기회의 상실 자녀세대와의 가치관과 지식 수준의 차이 등은 노인으로 하여금 고독과 소외감을 느끼도록 하며, 이들은 노인에게 심리적 갈등을 유발하여 우울증과 자살에 이르게까지 한다. 고독과 소외의 문제는 현대사회의 특징으로 많은 사람들이 경험하게 되는 일이기는 하지만 모든 것을 상실한 노인들에게는 더욱 심각한 문제가 아닐 수 없다.

라. 역할 상실

산업화 · 도시화 및 가족유형의 변화로 인하여 노인들의 가정에서의 역할이 점점 감소되고, 신체적 · 정신적 · 기술적 기능의 약화로 산업현장에서 물러나게 되면서부터 직업적 역할은 물론 생계유지자로서의 역할과 가계를 이끌어 가는 가장으로서의 역할까지도 상실하는 결과를 초래하고 있다. 노인의 지위와 역할이 약화되거나 상실되는 주요 원인은 개인의 부 또는 경제적 힘의 약화에 있을 것이다. 농경사회에서는 토지가 가장 큰 재산이었고, 소유권이 일반적으로 노인에게 있었으므로 노인이 재산권을 가지고 자녀들을 통제하는 영향력을 발휘할 수 있었다. 그러나 산업사회가 진전됨에 따라 노동에 의한 임금 수입이 주요한 소득의 원천이 되면서 노화로 인하여 노동현장에서 물러남에 따라 경제적 자원의 결핍으로 노인의 지위와 역할이 약화되고 상실되는 결과를 초래하고 있다.

(5) 노인부양 및 해결 방안

가. 노인부양 문제 대두

현대사회에서 가족구조의 형태와 기능이 변화되고, 생활 방식이나 가치관도 개인주의적 성향이 강해져서 노인부양이나 노인문제에 대하여 인식 변화되고 있으며 노인부양 책임 의식이 점차 감소되고 있다. 이에 따라 노인부양 문제의 해결 방안을 강구해야 한다.

한국사회에서 부양의식 수준 및 변화는 세대 간의 부양에 대한 기대 욕구와 상황 및 활용 가능한 자원을 파악하게 하는 것으로 현재 세대 간 노인부양의식은 중요한 관심 분야가 되고 있다. 노인부양의식은 부양자가 부모의 보호와 지원에 대해 갖는 책임의식을 포함하여 노부모의 부양에 대해 바람직하다고 여기는 부양행동에 대한 태도와 의식으로 정의된다. 이는 노인부양의식 개념에 부양행동에 대한 태도 및 형태에 대한 측면을 포함시켜 의무감, 사회적·도덕적 가치, 의지 등을 포함시킨 개념이라 볼 수 있다(김영란, 2017). 노인문제는 노인인구가 급속하게 증가되면서 노인을 부양하게 되는 젊은 세대의 갈등이 가족 간의 갈등으로도 이어질 수 있다. 즉, 가족주조 변화로 가정에서 노인을 부양한다는 책임의식이 점차 감소되고 있으며 정부나 사회가 부양해야 된다는 의식이 증가되고 있기 때문이다.

나. 노부모 부양에 대한 견해

노부모 부양 책임에 대한 가치관이 변화되면서 노부모 부양 책임이 가족이 부양한다는 비중은 낮아지고 '가족과 정부·사회'가 부양해야 한다는 인식이 증가되고 있다. 2020년 65세 이상 고령자 부모의 노후를 「가족과 정부·사회」가 돌보아야 한다고 생각하는 사람이 61.6%로 2018년보다 13.3% 증가하였다. 그 다음은 「가족(22.0%)」, 「부모 스스로 해결(12.9%)」, 「정부·사회(3.5%)」는 모두 감소하였다(통계청, 2021).

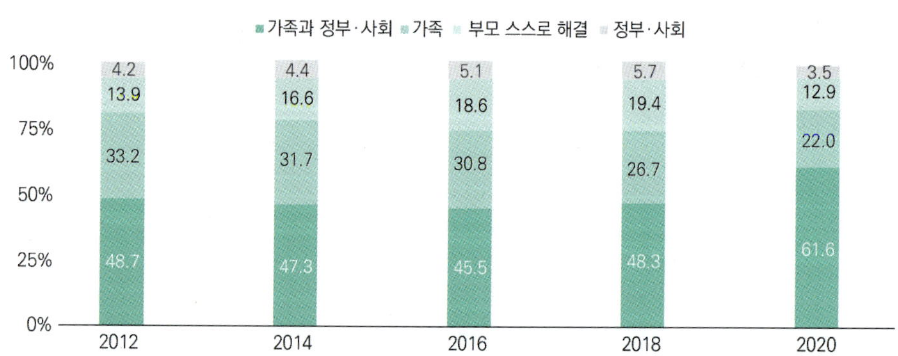

출처: 통계청(2021). 사회조사.

그림 1-3 **노부모 부양에 대한 견해**

다. 노인부양 해결 방안

노인부양 문제를 위해서는 1차적으로 가족의 부양인 사적인 영역이 크다고 볼 수 있다. 그러나 노인인구가 급속도로 증가하면서 가정경제 및 가정간병 인력 부족 등 가족구조와 노인부양의식이 국가와 사회가 부양해야 된다는 의식이 증가하므로 2차적으로 국가와 사회 부양이 필요하다. 2차적 공적 부양은 국가와 사회가 노인복지사업 및 노인의 생활을 지원하는 것이다.

노인부양 해결 문제는 가족의 부담을 넘어 사회적 문제로 인식되어 이를 해결하기 위해 국가에서는 다양한 노인복지서비스 프로그램을 제공하고 노인 장기요양제도를 통해서 장기적인 돌봄서비스를 제공할 필요가 있다. 노인기초연금, 국민연금 등을 강화하여 노후소득을 보장하고, 국가와 사회는 노인복지정책을 한층 더 강화하여 노인부양 해결 문제에 적극적으로 지원해 나가야 된다.

3. 노인의 특성

연령이 증가함에 따라 신체 각 기관의 조정 능력이 쇠퇴하게 되어 신체·생리적인 변화가 있게 된다. 여러 신체적인 변화로 감각 및 지각기능, 정신기능에도 변화가 오게 되며, 이로 인하여 노인 특유의 심리적인 특성을 지니게 된다. 노인의 사회적 지위와 역할의 변화로 상실감과 고립감을 느끼게 된다. 이렇게 볼 때 노화 과정은 개인에 따라 다소 차이는 있지만, 신체적·심리적·사회적 측면에서 공통적인 특성이 있다(보건복지부, 2020).

1) 신체적 특성

노화로 인한 신체적인 변화에는 외견상의 변화나 소화기, 신경계, 순환기 계통의 기능 퇴화와 피부의 탄력성 상실 등을 들 수 있다. 즉 시력의 저하, 청력의 약화 등

감각기능이 감퇴되고, 피부노화로 피부감각과 탄력도가 떨어져 주름이 생기게 되는 세포의 노화현상과 면역능력, 잔존능력의 저하로 회복능력이 떨어지게 되며 비가역적 진행 과정도 있다. 노인의 대표적인 신체적 특성은 다섯 가지로 볼 수 있다.

가. 세포의 노화현상은 뼈와 근육이 위축되어 등이 굽고, 키가 줄어들며, 피하지방이 감소하여 전신이 마르고 주름이 많아진다.

나. 면역능력의 저하는 잠재하고 있던 질병이 나타나거나 질병이 발생할 경우 급격하게 상황이 악화되어 죽음을 맞기도 한다.

다. 신체조직의 잔존능력이 저하되고, 적응력이 떨어져 일상생활에서 어려운 상황이 발생할 수 있다.

라. 만성질환이 있는 노인은 다른 합병증이 쉽게 올 수 있어 사소한 원인으로도 중증에 이를 수 있는 회복능력이 떨어진다. 마지막으로 비가역적 진행은 노화는 점진적으로 일어나는 진행성 과정이며, 인간의 노력으로 노화의 진행을 막을 수 없다.

2) 심리적 특성

사회·심리적으로 고립과 소외를 경험하게 되고 이러한 변화들에 대한 적응능력 역시 저하되어 욕구불만이 쌓이고 이에 반응하는 노인 특유의 성향이 생성된다. 대표적으로 노인들은 일반적으로 우울해지는 경향, 내향성, 조심성, 경직성의 증가, 생에 대한 회고의 경향, 친근한 사물에 대한 애착심, 유산을 남기려는 경향, 의존성의 증가 등 심리적 성격 변화를 나타내는데 대표적으로 8가지로 설명할 수 있다.

가. 우울증에 빠진 노인은 불면증, 식욕부진, 체중감소 등과 같은 신체적 증상을 호소하고, 기억력이 저하되고, 흥미와 의욕을 상실하는 등의 심리적 증상을 겪게 된다. 또한, 주변 사람들에게 적대적으로 대하거나 타인을 비난하는 등의 행동을 보이기도 한다.

나. 내향성은 청 · 장년기에는 심적 에너지가 바깥 사회생활로 향해 있다가 노년기에 접어들면서 내면으로 향하기 때문에 내향성이 증가되고 반면에 외향성이 감소되는 경향이 있다. 사회적 활동이 감소하고, 타인과 만나는 것을 기피할 뿐 아니라 내향적인 성격이 되어간다.

다. 조심성이 증가하는 원인에는 여러 가지가 있다. 일의 결과를 중시하기 때문에 조심스럽게 행동한다는 의견과 시청각 및 지각 능력이 감퇴하고, 자신감이 감퇴하기 때문에 조심성이 증가한다는 의견이 있고, 나이가 들수록 질문이나 문제에 대해 대답을 할지 망설이거나 하지 못하며, 때에 따라서는 중립을 지키며, 결단이나 행동이 느려지고 매사에 신중해진다.

라. 경직성의 증가는 노인은 자신에게 익숙한 습관적인 태도나 방법을 고수하며 매사에 융통성이 없어지고, 새로운 변화를 싫어하며, 도전적인 일을 꺼리는 경향을 보이며 새로운 기구를 사용하거나 새로운 방식으로 일을 처리하는 데에 저항한다.

마. 노인은 생에 대한 회고의 경향으로 자신이 지나온 일생의 여러 요인들 즉, 가족구성, 신체적 조건, 결혼, 취업, 직장 생활, 부부 생활, 성생활, 성역할 등을 떠올려보게 되면서 지난 생에 대한 회상은 응어리졌던 감정을 해소하고, 실패와 좌절에 담담해져 자아통합을 가능하게 하고, 다가오는 죽음을 평온한 마음으로 맞을 수 있게 한다.

바. 친근한 사물에 대한 애착심은 오랫동안 자신이 사용해 오던 친근한 사물에 대해 애착이 강하며 애착은 지나온 과거를 회상하거나 마음의 안락을 찾는 데도 도움을 주며 친근한 사물에 애착을 보이는 이유는 자기 자신과 주변이 변하지 않고 유지되고 있다는 안도감 및 정서적 안정감을 느끼고, 세월의 흐름 속에서 자기정체감을 유지하려는 것이다.

사. 유산을 남기려는 경향으로 노인은 죽음의 필연성을 인식하고 생명이 유한하다는 것을 자각하면서 자신이 이 세상에 다녀갔다는 흔적을 후세에 남기고자 하면서 자신이 가치 있는 삶을 살았다는 것을 인정받고자 한다. 이러한 생각으로 노인들은 혈육, 물질적 재산, 창조적 업적, 전통과 가치 등

을 남기고자 한다. 마지막으로 의존성의 증가는 신체적 기능이 저하되면서 신체적으로 의존하게 되며 임금 노동자로서의 역할을 상실함에 따라 경제적으로 의존하게 된다. 중추신경조직이 퇴화됨으로 인해 정신적으로도 의존하게 된다. 중요한 사람을 상실하게 되면서 사회적 · 심리적 · 정서적으로 다른 사람에게 더 의존하게 된다.

3) 사회적 특성

노인의 사회적 특성으로는 지위와 역할의 변화로, 즉 역할의 상실 및 지위의 저하를 들 수 있다. 경쟁시장에서 노동력의 노후화로 인해 평소 수행해 오던 역할을 상실하게 만든다. 또한, 은퇴 후 소득 감소로 경제적 빈곤을 겪게 되며 상대적 무력감으로 가족과 사회와의 관계에서 소외와 고립감을 느끼게 된 노인차별, 학대로 이루어질 수 있으므로 노인인권보호등 대표적으로 다섯 가지로 볼 수 있다.

가. 노인에게 사회적 역할 변화가 생기는 대표적인 사건은 은퇴이다. 은퇴로 인해 사회적 역할을 상실할 뿐 아니라 가정 내에서도 가장으로서의 역할이나 어머니로서 가족을 돌보는 역할을 잃게 되어 심리적으로 위축이 된다.

나. 노인은 대부분 자신이 일하던 직장에서 퇴직하여 여가생활이나 새로운 일을 수행하게 된다. 노후소득을 위한 연금이나 노후자금이 없는 경우에는 경제적 빈곤에 놓이게 된다. 경제협력개발기구(OECD) 국가 중 노인 빈곤율이 가장 높은 곳이 한국이다.

다. 노인은 직장에서 퇴직하면서 사회적 관계도 줄어들게 된다. 친적이나 친구관계도 소원해지고, 그들과의 유대감도 줄어들거나 없어지게 된다. 단순화된 관계 속에서 노인은 고독감과 우울감이 증가하게 되어, 자살까지 발생하기도 한다.

라. 노인은 신체적 노화를 경험하면서 복합적이고 만성적인 질환을 갖게 된다. 고혈압, 당뇨 등의 만성질환은 다른 질환과 복합되어 나타나면서 신체적

기능을 쇠퇴시키고, 사회적 관계에서도 부정적으로 작용하기도 한다. 마지막으로 노인은 사회적관계가 위축되면서 신체적 기능이 약화되고, 평균기대수명이 늘어나면서 경제적 소득상실로 인한 빈곤율은 더욱 가속화되고, 아무런 역할 없이 지내는 경우가 많아지고 차츰 주변에서 잊혀져가는 노인으로 전락하면 우울감으로 자살로 이루어질 수 있다. 이러한 노인에게 사회적으로나 가정에서 노인 차별과 학대, 인권침해 등으로 이루어질 수 있기 때문에 노인의 인권이 보장되어야 한다.

CHAPTER 02

Social Welfare for the Elderly

노인인권보호

1. 노인인권

노인이 인간으로서의 존엄성과 인간다운 삶을 보장하기 위한 기반으로서, 노인이 인간으로서의 존엄성을 존중 받고, 인간다운 노후생활을 영위하는 데 필요한 모든 권리라고 정의한다. 노인의 인권과 관련하여 가장 먼저 고려되어야 할 것은 인간의 존엄성 유지와 삶의 질 향상이라는 복지의 기본 이념이며, 노인은 신체적 · 심리적 · 사회적 기능이 약화되어 일상생활을 영위하는 데 어려움을 겪게 된다. 가능한 오랫동안 인간다운 삶을 영위하고자 하는 욕구와 이를 충족하기 위해서는 노인의 인권이 보장되어야 한다.

1) 노인인권의 침해와 차별

노인은 자신의 의지와는 상관없이 노인에 대한 사회편견과 차별의 희생물이 되게 하는 특징으로 인하여 사회 내에서 종속적 지위를 부여받는다. 우리나라 국가인권위원회 국가인권실태조사(2019)에 의하면 19세 이상 성인 중 인권침해나 차별을 가장 많이 받는 집단이 「노인」이라고 생각하는 사람은 전체의 13.1%로,

이는 인권침해와 차별 집단 총 8개 집단 중 4번째로 높은 순위를 보이고 있다. 차별을 가장 많이 받는 집단이 노인이라고 생각하는 비중은 남자가 여자보다 높다. 연령대가 높을수록 차별을 가장 많이 받는 집단이 노인이라고 생각하는 비중이 높다.

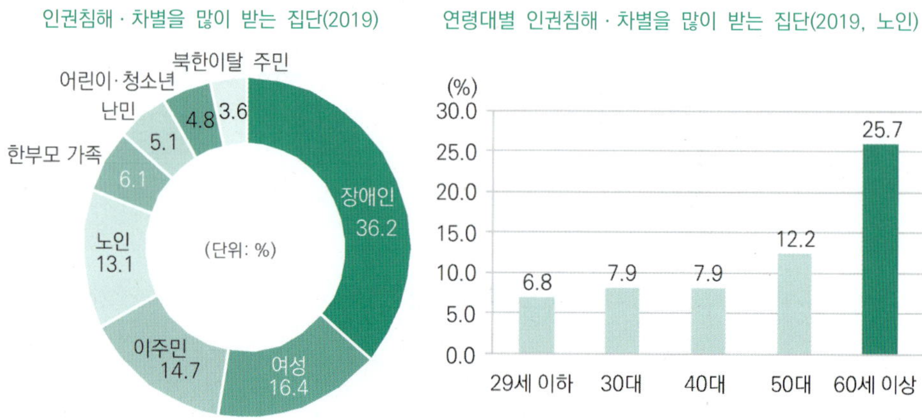

출처: 국가인권위원회(2019). 「국가인권실태조사」.

그림 2-1 인권침해와 차별을 많이 받는 집단 · 노인

2) 노인인권의 영역

노인인권의 영역으로는 인간 존엄권, 자유권, 사회권, 법 절차적 권리 등이 있으며 노인인권 항목을 더욱 세부적으로 제시하면 다음 〈표 2-1〉과 같다.

표 2-1 노인인권의 유형

영역	인권 항목	세부적 권리
인간 존엄권	행복추구권과 평등권	천부적 자유와 존엄, 생명권, 신체의 자유와 안전, 강제노동과 노예제도의 금지, 고문금지, 법 앞에서의 평등, 차별금지
자유권	신체 자유권	불법 체포 및 구속으로부터의 자유, 불법 강제노역으로부터의 자유
	사생활 유지권	사생활의 비밀과 자유, 주거의 불가침, 거주 및 이전의 자유, 통신의 자유
	정신적 자유권	양심의 자유, 종교의 자유, 학문과 예술의 자유, 개인적 및 집단적 표현의 자유
	경제적 자유권	재산권 보장, 직업선택의 자유
	정치적 자유권	정보접근권, 정치활동의 자유, 참정권
사회권	경제권	연금 수급권, 기초생활 보장권, 노후경제생활 교육받을 권리 등
	노동권	은퇴준비 교육권, 경제활동 참여권(기업제 취업, 창업, 노인일자리 사업), 적정 보수를 받을 권리, 적정 노동환경 요구권(산재보험 등) 등
	주거권	주거환경 보장권(주택소유, 주거환경 개선, 임대보증금 지원 등)
	건강권	• 건강증진권(건강교육, 건강상담, 건강교실 등) • 위생 및 영양권(이 · 미용, 목욕, 세탁서비스, 경로식당(중식서비스, 밑반찬 · 도시락 배달, 푸드뱅크 등) • 건강급여권(의료 이용, 건강보험과 의료급여 등) • 재활서비스 이용권, 양 · 한방진료 재활문제 해결(물리치료, 작업치료, 운동재활, ADL훈련 등) • 요양보호권(방문요양, 노인돌봄서비스, 주간 · 야간 · 단기보호, 장제서비스), 시설입소권(노인요양시설 등) 등
	평생교육권	노인교실, 노인복지관 등의 교육 프로그램 참여권(한글교실, 외국어교실, 교양교실, 정보화교육, 역사교실, 예능교실, 전통문화교실 등)
	문화생활권	경로당, 노인복지관 등의 여가문화 프로그램 참여권(음악, 미술, 원예교실, 다도교실, 문화교실, 운동, 바둑 · 장기 등)
	사회참여권	자원봉사활동 참여권, 동아리 · 클럽활동 참여권, 교통편의서비스 이용권 등
	가족유지권	가족과의 교류, 가족의 부양을 받을 권리 등
	소통권	가족, 이웃, 친구, 비노인층 등 관계망과의 교류권
법 절차적 권리		청원권, 재판의 청구권, 형사보상 청구권, 국가배상 청구권, 범죄피해자의 구조 청구권

출처: 노인인권 길라잡이(2014).

3) 국제적 차원의 노인인권 보장

국제적 차원에서도 노인복지문제 및 인권문제를 노인인구의 증가로 다양한 노인문제가 제기되자 노인 인권에 국제기구가 관심을 표명하기 시작하였는데, UN이 처음으로 1982년을 '세계 노인의 해'로 지정하였고, 같은 해 오스트리아 비엔나에서 '제1차 세계 고령화 회의'를 개최하여 '국제행동계획(Vienna Plan)'을 채택하였다. 아울러 1990년 UN총회에서는 매년 10월 1일을 국제 노인의 날을 제정하였으며, 우리나라에서는 1997년부터 10월 2일을 노인의 날로 지정하고 있다.

또한 1991년 UN총회에서는 '노인을 위한 유엔원칙'을 채택하였는데 이는 노인에게 우선적 관심을 갖는 것을 목표로 하며, 구체적으로는 노인의 지위와 관련하여 독립(Independent), 참여(Participation), 보호(Care), 자아실현(Self-fulfillment), 존엄(Dignity)의 5개 영역 아래 18개의 원칙을 제시하고 있다. UN은 1999년을 다시 '세계 노인의 해'로 지정하여 세계 노인인구가 평균 7%를 넘어서 고령화사회로 접어들면 당면하게 되는 위기 상황에 대한 경각심을 불러일으켰다.

2002년 마드리드에서는 세계 158개국과 관련 국제기구 대표가 참석하여 '제2차 세계 고령화 회의'를 개최하고 건강과 영양, 소비자 보호, 주택과 환경, 가족, 사회복지, 소득보장과 고용, 교육 분야 등에서의 98개 권고 조항으로 구성된 '마드리드 고령화 국제행동 계획(Madrid International Plan of Action on Ageing)'을 채택하였다. 이 회의에서는 21세기의 고령화를 선진국의 문제를 능가하는 개발도상국을 포함한 전 세계적인 문제로 인식하여 각 국가들의 노인의 삶의 질 유지와 개선을 위한 다양한 정책적 방안들이 논의되었다(모선희 외, 2005). 이 밖에도 OECD, ILO, EU 등 다양한 기구의 논의를 통해 세계 고령화에 대한 예방 차원의 대책들이 지속적으로 모색되고 있다.

4) 국내적 차원의 노인인권 보장

노인인권보장을 위한 국내 권고 기준은 국가인권정책기본계획 권고 안에서는 노인의 신체적·정신적 상황에 맞추어 노인의 생활욕구에 대응할 수 있는 인적 서비스 체제를 갖추고 노인의 인간다운 삶을 보장하기 위한 근로기회 제공 및 노후 소득보장, 평생교육체계를 구축하도록 권고하였다.

(1) 노인복지시설의 인권보호

「노인복지시설 인권보호 및 안전관리지침」은 노인시설에 입소한 노인들에게 지켜져야 할 안전, 주거, 생활편의 등에 대한 원칙을 담고 있다. 해당 지침은 2006년 5월 23일에 보건복지부에서 수립되었으며, 운영자 및 종사자와 지역사회가 준수해야 할 시설노인에 대한 행동원칙을 표방하고 있다. 노인복지시설 생활노인은 다음과 같은 기본적 권리를 가지며 어떠한 이유로도 권리의 침해를 받아서는 안 되며, 국가와 시설은 생활노인의 인권을 보호하고 삶의 질을 향상시키기 위하여 최선의 노력을 기울여야 한다.

(2) 시설 생활노인의 권리선언

보건복지부는 시설거주노인의 권리와 국가 및 시설의 노인보호 의무를 명확히 규정하고 노인의 11가지 권리와 43개 항목의 윤리강령을 제정하였다. 이 지침은 "노인복지시설생활노인은 다음과 같은 기본적 권리를 가지며 어떠한 이유로도 권리의 침해를 받아서는 안 되며, 국가와 시설은 생활노인의 인권을 보호하고 삶의 질을 향상시키기 위하여 최선의 노력을 기울여야 한다."라고 선언하였다. 여기서 제시한 노인의 11가지 권리를 보면 다음과 같다.

가. 존경과 존엄한 존재로 대우받고, 차별, 착취, 학대, 방임을 받지 않고 생활할 수 있는 권리
나. 개인적 욕구에 상응하는 질 높은 수발과 서비스를 요구하고 제공 받을 권리
다. 안전하고 가정과 같은 환경에서 생활할 권리
라. 시설 내·외부 활동에 신체적 구속을 받지 않을 권리
마. 개인적 사생활과 비밀보장에 대한 권리

바. 우편, 전화 등 개인적 통신을 주고받을 권리

사. 정치적, 문화적, 종교적 활동에 제약을 받지 않고 자유롭게 참여할 권리

아. 개인 소유 재산과 소유물을 스스로 관리할 권리

자. 비난이나 제약을 받지 않고 시설 운영과 서비스에 대한 개인적 견해와 불평을 표현하고 이의 해결을 요구할 권리

차. 시설 내·외부에서 개인적 활동, 단체 및 사회적 관계에 참여할 권리

카. 시설 입·퇴소, 일상생활, 서비스 이용, 제반 시설활동 참여 등 개인의 삶에 영향을 미치는 모든 부분에서 정보에 접근하고 자기결정권을 행사할 권리

(3) 시설 생활노인 권리보호를 위한 윤리강령

시설운영자, 종사자, 동료 생활노인, 가족 지역사회 등 노인복지시설에서의 보호서비스와 관련된 모든 자는 '시설 생활노인의 권리선언'에 포함된 기본적 권리를 보장하고, 인간다운 생활을 보장하기 위하여 다음과 같이 행동해야 한다.

가. 존엄한 존재로 대우 받을 권리

① 노인의 의사에 반하는 어떠한 노동행위도 시켜서는 안 된다.

② 노인이 시설의 모든 서비스에 자유롭게 접근 또는 이용할 수 있는 기회를 부여해야 한다.

③ 생활노인이 시민으로서 또한 노인으로서 갖는 권리를 완전히 행사할 수 있도록, 어떠한 차별, 감금, 방해, 강압 또는 보복 행위를 해서는 안 된다.

④ 어떠한 이유로도 신체적 학대, 정서적 학대, 성적 학대, 경제적 착취 또는 가혹행위, 유기 및 방임 등의 학대행위를 해서는 안 되며, 학대행위가 발생했을 경우 관련 법률과 지침에 따라 학대피해노인에 대한 보호조치를 신속하게 취해야 한다.

⑤ 가족은 면회나 전화 접촉 등을 통하여 노인과의 유대관계를 지속적으로 유지하고 존경하며, 시설의 서비스나 운영에 관하여 적극 협조하여야 한다. 시설은 종사자에게 노인의 권리에 대한 홍보와 교육을 분기별로 실시해야 한다.

⑥ 종사자는 수발 및 서비스 과정에서 노인의 권익신장을 위한 상담과 조치를 적극적으로 취하여야 하며, 노인의 권리가 방해될 우려가 있거나, 침해 받은 경우 이의 회복과 구제를 위한 적극적 조치를 강구하여야 한다.

나. 질 높은 서비스를 받을 권리

① 노인의 삶을 증진시키고, 잔존능력을 유지하고 자립능력을 고양시키기 위한 질 높은 전문적 수발과 서비스를 제공하여야 한다.
② 장기적인 상담을 통해 노인의 개별적 욕구와 선호, 기능 상태를 고려하여 개별화된 서비스와 수발 계획을 수립하고, 이를 적극적으로 이행해야 한다.
③ 개인적 선호와 건강 및 기능 상태에 따라 다양한 영양급식을 제공해야 한다.
④ 건강에 해롭다는 의학적 판정 없이 노인이 개인적으로 복용하는 약물을 금지시켜서는 안 된다.
⑤ 시설은 종사자의 능력 개발을 위한 직무훈련과 교육기회를 충분히 부여하여 이들의 수발 및 서비스 능력을 제고하여야 한다.
⑥ 월별 입소비용 미납 등의 경제적 이유만으로 시설에서 제공하는 서비스 이용을 제한해서는 안 되며, 노인의 입소비용 문제 해결을 위한 지지망을 개발하고, 노인의 전원 또는 퇴소 시까지 최선의 서비스를 제공해야 한다.
⑦ 종사자는 직무수행상의 사고로 인하여 노인에게 위험을 초래하지 않기 위해서 직무안전에 최선을 다해야 한다.

다. 가정과 같은 환경에서 생활할 권리

① 시설은 안전하고 깨끗하며 가정과 같은 환경을 제공하여야 한다.
② 공간이 허용하는 한 개별적인 수납공간을 제공하여야 한다.
③ 목욕, 의복, 및 침구의 세탁 등 노인의 위생관리에 만전을 기해야 한다.
④ 적절하고 편안한 조명과 음향을 제공하여야 한다.
⑤ 편안하고 안전한 실내온도를 유지하여야 한다.

라. 신체적 구속을 받지 않을 권리

① 생활노인 또는 종사자 등의 생명이나 신체에 위험을 초래할 가능성이 현저히 높거나, 대체할 만한 간호나 수발방법이 없거나, 증상의 완화를 목적으로 불가피하게 일시적으로 신체적 제한을 하는 경우 등의 긴급하거나 어쩔 수 없는 경우를 제외하고는 노인의 의사에 반하는 신체적 제한이나 구속을 해서는 안 된다.

② 긴급하거나 어쩔 수 없는 경우로 인해 일시적으로 신체를 제한하거나 구속할 경우에도 노인의 심신의 상황, 신체 제한을 가한 시간, 신체적 구속을 할 수밖에 없었던 사유에 대하여 자세히 기록하고, 노인 본인이나 가족에게 그 사실을 통지하여야 한다.

③ 시설규정에 위반되거나 또는 의료적 목적을 달성하기 위한 경우를 제외하고는 신체적인 제한이나 심리적인 영향을 미치는 약물을 처방해서는 안 된다.

마. 사생활 및 비밀 보장에 대한 권리

노인의 사생활을 보장하고, 직무수행과정에서 얻은 비밀을 철저히 지켜야 하며, 질병과 치료, 통신, 가족 등과 같은 어르신의 사생활에 관한 정보나 기록을 사전 동의 없이 공개해서는 안 된다. 다만, 인지능력이 제한된 노인의 경우에는 가족 등 관계자의 동의를 받은 후 노인의 서비스 증진을 위한 전문적 목적에 한하여 정보를 공개할 수 있다.

바. 통신의 자유에 대한 권리

노인은 자유롭게 전화를 이용하고, 우편물을 발송할 수 있어야 하며, 노인의 우편물을 개봉하지 않는 등 개인적 통신의 권리를 최대한 보장하여야 한다.

사. 정치, 문화, 종교적 신념의 자유에 대한 권리

① 노인의 정치적 이념을 존중하고, 투표 등의 정치적 권리행사에 부당한 영향력을 행사해서는 안 된다.

② 노인의 종교적 신념을 인정하고, 특정 종교행사 참여의 강요 등 종교적 신념의 변화를 목적으로 부적절한 영향력을 행사해서는 안 된다.

③ 노인의 문화적 다양성을 인정하고, 이에 따른 생활양식의 차이를 최대한 존중하여야 한다.

아. 소유 재산의 자율적 관리에 대한 권리

① 노인 개인 소유의 재산과 소유물은 갖거나 이용할 권리를 최대한 보장하고, 이를 스스로 관리할 수 있는 권리를 보장하여야 한다.

② 다만, 노인이 스스로 재산을 관리할 수 있는 능력이 없어 노인이나 가족 또는 기타 후견인의 특별한 요청이 있을 경우에는 시설에서 사용 또는 처분할 수 있으며, 이 경우 분기별 또는 수시로 재정 사용에 대한 결과를 알려주어야 한다.

자. 불평의 표현과 해결을 요구할 권리

① 노인의 의견이나 불평을 수렴하기 위한 공식적 절차(예: 건의함, 운영위원회 등)를 마련하여 시행하여야 한다.

② 노인이나 가족에 의해 제기된 불평을 즉각적으로 해결하기 위한 조치를 취해야 한다.

③ 노인이나 가족이 불평을 제기했다는 이유로 노인에게 차별적 처우나 불이익을 주어서는 안 된다.

차. 시설 내·외부 활동 참여의 자유에 대한 권리

① 시설 내의 자발적 모임이나 다른 노인과 사귀고 의사소통할 수 있는 권리를 보장하여야 한다.

② 다른 생활노인의 권리를 침해하지 않는 범위 내에서 자신의 의사에 따라 시설 내부의 다양한 서비스, 여가, 문화활동에 참여할 수 있는 기회를 부여해야 한다.

③ 시설 외부의 건강, 사회, 법률, 또는 다른 서비스 기관의 이용을 적극적으

로 조장하고, 필요시 지역사회 서비스를 연계하여야 한다.

④ 노인이 원하지 않는 경우를 제외하고는 면회나 방문객을 거부해서는 안 된다.

⑤ 노인의 자유로운 외출, 외박 기회를 최대한 보장하여야 한다.

⑥ 지역사회 주민들은 시설 생활노인의 지역사회 활동참여를 적극적으로 조장하고 지원하며, 지역사회와의 유대관계 증진을 위하여 노력하여야 한다.

카. 정보 접근과 자기결정권 행사의 권리

① 노인의 의사에 반하는 전원 또는 퇴소를 하여서는 안 되며, 불가피한 경우 전원 또는 퇴소 시 그 사유를 통보하고 의사결정 과정에 노인 또는 가족을 참여시켜야 한다.

② 노인이 요구할 경우 건강 상태와 치료·수발, 제반 서비스에 관한 정보와 기록에 대한 접근을 허용하여야 한다.

③ 노인이 의식주, 보건의료서비스, 여가활용 등 개인의 삶에 영향을 미치는 모든 부분에서 자기결정권을 행사할 수 있도록 해야 한다.

④ 노인의 권리 변화, 건강과 일상생활의 변화, 수발 및 의료적 처치의 변화 등과 관련하여서는 충분한 시간을 갖고 사전에 노인과 가족에게 통보하고, 의사결정 과정에 노인 또는 가족을 참여시키고 이들의 결정을 존중하여야 한다.

⑤ 생활노인의 권리, 시설 입·퇴소 및 운영과 관련된 시설의 규칙과 규정을 구두 또는 문서로 생활노인과 가족에게 충분히 설명 또는 공지하여야 한다.

(4) 재가노인 인권 보호

가. 생존권과 경제권 보호를 위해 공적연금과 경제활동지원사업을 제공하고 있다. 공적연금은 국민연금과 기초연금 지급을 통해 최소한의 인간다운 삶을 영위하도록 하고 있다. 경제활동 참여를 위해 노인일자리 지원사업을 제공하고 있다.

나. 건강권 보호를 위해 국민건강보험과 노인장기요양보험, 노인돌봄사업을 운

영하고 있다. 국민건강보험은 질병의 치료, 예방, 건강증진 사업을 통해 재가 노인의 건강 유지와 치료권을 보장하고, 노인장기요양보험은 재가서비스를 통해 노인이 익숙한 자신의 집에서 필요한 요양서비스를 제공받을 수 있게 하고 있다.

다. 교육·문화권 보호를 위해 자신의 능력에 맞게 교육을 받고 여가와 문화생활하는 것을 보장하고 있다. 노인복지관, 평생교육원, 경로당 등을 통해 다양한 교육, 문화적 자원이 제공되고 있다.

라. 주거 환경권보호를 위해 지역사회 내의 자신의 집에서 생활할 수 있도록 주거환경을 개선하고 있다. 지역사회와의 접근성이나 통합성 강화, 개인의 사생활 보호, 삶의 질 향상 등은 주거 개선과 환경 보호의 효과이다.

법령에서는 긴급전화의 설치, 노인보호전문기관의 설치, 노인학대신고 의무와 절차, 응급조치의 의무 등을 규정하여 재가노인의 인권보호를 강조하고 있다(보건복지부, 2020).

5) 노인의 인권보호를 위한 법적·제도적 근거

현재 선진 각국은 복지 차원에서 노인의 기본적 인권을 규정하고, 이를 보장하기 위하여 법적, 제도적으로 구체적인 행동강령을 마련해 놓고 있다. 특히 노인복지시설의 증가로 급격하게 늘어나고 있는 시설 노인의 인권에 대한 인식도 높아짐으로써 시설 노인을 위한 제도적 장치도 마련되어 있다.

노인의 권리 보호를 위한 규정을 보면, 노인의 기본권을 확보하기 위한 주거권 보호, 보호의 사각지대 해소, 신체적·정신적 의존 상태에 있는 노인의 건강보호, 노인교육 프로그램 개발 및 고용 기회 제공 등이 있으며, 이러한 노인의 기본권을 보장하기 위하여 노인복지법 제2조와 제4조, 장애인·노인·임산부 등의 편의증진 보장에 관한 법률 제6조, 건강가정기본법 제25조, 교육기본법 제3조에서는 노인의 권리보호를 위한 기본 이념 및 국가 및 지방자치단체의 책임과 가족의 노력을 명시하고 있다.

국가인권정책기본계획 권고안에서도 노인의 신체적 · 정신적 상황에 맞게 노인의 생활 욕구에 대응할 수 있는 인적 서비스 체계를 갖추고, 노인의 인간다운 삶을 보장하기 위한 근로기회 제공 및 노후 소득보장, 평생교육체계를 구축할 것을 권고하고 있다.

시설노인 인권 보호의 법적 근거

가. 사회보장위원회 노인학대 방지 종합대책(2014. 10.)에서는 시설 내 학대 예방 강화를 위하여 '학대사례 조사판정위원회'의 공정성 강화, 시설학대 평가 강화 등을 명시함

나. 노인복지법 개정(2015. 12.)에 따라 노인학대 관련 범죄자의 노인관련기관의 취업 제한, 노인학대 시설의 위반사실의 공표 등 노인복지시설내의 노인학대 행위자와 시설에 대한 처벌 강화 등을 규정하고 제39조의5에 중앙노인 보호전문기관의 역할에 인권정책개발 등을 규정함

다. 노인복지법 제6조의3에 노인복지시설을 설치 · 운영하려는 자와 종사자 · 이용자의 인권에 대한 인식을 높이기 위하여 노인복지시설에 대한 인권 교육을 실시할 수 있도록 규정함

6) 노인인권의 과제와 해결방안

노인이 인간답게 살아갈 권리를 의미하며, 자유권, 평등권, 사회권을 모두 포함한다. 그러나 개별 국가의 노인 관련 법령에서 보장하는 노인의 권리는 소득보장과 의료보호 등 사회권적인 노인인권이란 권리를 주 내용으로 하고 있으며, 국가의 노인복지정책은 노인인권을 보장하기 위한 가장 보편적 수단 가운데 하나이다.

노인복지란 '노인이 인간다운 생활을 영위하면서 자기가 속한 가족과 사회에 적응하고 통합할 수 있도록 필요한 지원과 서비스를 제공하는 데 관련된 공적 및 사적 차원에서의 조직적 제반활동'을 말한다. 이처럼 노인복지와 노인인권은

따로 나누어 생각할 수 없다. 2000년대에 들어 우리나라의 「노인복지법」에도 노인학대를 예방하고 구제할 수 있는 법적 · 제도적 절차가 마련되었지만 이것만으로는 노인의 인권이 보장되었다고 말할 수 없다.

노인학대의 예방과 구제를 위한 법제정은 노인인권보장의 최소한이라고 볼 수 있다. 노인의 사회권, 노동권, 건강권 등의 보장을 위해서는 전반적으로 노인복지를 확대해야 한다. 그러나 복지가 확대된다고 하여 반드시 노인의 인권상황이 좋아지는 것은 아니다(김한식 외, 2019).

인구의 급속한 증가와 고령화로 앞으로 많은 노인의 인권 문제와 학대는 끊임없이 지속적으로 증가하게 될 것이다. 인권 보장은 국가가 노인의 최소한 권리 즉, 소득, 주거, 의료 등 각종 복지정책으로 원조 · 지원해야 되며, 노인학대, 인권문제에 적극적인 예방교육과 홍보를 함으로써 노인이 보호받아야 인권을 확보할 수 있다.노인 인권침해 해결방안으로 아래와 같다.

첫째, 긴급전화, 학대노인 일시 보호소를 확대하여 우선적으로 노인학대 및 인권침해 학대피해자에 대한 상담 및 보호, 의료서비스, 심리치유 등이 이루어져야 한다.

둘째, 노인학대 예방 차원으로 학대 위험도가 높은 대상자를 발굴하여 학대 예방교육과 홍보로 미연에 방지할 수 있는 스크리닝(screeing) 제도를 강화한다.

셋째, 노인학대 예방을 위해서는 시급히 도입되어야 할 제도는 노인학대 옴부즈맨(ombudsman) 제도를 시행해야 된다.

현재, 국가인권위원회에서는 옴부즈맨 기능을 하고 있지만 노인의 문제, 노인 인권침해, 노인차별행위, 노인학대 등 노인에 대한 전문적인 옴부즈맨 제도 및 관리가 미흡한 측면이 있다.

2. 노인학대

1) 노인학대의 개념

우리나라의 경우 「노인복지법」 제1조에 노인학대는 "노인에 대하여 신체적·정신적·정서적·성적 폭력 및 경제적 착취 또는 가혹행위를 하거나 유기 또는 방임하는 것"이라고 제시되어 있다. 미국의 경우 노인법에서는 노인학대를 학대, 방임 착취의 3가지 개념으로 분류하고 있으며, 방임의 경우 보다 세분화하여 타인에 의한 방임, 자기 스스로의 방임, 의도적 방임, 비의도적 방임 등으로 나누어 제시한다.

세계보건기구(WHO)에서는 노인학대를 "어떤 행위를 가하거나 당연히 행해야 할 행위를 하지 않는 것, 의도된 행위이거나 의도하지 않는 행위이건, 그 형태가 학대적이거나 방임적이거나 착취적이건, 그것이 노인에게 불필요한 고통과 상처, 인간존엄의 박탈감을 가져오게 하여 노인의 삶의 질을 심각하게 떨어뜨리는 것"으로 정의하여 제시하고 있다(최상민 외, 2018). 노인학대의 개념은 노인학대를 누군가가 의도적으로 노인에게 해를 가하는 신체적, 언어·정서적, 성적, 경제적으로 고통이나 장해를 주는 행위, 또는 노인에게 필요한 최소한의 적절한 보호조차 제공하지 않는 유기 및 방임, 자기방임을 하는 것을 말한다.

2) 노인학대의 발생 요인

노인학대는 전통윤리사상과 가족주의 등으로 인해 표출이 잘 안되기 때문에 노인학대에 비추어 볼 때 노인학대는 매우 심각하고 사회적 큰 문제가 될 수 있다.

(1) 노인 관련 요인

학대받은 노인과 관련된 요인의 경우 노인학대는 학대받은 피해자의 개인적 특성 요인과 관련이 있으며, 성별, 연령, 성격, 신체적 · 정신적 건강, 교육수준, 과거의 학대경험, 소득수준, 세대 간 갈등, 의존성 등이 있다(고명석 외, 2018; Wang, 2006). 노인의 낮은 인지기능 및 우울증 등은 학대의 주요한 위험요인으로 확인되었다. 신체적 · 인지적 수준 및 교육 수준이 낮은 노인의 경우 그렇지 않은 노인에 비해 학대를 받을 가능성이 더 높게 보고되었다(Bennett & Kingston, 1993; Wang, 2006).

노인의 심리적 특성도 자아존중감이 낮아 가정 내에서 심각한 문제를 일으키거나 무기력해질 경우 학대의 위험요인이 될 수 있고, 노인의 건강이 나쁘거나 일상생활에서의 의존성이 높을수록 대개 부양의무자의 스트레스나 과중한 부양부담으로 인하여 노인학대로 이어지는 경우가 많다.

(2) 가족 및 부양자 관련 요인

가족상황적 특성과 관련하여 어려운 생활주기, 의료비용의 과중한 부담, 내키지 않는 부양, 부양으로 인한 부담감, 부부간의 갈등이 중요한 노인학대의 영향요인이다. 또한 부양의 지속기간, 학대행위자와 피해노인과의 상호작용, 그리고 가족력 자체가 학대에 중요한 역할을 수행한다는 점이다(McDonald, 2011). 따라서 노인학대는 대부분 노인에 대한 부양의 책임감을 느끼고 있는 아들, 딸, 며느리, 배우자 등 가족구성원에 의해 일어나는 것으로 알려져 있다.

부양자 특성에 따른 학대로 남성 부양자는 신체적 학대를, 여성 부양자는 방임행위를 하는 경우가 많은 것으로 나타났다. 부양자가 무절제하고 충동적인 성격인 경우와 알코올중독, 마약중독 등의 물질중독 그리고 정서장애, 정신적 장애의 문제가 있을 경우 학대가 나타난다. 부양자의 부양부담과 스트레스는 노인학대의 직접적인 원인으로 작동할 수 있다. 또한, 자녀와의 좋지 못한 과거의 관계가 학대로 이어지는 경우도 있다.

Kosberg(1998)에 의하면 노인학대는 노인과 부양자 사이의 누적된 관계의 갈등으로 발생하는 경우가 많으며, 과거에 좋지 못했던 가족관계는 현재의 친밀한 관계 형성을 어렵게 하여 미래의 학대 발생 가능성을 높인다고 보고하였다.

(3) 사회문화적 요인

노인학대와 밀접한 관련성이 있는 사회문화적 변인을 살펴보면, 사회서비스 체계에 대한 인지 및 이용, 노인차별주의, 가족 내의 구조적 변화, 가치관 변화, 노인에 대한 사회적 인식, 노인학대와 관련된 법적 제도, 노인복지시설의 부족 등을 들 수 있다.

특히 부양자가 사회서비스 체계 및 지원 프로그램이 미흡한 지역에 거주할 경우 그렇지 않은 지역의 부양자에 비해 노인학대의 가능성이 더 높았다. 노인과 부양자가 사회적으로 고립될 경우 노인학대가 발생할 확률이 높아진다. 노인이나 부양자가 이웃, 친구, 친척 또는 전문가의 도움이 필요한 상황에서도 활용할 수 있는 사회지지망이 없을 경우 학대를 일으키는 원인이 된다.

Faulkner(1982)는 노인학대와 관련된 공적 대응체계 요인과 관련해서 노인학대 신고의무제를 제안했다. 이를 통해 노인학대를 목격한 사람들로 하여금 관련 기관에 신고하도록 강제함으로써 노인학대에 대한 조기 발견 및 사전 개입의 효과가 있음을 주장하였다.

3) 노인학대 현황

(1) 학대피해 노인

2020년 한 해 동안 노인학대 신고 접수 총 건수는 16,973건이며 이 중 학대사례는 6,259건이었다. 노인학대 사례 신고 접수 건수는 매년 증가하고 있다(중앙노인보호전문기관, 2020).

표 2-2 **노인학대 신고 접수 현황** (단위: 명)

구분	전체 신고 접수 건수		
	학대사례	일반사례	전체
건수	6,259	10,714	16,973

주: 일반사례는 신고접수 중 학대로 보기 어려운 사례
출처: 중앙노인보호전문기관(2020).

(2) 학대피해노인 성별 및 연령

학대피해노인은 남성 노인보다 여성 노인이 더 많고, 연령대별로는 70대(2,724명)가 가장 많고, 80대(1,908명)가 그 다음이다.

표 2-3 **학대피해노인 성별 및 연령** (단위: 명)

연령/성별	65~69세	70~79세	80~89세	90~99세	100세 이상	계
남	258	701	511	79	-	1,549
여	982	2,023	1,397	296	12	4,710
계	1,240	2,724	1,908	375	12	6,259

출처: 중앙노인보호전문기관(2020).

(3) 학대행위자

학대행위자는 아들이 가장 많고, 배우자, 딸 순으로 보고되었다. 생활시설의 경우 기관 종사자, 이용시설에서는 타인에 의해 학대가 발생하고 있다. 최근 아들, 배우자, 딸 및 기관에서 학대가 매년 증가하고 있다.

표 2-4 **학대행위자와 학대피해노인과의 관계** (단위: 명)

연도	피해자 본인	친족							타인	기관	계
		배우자	아들	며느리	딸	사위	손자녀	친척			
2020	221	2,120	2,288	123	589	28	168	64	223	874	6,698
2019	200	1,749	1,803	109	438	27	112	50	222	1,067	5,777
2018	240	1,557	2,106	143	436	34	134	59	168	788	5,665

출처: 중앙노인보호전문기관(2020).

(4) 학대피해 노인학대 유형

노인학대는 신체적 학대와 정서적 학대가 가장 많았고 매년 증가하고 있다. 그 다음은 방임, 자기방임, 경제적 학대 순이었다.

표 2-5 학대피해노인 성별 노인학대 유형 (단위: 명)

	신체적 학대	정서적 학대	성적 학대	경제적 학대	방임	자기 방임	유기	중복학대	계
2020	571	501	38	90	230	92	15	4,722	6,259
2019	432	358	61	31	208	101	14	4,038	5,243
2018	384	361	63	29	248	95	16	3,992	5,188

출처: 중앙노인보호전문기관(2020).

(5) 노인학대 발생장소

2020년을 기준으로 학대 발생장소를 살펴보면, 가정 내 학대가 5,505건으로 가장 높은 비율을 보이고 있으며, 매년 가정 내 학대장소가 제일 심한 것으로 나타나고 있다. 이후 생활시설, 이용시설, 병원, 공공장소 등의 순으로 나타나고 있다. 생활시설 학대의 경우도 2020년 521건으로 나타났으며 매년 계속적으로 증가한 것으로 보고되고 있다.

표 2-6 노인학대 발생장소 (단위: 명)

연도	가정 내	생활시설		이용시설		병원	공공 장소	기타	계
		노인주거 복지시설	노인의료 복지시설	노인여가 복지시설	재가노인 복지시설				
2020	5,505	38	483	4	88	37	39	65	6,259
2019	4,450	54	432	3	128	45	60	71	5,243
2018	4,616	59	321	1	40	65	42	44	5,188

출처: 중앙노인보호전문기관(2020).

4) 노인학대 유형

노인학대는 매우 복잡하고 다양한 요인들이 얽혀서 발생하게 되는데, 노인학대의 종류는 신체적 · 정서적 · 성적 · 경제적 학대, 방임, 자기방임, 유기 등으로 구분할 수 있다.

(1) 신체적 학대

물리적인 힘이나 도구를 이용하여 노인에게 신체적 손상, 고통, 장애 등을 유발하는 행위를 말한다.

표 2-7 신체적 학대 내용

학대행위	세부 학대 내용
노인을 폭행한다.	• 밀치거나 넘어뜨린다. • 발로 찬다. • 주먹으로 폭행한다. • 목을 조른다. • 몸을 벽에 박거나 바닥에 내리치는 행위 등을 가한다. • 머리나 목 또는 몸을 강하게 잡거나 흔든다. • 손 또는 몸으로 강하게 억압하며 짓누른다. • 몸을 발로 밟는다. • 질질 끌고 다닌다. • 머리채를 잡아당기거나 움켜잡아 뽑는다. • 할퀴거나 꼬집는다. • 입으로 물어뜯는다. • 몽둥이, 빗자루 등의 도구로 노인을 폭행한다. • 물건을 던져 노인에게 상해를 입힌다. • 칼이나 흉기를 사용하여 노인에게 상해를 입힌다. • 담뱃불 또는 도구를 이용하여 노인에게 화상을 입힌다.

학대행위	세부 학대 내용
노인을 제한된 공간에 강제로 가두거나, 노인의 거주지 출입을 통제한다.	• 집 안의 제한된 공간에서 나가지 못하게 통제한다. • 집 밖으로 나가지 못하게 통제한다. • 제한된 공간에 장치(자물쇠 등)를 설치하여 출입을 통제한다. • 집 밖으로 끌어내거나 쫓아낸다. • 집에 들어오지 못하게 한다. • 노인의 거주지 주변 출입을 통제한다.
노인의 신체를 강제로 억압한다.	• 침대 등에 묶어 움직이지 못하게 한다. • 신체 일부 또는 모두를 사용하지 못하게 창치(예: 끈으로 묶어두기, 수갑 채우기, 손 · 발목 묶기 등)를 설치한다.
신체적 해를 가져올 위험성이 큰 행위로 노인을 협박하거나 위협한다.	• 칼이나 가위 등 흉기를 사용하여 협박하거나 위협한다. • 물건을 던지거나 기물파손을 하는 등의 행위로 협박하거나 위협한다.
노인의 신체적 생존을 위협할 수 있는 행위로 노인을 협박하거나 위협한다.	• 기본 생존 유지에 필요한 장치(가스, 난방, 전기, 수도)로부터 단절시킨다. • 기본 생존 유지에 필요한 식사 또는 음료를 보관하는 물품(밥통, 냉장고)으로부터 단절시킨다. • 치료 및 생존 유지에 필요한 약물(심장관련, 당뇨, 혈압 등)로부터 단절시킨다.
약물을 사용하여 노인의 신체를 통제하거나 지배한다.	• 의료적으로 불필요한 약물이나 주사를 강제로 복용 · 투입하게 한다.
노인이 원하지 않거나 수행하기 어려운 노동을 하게 한다.	• 원치 않는 의사를 보였음에도 불구하고 일(노동)을 하도록 강요한다. • 강제로 수감하거나 위협하여 일(노동)을 강요한다. • 일을 수행하기 어려운 정신 및 신체적 상황임에도 불구하고 일(노동을 하도록 강요한다. • 정신 및 신체적 악화를 가져올 수 있는 조건에서 일(노동)을 하도록 강요한다.

출처: 중앙노인보호전문기관(2018).

(2) 정서적 학대

정서적 학대는 비난, 모욕, 위협, 협박 등의 언어 및 비언어적 행위를 토하여 노인에게 정서적으로 고통을 주는 것이다. 신체적 학대에 비해 학대라는 인식을 못하지만, 당사자가 받는 충격은 신체적 학대보다 덜하지 않다.

표 2-8 정서적 학대 내용

학대행위	세부 학대 내용
노인과의 접촉을 기피한다.	• 쳐다보지 않고 무시한다. • 말을 걸지 않거나 대화를 하지 않는다. • 말과 행동을 지속적으로 무시하고 반응을 보이지 않는다. • 일상생활(식사, 일상물품 사용 등)을 타가구원과 별도로 하게 한다.
노인의 사회관계 유지를 방해한다.	• 친구나 친지들과 만나거나 연락하는 것을 방해한다. • 친구나 친지 등이 방문하는 것을 싫어한다. • 비방이나 폭력적 행동 등으로 타인이 노인과의 관계를 유지하는 것을 싫어하게 만든다. • 일상적인 사회활동이나 종교 활동을 노골적으로 방해한다. • 비방이나 유언비어로 노인의 경제활동을 저해한다. • 이성교제를 방해한다.
노인을 위협·협박하는 언어적 표현이나 감정을 상하게 하는 행동을 한다.	• 죽이겠다고 협박한다. • '시설로 보낸다' 또는 '집에서 나가라' 등의 위협·협박을 한다. • 요구를 무조건 무시한다. • 고함을 지르거나 욕을 한다. • 혐오스러운 말을 한다. • 창피를 준다. • 수치심을 느끼게 하는 모욕적인 말을 한다. • 자존심을 상하게 하는 말을 한다. • 비웃거나 조소를 한다. • 재앙을 가져오는 사람으로 취급한다.
노인과 관련된 결정사항에 대해서 의사결정 과정에서 소외시킨다.	• 거취 결정에서 노인을 배제시킨다. • 소지품 처분을 결정할 때 노인의 의사를 반영하지 않는다. • 집안 경조사에 참여시키지 않는다.

출처: 중앙노인보호전문기관(2018).

(3) 성적 학대

성적 수치심 유발 행위 및 성희롱, 성추행 등 노인의 의사에 반하여 강제적으로 행하는 모든 성적 행위를 말한다.

표 2-9 성적 학대 내용

학대행위	세부 학대 내용
노인에게 성폭력을 행한다.	• 원치 않음에도 불구하고 강제적으로 성관계를 갖는다. • 원치 않음에도 불구하고 강제적으로 성관계를 강요 또는 시도한다. • 원치 않음에도 불구하고 입맞춤, 애무 등을 요구한다. • 원치 않음에도 불구하고 가슴이나 엉덩이 등 신체 일부를 만진다. • 판단능력이 없거나 의사표현을 할 수 없는 노인을 성폭행한다.
노인에게 성적 수치심을 주는 표현이나 행동을 한다.	• 신체를 빗대어 혐오감을 주는 언행을 한다. • 성적 언행 등으로 노인에게 굴욕감이나 혐오감을 느끼게 한다. • 사람들이 보고 있음에도 불구하고 노인의 성적 부위를 드러내고 옷 또는 기저귀를 교체한다. • 사람들이 보고 있음에도 불구하고 노인을 알몸으로 목욕시킨다. • 원하지 않거나, 판단능력이 부족한 노인의 성적 신체부위를 몰래 촬영한다. • 원치 않음에도 불구하고 학대행위자의 성기 및 자위행위를 보게 한다. • 원치 않음에도 불구하고 포르노 잡지나 비디오를 보게 한다. • 원하지 않거나, 판단능력이 부족한 노인임에도 불구하고 노인의 성적 신체부위 전체 또는 일부를 드러내 놓는다.

출처: 중앙노인보호전문기관(2018).

(4) 경제적 학대

노인의 자산을 당사자의 동의 없이 사용하거나 부당하게 착취하여 이용하는 행위 및 노동에 대해 합당한 보상을 하지 않는 행위를 말한다.

경제적 학대

표 2-10 경제적 학대 내용

학대행위	세부 학대 내용
노인의 소득 및 재산, 임금을 가로채거나 임의로 사용한다.	• 허락 없이 임금, 연금, 임대료, 재산 등을 가로챈다. • 의사표현 능력이 없는 노인의 연금, 재산 등을 가로챈다. • 저축, 주식 등을 임의로 사용한다. • 공공부조(예: 국민기초생활보장 수급자 생계비) 급여를 가로채거나 임의로 사용한다. • 허락 없이 노인명의의 은행계좌로부터 현금을 인출하여 사용한다. • 노인 소유의 귀중한 물건을 빼앗는다. • 노인 소유의 귀중한 물건을 파괴하는 등 재산적 피해를 준다. • 빌린 돈을 갚지 않거나 귀중한 물건을 돌려주지 않는다. • 노인의 노동에 대한 대가를 정당하게 지급하지 않는다.
노인의 재산에 관한 법률적 권리를 침해하는 행위를 한다.	• 부동산을 노인의 동의 없이 임의로 사용하거나 강제로 명의 변경한다. • 수표 및 기타 금융 · 법적 서류에 서명을 날조한다. • 노인의 신용을 이용하여 이익을 취한다(명의 도용). • 허락 없이 노인명의로 은행 등에서 대출을 받는다. • 허락 없이 노인명의의 은행계좌, 보험 등을 해약한다. • 사기나 강압, 부당한 위력으로 유언장, 계약서, 위임장 등에 서명을 허위로 작성하거나 변조한다. • 대리권을 노인이 원하지 않는 방법으로 악용한다. • 노인부양을 전제로 재산 상속을 약속 또는 증여하였으나, 부양의무를 이행하지 않는다.
노인의 재산 사용 또는 관리에 대한 결정을 통제한다.	• 희망하는 재산 사용을 이유 없이 제한하거나 강요한다. • 돈을 일상생활에서 마음대로 사용하지 못하게 한다. • 재산을 노인이 원하지 않는 방법으로 사용하도록 강요한다. • 재산관리 관련 결정을 제한하거나 강요한다. • 노인명의 재산을 불법적으로 소유하려고 협박한다. • 수표 및 기타 금융 · 법적 서류에 서명을 강요한다.

출처: 중앙노인보호전문기관(2018).

(5) 방임

부양 의무자로서 책임이나 의무를 의도적 혹은 비의도적으로 거부, 불이행하거나 포기하여 노인에게 의식주 및 의료를 적절하게 제공하지 않는 것을 말한다.

표 2-11 방임 내용

학대행위	세부 학대 내용
거동이 불편한 노인의 의식주 등 일상생활 관련 보호를 제공하지 않는다.	• 스스로 식사하기 힘든 노인을 방치한다. • 스스로 배변처리가 어려운 노인을 방치한다. • 스스로 청결유지(목욕, 빨래 등) 또는 환경관리(청소 등)가 불가능함에도 불구하고 이를 방치한다. • 심각한 질환(치매 등)이 있는 노인을 홀로 거주하게 한다. • 안정된 주거 공간을 제공하지 않고 떠돌게 한다. • 부적절한 주거 공간(컨테이너 등)에 거주하는 것을 방치한다.
경제적 능력이 없는 노인의 생존을 위한 경제적인 보호를 제공하지 않는다.	• 경제적 능력이 없는 노인의 기본적 생존을 위한 생활비를 지원 하지 않거나 중단한다. • 경제적 능력이 없는 노인의 생활관련 업무(세금 및 각종 요금 납부)를 방치한다. • 경제적 능력이 없는 노인의 사회적 활동(용돈, 종교 활동비, 경조사비 등)을 위한 경제적 지원을 제공하지 않는다.
의욕 관련 욕구가 있는 노인에게 의료적 보호를 제공하지 않는다.	• 필요한 보장구(틀니, 보청기, 돋보기, 지팡이, 휠체어 등)를 제공하지 않는다. • 필요한 의료적 처치를 제공하지 않거나 거부 · 방해하거나 혹은 소홀히 한다. • 질병으로 인해 거동이 불편한 노인의 간병을 소홀히 한다(악취, 욕창, 염증 등 발생).

출처: 중앙노인보호전문기관(2018).

(6) 자기방임

노인 스스로 의식주 제공 및 의료 처치 등의 최소한의 자기 보호관련 행위를 의도적으로 포기하거나 비의도적으로 관리하지 않아 심신이 위험한 상황 또는 사망에 이르게 되는 경우를 말한다.

표 2-12 자기방임 내용

학대행위	세부 학대 내용
자신을 돌보지 않거나, 돌봄을 거부함으로써 노인의 생명이 위협받는다.	• 노인 자신이 의료처치 또는 약복용 등 의사의 지시에 따른 치료 행위를 거부한다. • 건강, 생활, 환경 등의 위험한 상황에서 노인이 도움을 요청하지 않거나 거부한다. • 노인 스스로 생존을 위해 필수적인 의식주 관련 행위를 거부함으로써 생명이 위협받는다. • 일상생활 수행을 위한 신체적 · 정신적 능력을 상실한 노인이 돌봄을 거부함으로써 생명이 위협받는다. • 건강에 치명적임에도 불구하고 노인이 약물이나 알코올 남용을 지속한다. • 노인이 자살을 시도한다.

출처: 중앙노인보호전문기관(2018).

(7) 유기

스스로 독립할 수 없는 노인을 격리하거나 방치하는 행위를 말한다.

표 2-13 유기 내용

학대행위	세부 학대 내용
의존적인 노인을 유기한다.	• 노인과 연락을 두절하거나 왕래를 하지 않는다. • 시설, 병원에 입소시키고 연락과 왕래를 두절한다. • 인지기능을 상실한 노인(치매, 약물중독, 알코올중독, 정신질환 등)을 고의적으로 가출 또는 배회하게 한다. • 낯선 장소에 버린다. • 배회하는 상태에서 발견된 노인에 대하여 부양의무자가 부양의무 이행을 거부한다.

출처: 중앙노인보호전문기관(2018).

5) 노인학대 예방을 위한 법적 · 제도적 장치

노인학대의 방지 및 예방에 대해서는 「노인복지법」에 명시되어 있다. 본 법 제39조의6에서는 노인학대 신고의무와 절차를 정하였다. 누구든지 노인학대를 알게 된 때에는 노인보호전문기관 또는 수사기관에 신고할 수 있다.

6) 노인학대 보호서비스

(1) 노인보호전문기관

노인보호전문기관은 「노인복지법」 제39조 제5항에 기초하여 보건복지부와 각 지방자치단체가 시설한 노인복지시설로 현재 노인보호전문기관은 17개 시 · 도에 31개 기관이 운영되고 있으며, 연중 24시간 노인학대 신고 · 상담전화를 운영하고 있다.

표 2-14 노인보호전문기관의 종류와 활동내용

구분	활동내용	지역
중앙노인 보호 전문기관	1. 노인인권 보호 관련 정책 제안 2. 노인인권보호를 위한 연구 및 프로그램의 개발 3. 노인학대 예방의 홍보, 교육자료의 제작 및 보급 4. 노인보호전문사업 관련 실적 취합, 관리 및 대외자료 제공 5. 지역노인보호전문기관의 관리 및 업무지원 6. 지역노인보호전문기관 상담원의 심화교육 7. 관련 기관 협력체계의 구축 및 교류 8. 노인학대 분쟁사례 조정을 위한 중앙노인학대사례판정위원회 운영 9. 그 밖에 노인보호를 위하여 대통령령으로 정하는 사항	중앙정부
지역노인 보호 전문기관	1. 노인학대 신고전화의 운영 및 사례접수 2. 노인학대 의심사례에 대한 현장조사 3. 피해노인 및 노인학대자에 대한 상담 4. 피해노인가족 관련자와 관련 기관에 대한 상담 5. 상담 및 서비스제공에 따른 기록과 보관 6. 일반인을 대상으로 한 노인학대 예방교육 7. 노인학대행위자를 대상으로 한 재발방지 교육 8. 노인학대사례 판정을 위한 지역노인학대사례판정위원회 운영 및 지체사례회의 운영 9. 그 밖에 노인의 보호를 위하여 보건복지부령으로 정하는 사항	특별시, 광역시, 특별자치도

출처: 중앙노인보호전문기관(2018).

(2) 학대피해노인 전용쉼터

「노인복지법」에 따라 피해노인을 일시적으로 보호하기 위한 시설로 학대피해노인전용쉼터를 운영하고 있다. 기존 60세 이상 학대피해노인의 일시보호소를 위해 이용 중이던 시도지정 양로 및 요양시설은 전문적 상담 및 심리치료 프로그램 제공에 한계를 가지고 있다는 점에서 가족기능 회복 및 학대재발 방지를 위하여 학대행위자 및 그 가족에 대한 전문상담서비스 제공을 위하여 학대피해노인전용쉼터를 설치 · 운영하고 있다.

표 2-15 **학대노인 전용쉼터**

시설 종류	주요 업무
학대노인 전용쉼터	• 학대피해노인의 보호와 숙식제공 등의 쉼터생활 지원 • 학대피해노인의 심리적 안정을 위한 전문 심리상담 등 치유 프로그램 제공 • 학대피해노인에게 학대로 인한 신체적 · 정신적 치료를 위한 기본적인 의료비 지원

출처: 중앙노인보호전문기관(2018).

CHAPTER 03

Social Welfare for the Elderly

현대노인의 이해

1. 노인과 성

1) 노인의 성에 대한 이해

노년기의 성에 대한 관심과 중요성은 매슬로우(Maslow, 1971) 인간의 욕구 5단계에서 기본적인 욕구 중의 하나에 속한다. 인간의 생리적인 욕구 중 성적인 욕구를 노인들도 성적인 관계를 통하여 자신의 존재감을 인식하고 삶에 있어서 성은 매우 중요한 의미를 가지고 있음에도 불구하고 노인의 성에 대하여는 우리나라는 전통적 관념과 유교문화에 기인하여 노인의 성은 부정적인 모습으로 보는 시각이나, 편견을 매우 강하게 가지고 있다. 그러나 현대 사회에서는 노인들은 성을 중요한 부분으로 여기고 있으며, 건전한 성 생활을 통하여 행복하고 건강한 노후 생활을 유지할 수 있을 것이다.

성에는 결코 정년이 없다. 성욕은 연령과 관계없이 죽을 때까지 지속되는 기본적인 권리이며, 인간의 근본적인 생활의 존재방식이다(임춘식, 2009). 다만 노인에 있어서 성이란 단순히 육체적인 성관계만을 의미하는 것은 아니며 노년기에 상실되었던 직업활동 중심의 사회관계를 대신하여 소외감과 고독감을 해결해 주는 생활의 중요한 부분이 강조되는 특징을 가진다(박태룡, 2006). 특히 홀로된 노인들에게 있어 배우자의 상실은 단순히 육체적 성관계 대상의 상실만을 의미하는 것이 아니라 친숙한 인간관계와 의지할 대상의 상실을 의미한다. 때문에 배우자의 상실은 노인들의 삶을 황폐하게 하고 총체적인 삶의 질 저하에도 영향을 미칠 수 있다. 아울러 최근 많은 연구들도 노인의 성생활이 삶의 만족도를 향상시키고 건강유지에 도움이 되는 등 노인에게 중요한 영향을 미치고 있다는 점이 뒷받침되고 있다(김혜선, 2007; 송노원, 2007).

노인의 성에 대한 학자들의 정의를 살펴보면 다음과 같다(권명숙, 2001; 이승재 외, 2013; 한영현, 2006; Rankin, 1989; Steinke & Bergen, 1986: 6). Rankin(1989)는 노인들도 전인적인 존재로서 상호 교류를 즐기며 이러한 기쁨을 여러 가지 방식으로 표현한다. 그 가운데 가장 의미 있고 즐거운 것의 하나가 성적인 표현이며, 노인의 성은 신체적인 영역뿐만 아니라 정신적인 영역까지 포함한다.

즉, 성은 신체적·정신적 건강과도 연결되어 노인들의 삶의 만족도에 긍정적인 작용을 하고 있음을 알 수 있다. Steinke와 Bergen(1986)에 따르면, 인간의 발달 및 생애주기를 고려해 볼 때, 노년기로 접어들면서 접촉뿐만 아니라 기쁨과 이완 또는 의사소통, 친밀감 등 공유로서의 성이라고 하였다. 그러므로 적극적이고 능동적으로 생활하는 노인들에게 성적 활동은 젊은이들이 표현하고 느끼는 것과 동일한 수준이라고 하였다. 권명숙(2001)는 성은 단순히 생물학적 차이나 신체적 접촉에 그치지 않고 특정한 개인에 대해 갖는 정서적 경험이다. 특히 노인의 성은 다른 사람과의 상호작용이며, 자아정체성 및 인격의 존중을 포함하는 중요한 자원으로서 포괄적인 개념의 섹슈얼리티로 이해되어야 한다.

이승재, 이연숙 김양이(2013)은 노년기의 성은 단순한 성행위에 머무르지 않고 성적 욕구의 충족 및 정신적인 의미와 보다 넓은 인격 전체와 관련한 심리적 행동까지 포함하고 있다. 그리고 한영현(2006)는 노인의 성은 젊은 시절 결혼하기 이전부터 이성교재와 같은 다양한 인간관계를 포함하는 포괄적인 사회적 관계를 의미하는 개념이다. 또한 노년기에 경험하는 사회활동의 감소, 역할 상실, 퇴직 또는 배우자상실 등과 같은 환경의 변화로 인한 외로움이나 소외감을 해결해 주는 삶의 중요한 부분이다.

이처럼 노인의 삶에 있어서 성은 매우 중요한 의미를 가지고 있고, 노인의 성은 신체적 접촉으로만 국한되는 것이 아니라 모든 영역의 성적 관계를 포함하는 포괄적인 개념이다. 따라서 노인에게 있어 성의 의미는 신체 및 심리사회적 건강의 중요한 부분이며, 노년기 삶의 질과 노후 생활에 밀접한 영향이 있다.

2) 노년기 성문화

현대 사회의 노인 성문화 측면에서 보면, 노인들은 대부분 전통적인 유교 의식 및 가부장적인 문화에서 학습된 성의 개념을 가지고 있으며, 시대적 변화에 따른 성 가치관의 혼란을 경험하게 되며 이 같은 가치관의 혼란은 성생활 영위를 저해하는 요인이 될 수 있으나 생리적·사회문화적·심리적 상호 관계 등의 차원에서 성문제를 가지는 노인들에게 그들이 수용할 수 있는 다양한 해결책을 찾을 수 있도록 노인들의 성에 대한 올바른 이해가 무엇보다 필요하다.

(1) 노년기 성생활의 중요성

노년기의 성은 노후 생활의 만족감과 즐거움 등 감정의 상호작용, 긍정적인 자아정체감 등 매우 중요한 영역을 차지하고 있다. Steinke(1997)는 모든 인간이 가지고 태어나는 본능적인 욕구 중 인간의 성적 욕구는 태어나서 죽는 순간까지 필요와 충족을 위해 유지되는 중요한 욕구이며 기능이라고 강조하였다. 그는 노인의 성 욕구는 감소하지 않으며, 노인의 성생활은 건강하고 활기찬 노년기의 삶에 큰 도움이 되는 '잊혀진 건강기능(Forgotten aspect of functional health)'이라고 주장하였다.

젊은이와 마찬가지로 노인들도 성을 생활의 중요한 부분으로 여기고 있으며 왕성한 성생활을 유지하는 노인이 많다. 노인들이 성생활을 하면 신경, 뇌 등 육체 전반에 자극이 가해지면서 교감신경이 활성화돼 활력을 찾게 된다. 성관계는 신체적 건강에도 기여한다. 남성의 성 호르몬인 테스토스테론의 분비는 성 행동에 대한 효과뿐 아니라 근육, 뼈, 음식섭취, 성장호르몬을 촉진시키는 역할을 한다. 또 뇌를 자극해 노화와 치매, 건망증 진행 등을 억제하고 혈액순환에 좋을 뿐 아니라 전립선을 보호하는 데도 도움을 준다. 이밖에 성적 흥분이나 쾌감은 세균이나 암세포에 저항하는 T-임파구를 증가시키고, 엔도르핀은 강력한 천연 진통제를 분비시켜 일정기간 통증을 완화시켜 주는 효과도 있다고 한다(임장남, 2008).

Rowland와 Haynes(1978)는 성적 기능에 대한 정보 제공 및 성적 향상 프로그램, 의사소통을 개선하고 성적 접촉의 즐거움을 증가하는 방법에 연구를 진행하였다. 그 결과 노인부부의 건강증진과 정서적 즐거움, 그리고 삶의 질 향상을 도모하는 것으로 나타났으며, 노인의 성에 대한 태도와 지식에 긍정적으로 영향을 미칠 수 있음을 알 수 있다. 또한 노인의 삶의 질 증진을 위해서 규칙적이고 건전한 성생활이 고려되어야 한다.

(2) 노년기의 성적 욕구

성적 욕구는 생리적 측면에서 성적 능력이 감소한다고 해서 노인들의 성생활이 불가능하거나 성적 활동에 대한 측면에서 성적 능력이 감소한다고 해서 노인들의 성생활이 불가능하거나 성적 활동에 대한 흥미가 사라지는 것은 아니다. 노년기가 되면서 신제적인 노하 및 성적 기능이 저하되는 것은 정상적인 생리적 변화이다. 그러나 일반적으로 여성 노인은 성적 반응이 좀 느려지기는 하지만 대부분 오르가즘을 경험하고 있으며, 남성 노인은 성적 자극에 대한 반응시간이 길어져도 성적 수행을 즐기는 것으로 나타났다(고명석 외, 2018).

Steinke(1994)의 노년기의 성적 욕구 및 성에 대한 관심도를 조사한 연구에 의하면 노인들이 여러 가지 신체적 노화에 따라 성적 욕구나 성에 대한 관심이 적거나 없어지는 것이 아니다. 특히 여성 노인이 성적 활동에 대해 무관심할 것이라는 생각은 잘못된 것이다(백유미, 김재철, 2012). 오히려 임신과 출산, 자녀양육으로부터 자유로워졌기 때문에 젊은 시절과는 또 다른 형태의 성생활을 유지할 수 있다.

Starr와 Weiner의 노년기 성적 활동에 대한 연구에서 노인 참가자들은 "신체적·정서적으로 살아있다는 느낌과 자아정체감을 확인하기 위해서 성적 활동이 필요하며, 이것은 배우자와 중요한 의사소통의 수단이 된다."고 보고하였다(조추용 외, 2015: 303). 따라서 노인의 성적 욕구는 인간의 기본적 욕구 중의 하나에 속한다. 노년기 건전한 성적 활동을 위한 노인의 성교육과 성문화가 바르게 정착되어야 한다.

(3) 성에 대한 편견

사회적인 편견 때문에 노인의 성적 욕구가 무시되고 여러 가지 질환 때문에도 성적 제한이 발생하지만 노년기의 성에 대한 부정적인 이미지를 더욱 강하게 형성하게 하는 요인을 살펴보면 다음과 같다. 노인의 성을 바라보는 전반적인 사회적 인식은 무성의 존재로 인식하고 성생활을 거의 하지 않는다고 생각하는 것이 대부분이며, 노인의 성에 대한 부정적인 통념이 강하게 작용하고 있음을 알 수 있다(이승재 외, 2013; Susan & Chirs, 2002).

첫째, 노인의 성에 대한 사회적 편견이 매우 심하다.

둘째, 노인의 성 욕구 또는 성생활을 부정적으로 보는 사회분위기가 팽배하다.

셋째, 노인에게 성적 욕구가 있어도 신체적인 기능 저하로 성행위가 불가능하다.

성에 대한 올바른 지식과 성 인식은 노인으로 하여금 만족도가 높은 성생활을 유도하는 것으로 나타났고, 긍정적인 성 태도는 성행동의 적극성과 생활만족도에 중요한 영향을 주는 것을 나타났다(Delamater, 2012). 노인의 성에 대한 올바른 인식의 전환을 통해 노인들의 성에 대해 포괄적이고 수용적인 태도로 바라보는 시각의 변화를 가져야 한다.

(4) 노년기 재혼·이성교제

노년기 재혼은 사별 또는 이혼으로 홀로 된 노인이 다시 결혼하여 부부관계를 형성하는 것을 의미하며, 노년기의 결혼을 뜻하는 것으로 황혼기의 결혼이라고도 한다(권중돈, 2012). 즉 노년기의 재혼이란 사별이나 이혼으로 홀로 된 남녀 노인들이 다시 결혼을 하여 부부관계를 형성하는 것으로서 사회적으로 안정된 생활을 유지하는 것을 의미한다고 볼 수 있다(최영아, 2002).

이는 노년기의 황혼 재혼·이성교제를 긍정적으로 인식하고자 하는 데서 나온 것으로 보고 있다. 그러나 재혼을 하려고 할 때 현실적으로 많은 장애물과 부정적인 측면이 발생하여 재혼을 망설이는 노인도 많다는 것이다. 즉 상당수 노인들이 재혼에 대해 긍정적으로 인식하고 있으나 가족들의 노년기 재혼에 대한 이해부족 및 사회적 관습과 편견으로 재혼을 하려고 할 때 부정적인 측면에 대한 지적이 많다(차은주, 2017).

따라서 노인의 재혼·이성교제에 대한 사회의 전반적인 인식전환 및 재혼·이성교제에 대한 적극적인 사고가 필요하며 노인이 외로움과 고독감을 해결하기 위해서 재혼 또는 이성교제 등을 선택할 때 지원하는 사회적인 지지와 노력이 필요하다. 특히 노인의 재혼에 대한 자녀들의 태도는 노후 생활의 성공의 중요한 역할을 한다(이재모, 2009). 이러한 측면에서 노년기 재혼·이성교제에 대한 자녀 및 주변 가족들의 인식전환과 노인 스스로 적극적인 태도의 변화도 요구되고 있다.

평균수명 연장, 노인과 젊은 세대의 부양의식 변화, 이혼율 증가 등 노인들이 경험하는 어려움을 극복하기 위해 노인 스스로 이성교제나 재혼에 대한 관심이 높아지고 있다. 또한 노인들의 재혼·이성교제에 대한 부정적인 시각이 점차 약화되면서 홀로 된 노인이 건강하고 성공적으로 노후 생활을 보낼 수 있는 방법으로 노인 재혼·이성교제를 긍정적으로 인식하고 있다. 그 결과 상당수의 홀로 된 노인들이 재혼·이성교제를 노년기의 중요한 삶의 질을 위한 방법 또는 수단으로 수용하는 의사가 높아지고 있다.

3) 노인 성생활의 문제점과 실태

(1) 노인 성생활의 문제점

가. 신체 및 정신적 측면

노년기 성적 활동을 유지하기 위해 신체적 건강 특히 고혈압, 당뇨병, 관절염, 치매, 신경질환 등의 질병적 요인은 성적 능력을 감소시키며, 스트레스와 노인성 우울증, 성적 수행에 대한 불안 같은 정신건강도 노년기의 성적 기능을 저하시키는 요인이다(이승기 외, 2013). 특히 여성 노인의 경우 자궁적출술과 유방절제술 등 대수술을 한 여성노인은 스스로 덜 여자 같다고 느끼거나 그렇게 보일까봐 두려움을 느끼며 성정체성에 부정적인 영향을 미칠 수 있다. 하지만 실제 성기능이 변화되지는 않는다.

나. 결혼생활과 배우자

노년기에 원활하지 못한 결혼생활과 배우자의 상실은 노년기에 성적 활동이 중단되는 대부분 요인이 되며 노인들은 황혼이혼, 배우자의 질병 및 사별로 인하여 고립감과 성적 자아개념이 상실되는 어려움을 경험하며, 이러한 경험은 새로운 관계형성과 성적 욕구에 대해 의사표현을 어렵게 만든다(Drench & Losee, 1996). 또한 이러한 문제에 대해 새로운 이성교제, 황혼재혼·동거, 성적 파트너 부재 또는 성적인 욕구에 대해 이야기하는 것을 어렵게 하거나 부정적으로 보는 측면이 많다.

다. 노인과 사회적 성 인식

노인들은 대부분 전통적인 유교 의식 및 가부장적인 문화에서 학습된 성의 개념을 가지고 있으며, 시대적 변화에 따른 성 가치관의 혼란을 경험하게 되며 이 같은 가치관의 혼란은 성생활 영위를 저해하는 요인이 될 수 있으나 생리적, 사회문화적, 심리적, 상호관계 등의 차원에서 성문제를 가지는 노인들에게 그들이 수용할 수 있는 다양한 해결책을 찾을 수 있도록 노인들의 성에 대한 올바른 이해가 무엇보다 필요하다.

노인의 성에 대한 사회적인 통념은 노인의 자아개념 및 자기 정체성에 중대한 영향을 미치고 있으며, 노인 스스로 현재의 성적 관심에 대해 불안감을 갖게 된다(Mooradian & Greiff, 1990). 그리고 노년기에서의 자아정체감과 생활통제감 상실, 외로움, 소외감을 성적 욕구 충족을 통해 즐거움으로 상승시키는 역할을 할 수도 있으나 죄책감과 개인생활의 부족 등이 성적 욕구를 제거한다(Nay, 1992).

(2) 노년기의 성생활 실태

가. 황혼 재혼 · 이성교제 · 동거

최근 홀로 사는 할머니, 할아버지들의 황혼 재혼 · 이성교제 · 동거에 돈거래가 형성되면서 갈등이 불거지는 경우가 심심찮게 발생하는 데, 배우자가 있는 경우 성적 욕구 해소가 비교적 수월하다. 그러나 배우자 관계가 다양한 사유로 해소되거나 독신노인의 성적 욕구를 해결하기 위해서 '황혼 재혼 · 이성교제 · 동거'가 이루어지고 있는 실태가 되어가고 있다.

나. 우리나라 노인들의 성생활 실태

대개 많은 사람들은 성인기에 들면 자위행위를 중단하는 것으로 알려져 있으나 실제는 그렇지 않다. 특히 노인들 가운데는 자위행위를 통해 성적 욕구를 충족시키는 노인들이 많이 나타나고 있다. 이러한 분들 가운데는 정상적인 부부생활을 하고 있는 부류도 있다. 2012년 한국소비자원이 60세 이상 500명을 대상으로 조사한 결과, 80~84세 노인의 36.8%가 성생활을 한다고 답했다. 다른 연령층의 성생활 비율은 60~64세 80.6%, 60~69세 69.4%, 70~74세 61.9%, 75~79세 58.4% 등이다.

다. 성범죄와 성매매

일반적으로 노인의 성범죄와 성매매는 정신적인 측면과 성적 욕구 불만으로 표출되는데, 성범죄일 경우는 지적장애 여성이나 어린이 등 힘 없는 노인이 다루기 쉬운 상대이기 때문에 성범죄의 표적이 된다.

노인이 많이 모이는 장소에는 일명 '박카스 아줌마'들을 중심으로 성매매가 이루어지고 있는데 성병에 걸릴 위험성이 매우 크다. 노인들은 성병에 걸려도 잘 모르고 방치하거나 알아도 의료기관에 드나드는 것을 꺼리는 경우가 많다.

4) 노인의 성생활을 위한 해결 방안

노인의 성 문제는 전통적인 가치관과 사회적 편견 속에서 노인의 성과 관련된 문제는 개인이 해결하도록 묵인하거나 사회적인 지원이 전무한 실정이다. 노후의 삶을 건강하고 행복하게 보내고자 하는 욕구와 관심이 확대되면서 노인 대부분이 성적 활동에 많은 관심을 보이고 있다.

노인의 성에 대한 올바른 인식의 전환을 통해 노인들의 성에 대해 포괄적이고 수용적인 태도로 바라보는 시각의 변화를 가져야 한다. 또한 이러한 환경을 만들기 위한 지원 프로그램과 대책 마련이 필요하며, 심리사회적 · 제도적 · 교육적 · 복지적 차원에서 통합적으로 접근하여 노인들의 성 문제에 능동적으로 대처할 수 있도록 구체적인 방안과 전략을 모색하며 실천해 나가야 할 것이다.

(1) 사회적 인식 변화

사회적 인식 변화 측면에서 노년기 재혼 · 동거에 대한 자녀 및 주변 가족들의 인식전환과 노인 스스로 적극적인 태도의 변화도 요구되고 있다. 평균수명 연장, 노인과 젊은 세대의 부양의식 변화, 이혼율 증가 등 노인들이 경험하는 어려움을 극복하기 위해 노인 스스로 이성교제나 재혼 · 동거에 대한 관심이 높아지고 있다.

또한 노인들의 이성교제 · 재혼 · 동거에 대한 부정적인 시각이 점차 약화되면서 홀로 된 노인이 건강하고 성공적으로 노후 생활을 보낼 수 있는 방법으로 노인 이성교제 · 재혼 · 동거를 긍정적으로 인식하고 있다. 그 결과 상당수의 홀로 된 노인들이 이성교제 · 재혼 · 동거를 노년기의 중요한 삶의 질을 위한 방법 또는 수단으로 수용하는 의사가 높아지고 있으므로 이를 통한 사회적 인식의 변화가 필요하다.

(2) 성교육 프로그램 개발

노인 및 젊은 세대 대상 성교육 프로그램을 개발하고 시행하는 것이 필요하다는 제안이 있다(김광태 외, 2002). 다양한 프로그램 개발과 시행 활성화를 통해 노인의 성에 대한 인식을 높이고, 노인들이 능동적으로 성에 대해 생각할 수 있는 기회를 제공하자는 주장이다.

(3) 성 상담기관 및 전문 인력 양성

노인전문 상담기관과 전문 인력의 양성이 시급함을 제시하였다(김현철 외, 2000). 이 연구들은 현재 노인복지관이나 사회단체를 통해 노인 성 상담이 진행되고 있지만, 전문인력의 부족으로 관련 사업의 확장에 애로가 있음을 지적하였다. 따라서 전문 인력의 양성을 통해 증가하는 노인 성 관련 상담에 능동적으로 대처할 필요가 있다. 그 외에도 여성 노인과 남성 노인들을 대상으로 만남을 주선한다든가(김현철, 2000; 박형규, 2001). 홀로 된 노인들은 성적인 관심도 중요하다고 볼 수 있지만 노년에 이성친구로서의 말벗이나 여가 취미 활동의 동반자가 절실히 필요하다. 남성 노인과 여성 노인들의 이성교제를 통해 만남을 적극적으로 돕는 것이 홀로된 노인의 삶의 질을 바꿔줄 수 있기 때문이다.

2. 노인고독사

1) 노인고독사의 정의

'고독사'에 대해 일관된 정의가 있는 것은 아니지만, 생전에 사회에서 고립되어 사후 장기간 방치된 죽음이라 생각할 수 있다. 즉, '죽는 순간'에 친족이나 친구가 있는지 없는지가 문제가 아니라 생전부터 사회적으로 고립되어 아무도 사망을 모르고 장기간 방치된 경우 등이 고독사에 해당한다.

김혜성(2017)은 노인고독사 현상에 대한 이해를 목적으로 2007년부터 2017년 초까지 보도된 미디어 자료를 사용하여 조사한 결과, 고독사 사례에서 나타난 주요 위험요인으로는 빈곤과 경제적 곤경, 만성질환, 정신건강 문제, 사회적 고립, 가족 및 이웃과의 관계 절연, 실업, 1인 가구, 독신 혹은 이혼, 그리고 대도시 거주 등으로 파악되었다.

그러나 정부에서는 사물인터넷 기반으로 독거노인의 고독사에 대응하기 위한 서비스를 지원하고 있으나 개인차를 고려하지 않은 획일화된 종합적인 서비스를 지원하고 있어 문제점이 있다(임해원, 이현수, 2018). 이제는 더 이상 고독사가 개인의 문제가 아닌 사회문제로 대두되고 인식되고 있다. 고독사를 개인이 아닌 사회·국가가 개입하여 고독사 문제 해결을 위해 다양한 정책이 필요하다.

(1) 독거노인 증가 원인

노년기에 홀로 사는 이유는 매우 다양하다고 볼 수 있다. 독거노인이 증가하는 배경은 다음과 같다. 사회적, 경제적, 가족구조 변화, 개인적 측면 등 배경에 따라서 다양할 수 있다. 그러나 직접적 이유는 이혼, 미혼, 사별이 대부분이다. 노인은 배우자의 사별, 이혼 과 부재로 노년기에 홀로 살 가능성이 높아지고 있다. 그리고 고령화의 가속화와 베이비붐세대 고령사회 진입으로 독거노인의 수적 증가를 의미하기도 한다.

우리나라는 산업화, 도시화, 핵가족화로 전통적 가족 개념이 약해지면서, 자녀와 별거하여 혼자 살거나 노인부부만 사는 가정이 늘어났다. 여성의 사회진출 증가, 가출·이혼으로 인한 가족해체 및 가족구조와 가치관의 변화는 노인에 대한 가족부양체계를 크게 약화시키고 가족구조의 변화로 홀로 사는 노인이 많아지고 있다. 또한, 노인의 건강상태나 경제력이 좋아짐으로서 노인 스스로 독거 생활을 원하는 경우가 많아졌다. 독거노인 비율은 전반적으로 계속적으로 증가 추세에 있다.

일본의 경우 총가구수에서 1인가구가 차지하는 비율은 2015년에 34.5%에 달했다. 우리나라는 2045년의 1인가구 비율 추계치는 34.9%로 수준이다. 다시 말하면 일본은 2045년에 우리나라에서 일어날 상황을 2015년부터 경험하고 있는 셈 이다. 일본의 1인가구가 증가하는 이유를 살펴보면 중장년층에서 1인가구가 증가하고 있는 최대 원인은 미혼자의 증가이다. 또한 고령자에서 1인가구가 증가하는 이유는 고령 인구 증가와 함께 배우자와 사별한 고령자가 자녀와 동거하지 않기 때문이다. 또 고령 미혼자 증가도 1인가구 증가의 한 원인이 되고 있다.

특히 주목할 것은 앞으로 결혼하지 않은 고령 독신자가 더욱 증가한다는 점이다. 미혼의 고령 독신자는 배우자와 사별한 고령 독신자와 달라서 자녀가 없다. 따라서 노후를 가족에게 의지하기가 한층 더 어려울 것 같다(후지모리 가츠히코(藤森克彦), 류재상, 김수홍, 2018). 일본의 노인 1인가구가 급증하고 있는 원인을 알았으니 우리나라도 노인 1인가구의 대책 및 고독사 해결 방안 시 참고하여 노인복지정책에 반영해야 될 것이다.

(2) 독거노인 현황

장래가구특별추계에 의하면 2020년 가구주 연령이 65세 이상인 고령자 1인가구는 1,589천 가구(34.2%)를 차지하고 있다. 향후 25년 후에는 1인 가구도 지속적으로 증가하여 4,051천 가구(36.6%) 이상을 차지하며 65세 이상 고령지 1인가구 비중이 증가하여 고령화는 더욱 심해질 것으로 전망된다(통계청, 2020). 이러한 현실에서 경제적 · 신체적 · 정서적 곤란에 노출되어 있는 독거노인의 생계 및 생활은 사회적 안전망을 통해 해결되어야 한다.

2) 노인돌봄종합서비스 사업

노인돌봄종합서비스란 독거노인에 대한 인적사항 및 서비스 제공 관련 정보를 종합적으로 관리하고 독거노인이 필요한 서비스를 개별 기관에 연계시켜 주는 기관이다. 시 · 군 · 구별로 최소 1개소씩 지정하되, 지역 내 독거노인 수가 많은 지역은 그 지역 실정에 맞게 2개소 이상을 지정하여 운영할 수 있다. 노인돌봄종합서비스는 지방자치단체가 직접 운영하거나 지역 내 노인복지서비스를 제공하는 기관을 지정하여 운영할 수 있다. 노인복지서비스 제공기관을 지정하는 경우에는 노인종합복지관, 종합사회복지관, 재가노인복지센터(복합형) 등 개별 서비스 제공기관 중 총괄 조정기능 수행이 가장 적합한 기관을 지정한다. 독거노인복지서비스 원스톱 지원센터는 기존 행정기관 및 복지시설 내에 설치하는 것을 원칙으로 한다. 노인돌봄종합서비스의 역할, 전달체계, 기능은 다음과 같다(고재욱 외, 2020).

(1) 노인돌봄종합서비스의 역할

노인돌봄종합서비스의 독거노인복지서비스 돌보미의 역할은 다음과 같다.

가. 서비스 접수, 독거노인에 대한 정보의 종합관리, 안전확인 등 기본적 서비스 제공 및 개별 서비스 기관에 서비스를 연계하는 역할을 수행한다.

나. 정보관리로 관할 지역 내 소재해 있는 보건·복지서비스 기관의 독거노인에 대한 서비스 제공 관련 정보의 통합조정과 관리이다.

다. 서비스 관리로 지역 내 독거노인의 서비스 욕구 및 서비스 이용실태의 파악과 관리이다.

라. 기본 서비스 제공으로 안부전화 등 독거노인에 대한 안전확인서비스를 직접 제공하는 것이다.

마. 서비스 연계로 개별 서비스 제공기관에 서비스를 연계하고 의뢰하는 것이다.

바. 독거노인 관련 정보의 통합조정·관리이다. 시·군·구 사무소의 협조를 받아 독거노인의 인적사항(이름, 성별, 연령, 주소지, 연락처 등)을 관리하고 관할 지역 내 노인복지서비스 제공기관 및 노인복지서비스 제공 실태를 파악하는 것이다.

사. 독거노인별 개별카드를 마련하여 현재 이용하고 있는 복지서비스 등을 기록하는 것이다.

아. 안부전화 등 독거노인에 대한 기본적 서비스 직접 제공이다. 거동이 불편하거나 질병을 앓고 있는 노인 등의 안전 여부를 확인할 수 있는 안부전

화, 안전확인 등의 기본적 서비스를 직접 제공하여야 한다.

자. 개별 서비스 제공기관에 서비스 연계의뢰이다. 보건복지콜센터(129), 독거노인, 지역주민 등이 신청한 서비스를 접수받아 이를 개별서비스 기관과 연계하여 이들 기관으로부터 직접 서비스가 제공될 수 있도록 해야 한다. 독거노인 대상 복지서비스별 제공기관 현황은 〈표 3-1〉와 같다.

표 3-1 **독거노인 대상 복지서비스별 제공기관 현황**

기관	기능
노인돌봄 종합서비스사업	• 직접서비스 제공(안부전화 등 안전 확인) • 독거노인별 인적정보 및 서비스 이용실태 관련 정보의 통합 및 관리 • 개별 서비스 기관서비스 연계
읍 · 면 · 동	• 독거노인 인적사항 파악

개별서비스	개별서비스 지원기관
밑반찬 및 식사배달, 무료급식, 영양관리서비스	노인종합복지관, 종합사회복지관, 재가노인복지센터 등
가사지원서비스, 세탁서비스	노인종합복지관, 가정봉사원파견센터 등
정서지원서비스, 상담사업	노인종합복지관, 재가노인복지센터 등
목욕서비스, 이 · 미용서비스	종합사회복지관, 가정봉사원파견센터 등
주간 · 단기보호, 건강증진 및 위생사업	단기보호센터, 주간보호센터 등
방문간호 및 가정간호, 노인의치 보철사업	보건소 등
무의탁노인 주거시설 제공, 노인 주거개선	종합사회복지관, 노인단체 등
물리치료, 차량지원, 결연(물품지원)	보건소, 재가노인복지센터, 노인종합복지관, 종합사회복지관

출처. 보건복지부(2018). 「노인보건복지사업안내」.

(2) 네트워크를 통한 서비스 전달체계

사업수행은 2인 이상의 인력이 업무를 수행할 수 있도록 정하고 있다. 소요인력은 복지관의 상담인력 등 지원센터의 업무와 유사한 업무를 수행하고 있는 기존사업인력을 활용하는 것도 가능하다. 안부전화 등 지원센터의 기본서비스 사업을 수행하는 인력은 노인일자리 인력을 활용하도록 하고 있다. 네트워크를 통한 각 기관의 행정사항을 보면, 시 · 군 · 구에서는 관할 지역 내 독거노인 수 등을 고려하여 노인복지회관 등 개별 서비스 기관 중 최소 1개소를 '독거노인돌봄종합서비스센터'로 지정해야 한다.

시 · 군 · 구에서는 지역 내 독거노인의 인적정보를 파악하고 노인돌봄종합서비스센터에 제공하여 독거노인 보호가 이루어지도록 해야 한다. 독거노인에게 복지서비스를 제공하고 있는 모든 서비스 지원기관은 돌보미서비스센터에 독거노인 인적정보 및 제공 서비스 관련 정보를 제공해야 하며, 변동사항이 발생한 경우에도 즉시 알려야 한다.

3) 노인고독사 정책

(1) 보건복지부, 제2차 독거노인 종합지원 대책

보건복지부도 2018~2022년 제2차 독거노인 종합지원 대책을 내놓았다. 맞춤형 서비스 제공, 지역사회 거주지원 환경 개선, 독거노인 자립역량 강화, 돌봄기반 구축 등 4대 분야 10대 정책 과제를 추진하는 것으로 상세한 내용은 아래와 같다(보건복지부, 2018).

가. 독거 유형별 맞춤형 서비스 제공

① 공공서비스 확대 및 민간자원 연계로 대상자 확대

② 잠재 · 초기 독거노인 발굴 및 생활력 증진 프로그램 등 맞춤형 서비스 제공

③ 저소득 · 독거 치매노인 공공후견제도 도입, 은둔형 독거노인 사례관리 강화, 정보통신기술(ICT)을 활용한 생활안전돌봄 시스템 보급 등 위기취약 노인 안전지원 강화

나. 지역사회 거주지원 환경 개선

① 공공 실버주택 확대, 주택 개보수 지원 강화 등 주거와 돌봄기능 융합

② 세대공존 주거공간 등 공동주택사업 모델 개발로 지역사회 통합 촉진

다. 독거노인 자립역량 강화

① 독거노인의 소일거리 및 자원봉사 참여 유도 등 행복울타리 프로그램 운영

② 노인일자리 선발 시 독거노인 가점 부여 등 일자리 및 사회참여 활성화

라. 정책지원 인프라 구축

① 노인복지관의 독거노인 사례관리 강화, 재가노인지원센터의 독거노인 보호사업 확충 등 돌봄 인프라 구축

② 독거노인 현황 조사 개선, 인식개선 캠페인 등 정책지원 기반 강화 및 사회적 인식 개선

③ 종사자 고용안정성 강화, 교육 품질 제고 등 종사자 처우개선 및 역량 강화

(2) 장애인 · 고령자 등 주거약자 지원에 관한 법률 시행령안

「장애인 · 고령자 등 주거약자 지원에 관한 법률 시행령안」 일부개정령안이 국무회의에서 2018년 1월 30일자로 의결됐다. 홀로 사는 어르신들의 고독사를 예방하기 위해 주거약자용 주택에 안심센서가 설치되는 것이 주요 골자이다(국토교통부, 2018).

주거약자용 주택이란 고령자(65세 이상) 및 장애인, 그밖에 국가유공자 중 상이등급 판정자 등 거동이 불편하고 안전한 주거환경이 필요한 자에게 임대할 목적으로 건설하거나 개조하는 주택으로 장기공공임대의 경우 주거약자용 주택을 일정비율 이상 의무적으로 공급하여야 한다. 최근 고령자 1인 가구가 빠르게 증가하고 있고 이에 따라 독거노인의 고독사 및 응급상황 신속 대처 미흡 등이 사회적 문제로 대두됨에 따라, 이를 미연에 방지하여 주거복지 사각지대를 해소할 수 있는 방안 마련이 필요성이 제기되어 왔다. 이에 장기공공임대주택 중 65세 이상 고령자에게 공급되는 주거약자용 주택에 대해서는 입주자의 움직임 감지 후 일정 기간 동작이 없을 시 관리실 등에 자동 연락되는 '홀몸어르신 안심 센서'가 설치된다.

4) 독거노인의 고독사 문제 해결을 위한 대안

2020년 독거노인 1,589천 가구 중 노인돌봄기본서비스에 의한 돌봄서비스 지원을 받는 독거노인은 일부이며, 독거노인의 수는 매년 증가하고 있는데 독거노인에 대한 지원 대책도 미비하며 고독사의 정확한 통계를 위한 법적 적용 기준이 달라 고독사의 현황을 제대로 파악하기 힘들다는 점이다.

따라서 독거노인의 고독사 문제 해결을 위해서 다음과 같이 제안한다.

첫째, 고령자 독거노인에 대한 사회보장 기능을 확대하여 사회안전망 구축, 지역사회 민간복지지원 등 맞춤형 공공서비스 지원 등이 이루어져야 독거노인 고독사를 줄일 수 있다.

둘째, 가족 부양자의 관계 회복 및 강화를 위한 가족참여 프로그램을 운영하고, 지역사회 주민들과의 관계회복을 위한 활동으로 독거노인의 사회적 고립 방지를 해야 한다.

셋째, 독거노인에 대한 정기적인 실태조사로 독거노인에 대한 지원 계획를 수립하여 고독사, 무연고사, 고립사를 미연에 방지해야 된다.

넷째, 지역 커뮤니티 구축으로 고령자 독거노인의 질병이나 돌봄을 의료·재가서비스를 통합적으로 진행할 수 있게 해야 된다.

3. 노인자살

1) 자살의 개념

자살을 뜻하는 영어의 suicide라는 단어는 라틴어에 어원을 둔 sui와 cide의 합성어이다. sui는 '자기 자신, 스스로'라는 뜻이고, cide는 caed에서 전환된 것으로 '죽이다'의 뜻을 지니고 있어 자살이란 '자기가 죽게 될 것을 알면서도 주어진 상황을 피하지 않고 죽는 것', 스스로 죽음을 의도하고 죽는 것'이라는 의미를 담고 있다. 자살은 자살생각을 시작으로 자살시도를 통해 자살행동에 이르게 되는 것이다. 이와 같이 자살을 개념화하는 것은 자살이 단순한 사건이 아니라 과정임을 강조한 것이다.

Bonnewyn는 노인자살을 연속선상의 과정-자살생각, 자살시도, 완결된 자살-으로 간주하였다. 지속적인 자살생각은 자살시도 가능성과 상관관계가 있으며 자살시도는 실제 자살 위험을 증가시킬 수 있다. 미국의 정신건강센터 특별위원회도 자살의 개념을 자살행동, 자살시도, 자살생각을 포함했다. 세계보건기구(WHO)는 자살을 죽음에 대한 의도와 동기를 가지고 자신에게 손상을 주는 행동으로 정의하고 있다.

2) 노인자살 관련 요인

노인자살의 영향을 미치는 요인으로는 배우자의 유무, 실업 및 경제적 수준, 장애 및 건강상태, 가족 및 사회적 관계, 여가시설, 종교 등 다양하게 영향을 미치는 것으로 나타났다. 이러한 점은 노인일수록 노인을 둘러싼 가족, 직업, 소득, 건강, 여가 등의 다양한 문제들의 취약성 증가가 노인의 자살을 야기하는 복합적인 원인으로 작용하는 것을 알 수 있다. 특히 이러한 여러 요인 중 우울증이 가장 결정적인 위험요인으로 제시되고 있는데 우울은 자살에 직접적으로 영향을 미치기 보다는 앞서 언급한 다양한 요인들에 우울을 매개하여 자살에 영향을 미치는 것으로 나타나고 있다.

노년기는 배우자 죽음, 직업과 지위 상실, 수입 감소, 신체적 건강의 약화 등과 같이 노년기의 네 가지 고통으로 일컬어지는 현상으로 인하여 우울이 증가하게 되고 다른 연령대보다 높은 우울 반응을 겪게 된다. 우울은 근심, 침울함, 무력감, 무가치함을 나타내는 기분장애로서 슬프고 불행한 감정을 말한다. 우울증은 노인자살 사건 중 50~70%를 차지할 만큼 중요한 요인으로 작용하는 것으로 나타났다(Conwell, Caine, & Olsen, 1990). 이상진(2006)은 우울증과 우울 증상이 있는 노인들은 그렇지 않은 노인보다 자살률이 12.1배 높다고 하였는데 이는 우울증과 자살과의 높은 관계성을 보여주고 있다.

노년기의 건강 악화와 만성질환의 발생은 노인 자살위험을 증가시킨다. 노인은 일반적으로 만성질환으로 어려움을 경험하며, 한 번 걸리며 쉽게 낫지 않는 특성을 보이며 우리나라 노인의 80% 이상이 만성질환을 보유하고 있다고 한다. Harris와 Barraclough(1997)은 신체적 질환과 자살 사이의 관련성에 대해 네 가지 경우를 가정한 바 있다.

첫째, 자살에 기여하는 정신질환이 내과적 질환과 독립적으로 관련을 갖는 경우 둘째, 내과적 질환 때문에 발생한 정신 질환이 자살에 이르는 경우 셋째, 내과적 질환이 활동장애나 사회적 위축, 고립 등을 유발하여 이로 인한 우울증, 기타 정신질환을 일으키는 경우 넷째, 말기 질환을 앓고 있는 환자들이 두려운 경과나 어쩔 수 없는 결과를 피하기 위해 자살을 선택하는 경우이다(장미애, 2006).

노년기 경제적 빈곤상태는 건강상태보다는 영향력이 낮지만 우울을 통해 간접적으로 영향을 미치는 요인으로 제시되고 있다. 노인의 소득에 관한 통계조사에 의하면 노인 등이 겪는 가장 어려운 문제에서 남성의 경우 경제적 어려움(44.6%)이고, 여성의 경우는 건강문제의 뒤를 이어 경제적 어려움을 호소하고 있는 것으로 나타났다(김기원, 2010). 많은 연구에서 노인의 경제수준이 낮을수록 우울 정도가 높다고 보고하고 있으며, 경제적 어려움을 가진 노인들이 자살이나 자살생각에 처할 가능성이 높은 것으로 확인되었다.

3) 노인자살 현황

(1) 노인자살에 대한 충동 현황

세계보건기구의 통계에 의하면 대부분의 나라에서 노인의 자살률이 젊은 성인에 비해 높으며, 일반적으로 평생동안 자살의 위협 정도와 자살사고는 연령이 증가함에 따라 같이 증가하는 것으로 알려져 왔다(Barrow & Lindon, 1997).

2019년 중앙자살예방센터 자살통계 자료에 따르면 65세 이상 10,299명(대리응답 226명 포함) 중 자살하고 싶은 생각을 해 본 사람은 6.7% 수준이며, 이 중 13.2%가 실제로 자살을 시도하였다. 연령이 높을수록 70대 8.2%, 80세 이상 9.9%로 그 비율이 커짐을 알 수 있다. 또한, 자살하고 싶었던 가장 큰 이유는 경제적 어려움(27.7%)로 가장 높고, 다음이 건강질환(27.6%), 가정, 친구불화(18.6.%), 외로움(12.4%) 순이다(표 3-2).

표 3-2 65세 이상 인구의 자살에 대한 충동 여부 (단위: %)

계	있다	소계	경제적 어려움	건강 질환	부부자녀 친구갈등 및 단절	외로움	사망(배우자, 가족, 친구)	배우자 가족건강	기타
100.0	6.7	100.0	27.7	27.6	18.6	12.4	8.3	4.9	0.5

출처: 중앙자살예방센터(2019).

(2) 노인자살 현황

노년기에 신체적·경제적·정서적 어려움을 동시에 겪고 있으며, 이로 인한 절망감으로 극단적인 자살을 선택하기도 한다. Dietz(2002)는 청·장년층의 자살은 "삶의 대한 탈출구 역할"을 하지만 노인의 자살은 빈곤과 질병 등으로 "삶이 지쳐 있기" 때문에 시도된다고 지적한다.

가. 중앙자살예방센터 최근 5년간 자살통계에 의하면 2019년 전체 자살 사망자수는 13,799명, 자살률은 26.9%로 최근 5년간 유사한 자살률을 보이고 있다(표 3-3).

표 3-3 최근 5년간 자살률 추이 (단위: 명, %, 10만명당 자살률)

연도	2015	2016	2017	2018	2019
자살률	26.5	25.6	24.3	26.6	26.9
자살사망자	13,513	13,092	12,463	13,670	13,799

출처: 중앙자살예방센터(2019).

나. 생애주기별 남자 자살률은 2018년보다 감소하였으나, 생애주기별 자살률은 가장 높다. 2019년 65세 이상 남자노인 자살률이 76.7%로 생애주기별 가장 높은 비율을 보이고 있다(표 3-4).

표 3-4 생애주기별 남자 자살률 & 사망자 비교 (단위: 명, %, 10만명당 자살률)

연도	아동 · 청소년(5~19세)		청년(20~34세)		중년(35~64세)		노년(65세 이상)	
	자살률	자살사망자	자살률	자살사망자	자살률	자살사망자	자살률	자살사망자
2018	3.9	154	24.9	1,302	47.4	5,815	82.2	2,591
2019	3.8	145	24	1,249	47.0	5,788	76.7	2,542

출처: 중앙자살예방센터(2019).

다. 생애주기별 여자 자살률은 2018년보다 0.3%로 증가하였다(표 3-5). 생애주기별 남자, 여자 자살률 통계자료를 살펴보면 다른 연령대에 비해서 노인 연령층인 65세 이상 자살률이 압도적으로 많은 것을 볼 수 있다.

표 3-5 생애주기별 여자 자살률 & 사망자 비교 (단위: 명, %, 10만명당 자살률)

연도	아동 · 청소년(5~19세)		청년(20~34세)		중년(35~64세)		노년(65세 이상)	
	자살률	자살사망자	자살률	자살사망자	자살률	자살사망자	자살률	자살사망자
2018	4	147	15	717	16.1	1,942	23.7	1,002
2019	4.4	155	17.5	831	16.7	2,025	24	1,058

출처: 중앙자살예방센터(2019).

OECD 주요 회원국 중에서 1985년부터 2001년까지 한국보다 자살률이 높았던 국가는 일본, 핀란드, 헝가리 등이었다. 그중 한국을 제외한 나머지 국가는 2012년을 기점으로 점차 자살률이 감소하는 추세를 보인 반면 2015년 한국은 10년 이상 OECD국가 중 자살률이 가장 높은 수준이다. OECD국가 중 가장 높은 노인자살 증가율을 기록하는 동시에 우리나라 노인인구 증가율과 증가 속도가 매우 급속하게 진행되므로 앞으로 노인자살 예방에 치밀한 대책을 수립해야 된다.

4) 중앙자살예방센터

대한민국은 2003년 이후 경제협력개발기구(OECD) 국가 중 최고 수준의 자살률을 나타내고 있다. 이에 보건복지부 주도로 2004년부터 자살 예방 종합대책을 추진하고 민간에서도 자살 예방 활동을 하였으나 자살률이 계속 증가하여 국가 차원의 자살 예방사업 추진을 위해 2012년 3월, 「자살예방 및 생명문화조성을 위한 법률」이 시행되고 중앙자살예방센터가 설립됐다.

자살예방 및 생명존중문화 조성을 위한 법률

제13조(자살예방센터의 설치) 다음 각 호의 업무를 수행하기 위하여 보건복지부장관은 중앙자살 예방센터를 시 · 도지사 및 시장 · 군수 · 구청장은 지방자살예방센터(이하 "자살예방센터"라 한다.)를 설치 · 운영할 수 있다. 생명존중문화를 조성함을 목적으로 한다.

[2011년 3월 30일 제정 · 공포]

자살예방기본계획은 국가적 차원의 자살 예방 전략으로 2004년 〈제1차 자살예방기본계획〉, 2009년 〈제2차 자살예방기본계획〉이 수립되었다. 2011년 「자살예방 및 생명존중에 관한 법률」이 제정되면서 국가적 차원의 자살 예방사업체계를 더 강화, 2016년 1월 수립된 〈제3차 자살예방기본계획(생명사랑플랜)〉은 2016년부터 2020년까지 5년간의 자살 예방 국가전략과 정책 방향을 담고 있다.

사업목적은 2014년부터 2020년까지 인구 10만명당 자살률 20명으로 낮추는 것을 목표로 하고 있다. 그 외 성과목표로는 '1차 의료기관 우울증 스크리닝 시행 비율 증진(1차 의료기관의 50%)'과 '자살 시도자 DB 구축'이 있다.

5) 노인자살의 대책

노인자살의 예방은 우선 노인들의 소득보장 정책 수립, 노인전용 자살예방을 위한 인프라 확충, 노인자살 예방을 위한 전문인력 양성, 건강보호 체계의 강화, 경제적 안정의 도모, 사회적 지지망의 구축 등 노인 생활조건 개선을 통해 노인이 속한 가족이나 지역사회로 통합을 촉진하고 급격하게 변화하는 생활에 안정감을 주도록 노력해야 한다. 또한 자살위험에 노출된 특정 집단을 위한 위기개입과 치료에 초점을 둔 예방체계를 구축하는 노력이 필요하다. 정신보건센터, 노인보호전문기관 등의 역할을 확대하고 접근성을 높임으로써 자살 위험성이 높거나 자살을 고려하기 시작한 노인들을 대상으로 하는 프로그램을 확대하기 위한 노력이 요구된다.

단축형 노인 우울 척도 검사(SGDS-K)

지난 1주일 동안의 느낌을 생각하시면서 대답해주시기 바랍니다.		
1. 현재의 생활에 대체적으로 만족하십니까?	예	아니오*
2. 요즈음 들어 활동량이나 의욕이 많이 떨어지셨습니까?	예*	아니오
3. 자신이 헛되이 살고 있다고 느끼십니까?	예*	아니오
4. 생활이 지루하게 느껴질 때가 많습니까?	예*	아니오
5. 평소에 기분은 상쾌한 편이십니까?	예	아니오*
6. 자신에게 불길한 일이 닥칠 것 같아 불안하십니까?	예*	아니오
7. 대체로 마음이 즐거운 편이십니까?	예	아니오*
8. 절망적이라는 느낌이 자주 드십니까?	예*	아니오
9. 바깥에 나가기도 싫고 집에만 있고 싶습니까?	예*	아니오
10. 비슷한 나이의 다른 노인들보다 기억력이 더 나쁘다고 느끼십니까?	예*	아니오
11. 현재 살아 있다는 것이 즐겁게 생각되십니까?	예*	아니오*
12. 지금의 내 자신이 아무 쓸모없는 사람이라고 느끼십니까?	예*	아니오
13. 기억력이 좋은 편이십니까?	예	아니오*
14. 지금 자신의 처지가 아무런 희망도 없다고 느끼십니까?	예*	아니오
15. 자신이 다른 사람들의 처지보다 더 못하다고 생각하십니까?	예*	아니오
※ *표 항목을 1점으로 계산, 나머지는 0점으로 계산 ※ 5점 이하는 정상, 6~9점은 중등도의 우울증상, 10점 이상은 우울증	총점( )	

출처: 보건복지부, 중앙치매센터, 국민건강보험(2018).

CHAPTER 04

Social Welfare for the Elderly

노인죽음 및 호스피스

1. 노인죽음

1) 죽음 준비의 정의

노인은 다가오는 죽음에 직면하여 자신의 살아온 삶을 정리하고 긍정적으로 인식하여 과거 및 현재의 인생을 바라던 대로 살았다고 만족스럽고 의미 있게 받아들이고 다가올 죽음을 인정하고 기다리는 태도를 갖게 되는 과업을 수행해야 한다. 이처럼 노년기에 있어 자신 또는 배우자의 죽음이나 동년배의 죽음에 대한 적응은 불가피한 과업으로 다가오고 있어 노년기 과업에 있어 '좋은 죽음'을 준비하는 것이 매우 필요하다(박석돈 외, 2016).

죽지 않을 사람은 없기 때문에 누구나 죽음 준비를 해야 한다. 인생을 살 만큼 살아온 노인의 경우라 해도 죽음이라는 절대 순간이 쉽지는 않다. 죽음이란 누구도 대신할 수 없는 외로운 과정이기 때문이다. 죽음이란 누가 대신해줄 수도 공유할 수도 없다는 의미로, 심리 정서적으로는 죽어가는 과정에서 사랑했던 모든 사람들과 분리되어 혼자 죽음에 다가가며 심리적이나 신체적으로는 가장 쇠약해진 상태를 만나는 것이다. 그러므로 피할 수도 소홀히 할 수도 없는 죽음준비는 누구에게나 필요하다. Erikson은 노년기는 인간 발달 과정의 마지막 단계로서 이 시기의 발달과업은 자아통합 대 절망감이라고 했다.

미국에서는 1960년대 처음으로 죽음 준비교육이 학교 현장에 도입됐다. 유럽은 1970년대 독일을 시작으로 스웨덴 등 여러 나라에서 이뤄지고 있다. 일본의 경우 1986년 독일 출신 죽음학자 알폰스 데켄의 『죽음 준비교육』이 출간되며 학교 현장에 죽음교육이 확산됐다. 1995년 발생한 한신대지진과 1997년 초등생 연쇄살인사건 등 비극적인 죽음이 강력한 촉매제가 됐다. 국내에서는 2000년대 들어 죽음 준비교육의 움직임이 시작됐다.

2) 죽음 준비교육의 과정

죽음 준비교육의 목적은 죽음의 신체적 · 심리적 · 사회적 과정과 양상 학습하기, 죽음과 임종에 대한 태도 학습하기, 자신의 죽음의 현실 받아들이기, 죽음과 더불어 사는 것 학습하기, 죽어가는 사람과 사별한 사람 도와주는 것 학습하기, 상실과 사별에 대처하는 법 등을 학습하는 것이다.

또한 죽음을 깊이 생각하게 하여 자신의 죽음을 준비하도록 돕는 것, 죽음에 대한 금기를 제거하는 것, 죽음의 공포와 심리적 압박감을 해방시켜 주는 것, 죽음과 관련된 의학적 · 법적 · 윤리적 문제를 가르치는 것, 자신의 장례식을 스스로 준비하고 선택하도록 격려하는 것, 생의 중요한 가치를 정립하도록 도와주고 시간의 중요성을 재발견하도록 하는 것을 죽음 준비교육의 목적으로 설명하고 있다(박석돈 외, 2016). 유경(2008)은 그의 저서 『유경의 죽음 준비학교』를 통해 실체 어르신과 함께 했던 죽음 준비학교 교육과정을 아래와 같이 제시했다.

표 4-1 죽음 준비학교 교육과정 예시

회차	교육 내용
1교시	마음 열기: 죽음의 색깔, 죽음의 기억
2교시	인생 그래프 그리기: 내 인생의 오르막과 내리막

회차	교육 내용
3교시	나의 사망기 쓰기: 남은 사람들에게 기억되고 싶은가?
4교시	꼭 한 번 만나고 싶은 사람: 죽어 헤어져도 잊지 못할 이름이여!
5교시	내 인생이 한 달 남았다면: 버리고 싶은 것과 꼭 하고 싶은 일
6교시	무엇을 남기고 갈까: 현장학습(화장장, 납골당(봉안당), 산골공원, 자연장치를 가다!)
7교시	참관수업: 청각장애 어르신들의 죽음준비 프로그램
8교시	유언장 쓰기: 마지막 바람과 당부
9교시	봉사활동: 배워서 남 주자!

출처: 유경의 죽음준비학교.

죽음 준비교육에서는 죽음을 잘 맞이할 수 있도록 준비시키는 '죽음 대비 서비스'를 〈표 4-2〉와 같이 잘 이해할 수 있게 해야 한다.

표 4-2 죽음 준비학교 죽음 대비 서비스

구분	서비스 내용	
일반인	죽음의 이해	
	• 죽음의 언어 금기 제거 • 죽음의 자연적 현상 인식 • 삶의 전체적 주기 이해 • 죽어가는 사람의 이해	• 유족에 대한 이해 • 돌봄의 필요성 이해 • 죽음 체계와 제도, 문화 이해
노인과 말기 환자	정보 제공과 죽음의 수용	
	• 유언하는 법 • 장례 절차와 장기기증(시신기증) • 법적 권리 • 안락사	• 회고와 회상 서비스 • 고통경감 케어 • 또래집단 형성
유족	슬픔의 극복과 치유	
	• 애도의 치료	• 또래집단 형성

출처: 최선화(2004).

죽음교육은 교육 전반부에는 죽음에 대한 생각을 정리할 기회를 통해 본인의 삶과 죽음에 대한 궁금증과 그 대답을 찾도록 한다. 교육 후반부에는 가상이지만 죽음을 경험하는 기회를 가지면서 남의 죽음이 아닌 자신의 죽음을 체험하는 내용으로 구성된다. 교육 전반부에 제시되는 죽음질문은 〈표 4-3〉으로 예시할 수 있다(Iding, 2005).

표 4-3 죽음에 대한 질문

〈당신은 시한부 삶을 선고받았습니다. 다음 질문에 대답해 봅시다.〉

1. 이렇게 가정할 때 가장 두려운 것은 무엇인가요?
2. 그 두려움은 왜 생길까요?
3. 그 두려움을 없애려면 일상생활에서 무엇을 해야 할까요?
4. 시한부 삶을 살게 된다면 무엇을 하고 싶을까요?
5. 그 일을 하는 데 장애는 무엇일까요?
6. 5의 일을 조금이라도 할 수 있을까요?
7. 꼭 해야 할 일이 또 있을까요?
8. 유언장을 작성하였나요? 아직 쓰지 않았다면 왜인가요?
9. 장기기증을 할 생각인가요?
10. 자신의 시신처리에 대해 생각해 보았나요? 장례식은 어떻게 하려고 하나요?
11. 인연을 끊은 사람이 있나요? 그 사람과 화해할 생각이 있나요? 여전히 화해할 생각이 없다면 언제하려고 하나요?

3) 가족을 위한 죽음 준비

죽음을 맞이하는 노인의 가족을 위한 사별 전 준비와 사별 후 준비를 살펴본다(보건복지부 2020).

(1) 사별 전 준비

가. 대상자 옆에 끝까지 함께 있는 것이 마지막까지 좋은 기억으로 간직된다.

나. 대상자가 혼자 있으면 불안해하기 때문에 가족이 교대로 대상자 곁에 함께한다.

다. 대상자가 가족을 위해 헌신과 사랑을 주셨고, 최선을 다한 삶이었으며 가족 모두 자랑스럽고 감사하게 기억한다는 것을 알려드린다.

라. 친지나 지인의 병문안을 받을 수 있고, 조용한 가운데 사랑을 표현한다(지나친 방문은 대상자의 피로감을 증가시킬 수 있다).

마. 집안의 행사(결혼기념일, 생일)가 있으면 간단한 이벤트를 해도 된다.

바. 대상자가 의사소통이 가능할 때, 영상편지나 가족사진을 촬영한다.

(2) 사별 후 준비

가. 사별 후 애도하고 슬퍼하는 과정은 정상이며 마음을 치유하는 데 필연적이고 필수적이다.

나. 처음에는 펑펑 울고 신경이 날카로울 수도 있고, 아무 생각하지 않고 오히려 차분해질 수도 있다. 몇 주가 지나 고인이 떠났다는 인식이 들면 고통스러워할 수도 있다. 사별 직후 슬퍼하지 않는다고 해도 사람마다 애도나 비탄의 특성이 달라서 그렇다고 이해하면 된다.

다. 의료진이나 가까운 가족에게 화를 내고, 신을 원망할 수도 있다.

라. 마음의 아픔을 아무런 판단 없이 들어줄 사람이 있다면 도움이 되므로, 친구나 가족, 상담가를 만날 수 있다. 사람을 만나는 것이 힘들다면 일기나 글쓰기를 통해서 아픔을 표현하는 것도 도움이 된다.

마. 이러한 감정은 자연스러운 것이므로 그대로 인정하고 표현하다 보면 시간이 갈수록 점차 감정이 잦아든다. 슬픔이 언제 끝날지, 어떻게 슬퍼할지는 사람마다 다르므로 온유하게 대해주고 스스로를 잘 돌보도록 도와주어야 한다.

바. 가족, 친지, 친구들이 고인을 빨리 잊으라며 사진, 물건들을 치우라고 조언하기도 하지만, 이 모든 과정은 각자의 속도에 맞추어 진행한다. 천천히 원하는 때에 정리하거나, 간직하고 싶으면 그렇게 하는 것도 좋다.

사. 슬픔을 인정하기 어렵고, 분노, 죄책감을 견디기 힘들다면, 정신건강의학과 의사나 상담가의 도움을 받을 수 있다.

4) 죽음 준비교육의 과제

오늘날 우리나라의 죽음 준비교육은 다른 모든 것과 마찬가지로 서양에 들어

온 것이다. 우리나라 전통사상 속에서 죽음과 죽음 준비교육에 대한 심오한 논의가 있음에도 불구하고 죽음교육 역시 완제품의 형태로 서양에서 수입되었다. 서양의 죽음 준비교육은 연령에 따라 대략 세 가지로 나뉘는데 먼저 유치원과 초등학교 단계의 학생들에게는 주로 주변 사람들의 죽음이나 애완동물의 죽음에 대한 슬픔을 처리하는 비탄교육이 중심이 된다.

그리고 청소년을 위한 죽음 준비교육은 주로 자살방지 교육에 초점을 맞추고 있다. 노인들을 위한 죽음 준비교육에서는 자서전 쓰기, 유언장 작성하기, 존엄한 죽음을 위한 권리에 사인하기, 장기 기증 서약서 작성하기 등 죽음의 실제를 다룬다. 우리나라에 수입된 죽음 준비교육은 노인들을 위한 죽음교육이 가장 먼저 그리고 활발하게 이루어지고 있다. 그것은 우리 사회의 급격한 노령인구 증가와 혼자 사는 노인 증가, 노인 자살 증가 등 사회적 변화와 무관하지 않다(정재걸, 2010).

사회에서 죽음을 터부시해서는 안 된다. 죽음의 문제를 금기시하기 때문에 죽음에 대한 불안과 두려움, 잘못된 인식 등이 상대적으로 커지고 있는 것이다. 그럼에도 불구하고 죽음이 주는 이 두려움을 극복하고, 엄숙하고도 품위 있게 생을 마감해야 한다는 것은 모든 인간에게 주어진 마지막 과제이며 바람이다. 노인들이 죽음에 대해 올바른 태도를 갖고 그들로 하여금 얼마 남지 않은 삶의 소중함을 일깨우며 적절히 대비할 수 있도록 죽음 준비교육이 이뤄져야 한다(최병현, 2006).

2. 호스피스

1) 호스피스의 의의 및 철학

(1) 호스피스의 의의

호스피스의 어원은 라틴어의 호스피탈리스(hospitals)와 호스피티움(hospitium)에서 기원된 것으로 알려져 있다. 원래 호스피탈리스는 ‘주인’을 뜻하는 호스페스(hospes)와

'치료하는 병원'을 의미하는 호스피탈(hospital)의 복합어로서, 주인과 손님 사이의 따뜻한 마음과 그러한 마음을 표현하는 '장소'의 뜻을 지닌 '호스피티움'이라는 어원에서 변천되어 왔다.

호스피스 제도는 중세기에 예루살렘으로 가는 성지 순례자나 여행자가 쉬어가던 휴식처라는 의미에서 유래됐으며, 이후 아픈 사람과 죽어가는 사람들을 위한 숙박소를 제공해 주고 필요한 간호를 베풀어 주면서 시작되었다. 현대에 들어서면서 호스피스는 체계를 갖추며 발전하기 시작하였는데, 1967년 영국 런던에서 여의사 시실리 손더스에 의해 성 크리스토퍼 호스피스가 개방된 것이 현대 호스피스 운동의 체계적 모태가 되었다. 1968년 미국에서는 호스피스의 가정간호가 시작되었으며 1969년 엘리자베스 퀴블러 로스가 『인간의 죽음』을 출판함으로써 죽음의 개념과 말기환자의 돌봄에 대한 관심이 증가되었다. 미국에서는 1981년 호스피스 법안이 통과되었다(시사상식사전).

우리나라는 1965년 '마리아의 작은 자매회'라는 수녀모임이 운영한 강릉의 '갈바리 의원'에서 호스피스가 처음 소개된 후 서서히 지속되다가 1990년 이후 적극성을 보이고 있다. 1991년 한국호스피스협회, 1992년 한국가톨릭호스피스협회가 창설되었고, 1999년 한국호스피스완화의료학회가 결성되어 호스피스 운동에 관심 있는 사람과 자원봉사자에게 호스피스 활동을 위한 유익한 정보와 자료를 제공하면서 호스피스 운동의 활성화에 기여하고 있다(류종훈 외, 2008). 그리고 2009년부터는 국립암센터, 지역암센터 및 암환자 완화의료 전문기관을 중심으로 완화의료 전문인력 양상(의사, 간호사, 사회복지사) 교육을 실시하고 있다. 교육과정은 오프라인 교육방식과 e-leaning 교육방식이 있다. 이 과정에서는 호스피스 완화의료기관에서 통증조절, 증상조절, 임종돌봄, 사별돌봄 등의 다양한 프로그램에서 서비스를 담당할 수 있도록 교육이 이루어진다.

세계보건기구(WHO)에서는 1990년에 '완치가 불가능한 환자에 대한 적극적이고 총체적인 돌봄으로, 통증과 다른 증상들, 심리 · 사회적 그리고 영적인 문제들의 조절이 주가 되며, 완화의료의 목표는 환자와 가족들이 최상의 삶의 질을 성취하는 것'이라고 정의하였다. 일반적으로 호스피스는 죽음을 앞둔 말기환자와 가족을 사랑으로 돌보는 행위로서 환자가 남은 여생동안, 인간으로서의 존엄성과 높은 삶의 질을 유지하면서 죽음을 평안하게 맞이하도록 신체적 · 정서적 · 사회적 · 영적으로 도우며, 사별가족의 고통과 슬픔을 경감시키기 위한 총체적인 사랑의 돌봄 활동이라고 볼 수 있다.

(2) 호스피스의 철학

Skobe(1977)가 제시하는 호스피스에 관한 목적과 철학을 다음과 같이 활동을 한다.

첫째, 말기환자와 임종환자 및 그 가족들을 돌보고 지지한다.

둘째, 환자의 남은 생을 가능한 한 편안하게 하고 충만된 삶을 살도록 해 준다.

셋째, 삶을 긍정적으로 받아들이며, 죽음을 삶의 자연스런 일부분으로 받아들인다.

넷째, 호스피스는 삶을 연장시키거나 단축시키지 않는다.

다섯째, 환자와 그 가족의 요구에 부응하도록 모든 자원을 이용하여 신체적 · 사회심리적 · 영적 요구를 충족시키며 지지하여 죽음을 준비하도록 한다(Skobe, 1997).

호스피스의 철학은 이와 같이 죽음을 맞이하는 호스피스 환자로 하여금 소외된 채 죽음을 맞이하지 않고 마지막 순간까지 인간답게 가치 있는 삶을 살 수 있도록 돌보는 것이다.

2) 호스피스 관련법

존엄사법으로도 불리는 연명의료결정법은 회생 가능성이 없는 환자가 자기의 결정이나 가족의 동의로 연명치료를 받지 않을 수 있도록 하는 법이다. 정식 명칭은 '호스피스 · 완화의료 및 임종과정에 있는 환자의 연명의료 결정에 관한 법'으로 2016년 1월 8일 국회 본회의를 통과했다. 이후 호스피스 분야는 2017년 8월 4일, 연명의료 분야는 2018년 2월 4일부터 시행에 들어갔다.

연명의료 중단은 회생 가능성이 없고, 치료해도 회복되지 않으며, 급속도로 증상이 악화되어 사망에 임박해 임종과정에 있는 환자를 대상으로 심폐소생술, 혈액 투석, 항암제 투여, 인공호흡기 착용 등 네 가지 연명의료를 중단하여 존엄하게 죽음을 맞이할 수 있도록 하는 내용을 골자로 한다. 다만 연명의료를 중단하더라도 통증 완화를 위한 의료행위나 영양분, 물, 산소의 단순 공급은 중단할 수 없다(시사상식사전).

사전연명의료의향서 등록기관은 국립연명의료 기관이므로 등록기관에 등록해야만 효력을 가지며, 언제든지 내용을 변경하거나 철회할 수 있다. 사전연명의료의향서를 등록했다고 해도 의료기관에 연동되는 것은 아니므로 사전연명의료의향서 등록기관에 연명의료정보처리시스템을 확인하면 사전 연명의료의향서 작성 여부를 열람할 수 있다(사전연명의료의향서, 별첨).

3) 호스피스의 역할과 서비스 영역

(1) 호스피스의 역할

곧 죽음을 맞이해야 할 호스피스 환자는 질병의 증상에 대한 치료보다는 인간의 삶에 초점이 집중되어 증상의 완화가 목적이 된다. 호스피스의 주요 목적은 증상의 완화로 환자가 가능한 범위 내에서 평화롭고 가치 있는 여생을 살아갈 수 있도록 돕는 것이다. 따라서 호스피스는 죽음을 잘 맞도록 돕는 활동이라기보다 죽을 때까지 잘 살도록 돕는 것이다. 이런 관점에서 호스피스에서는 다음과 같은 역할을 수행한다.

첫째, 호스피스 대상자에게 진실을 알림으로써 지난 생을 정리하고 남은 생을 보다 유용하게 살 수 있도록 한다.

둘째, 남아 있는 삶의 기간 동안 질병으로 인하여 오는 고통스러운 증상을 완화시키며 질적 간호를 향상시키고 환자와 그의 가족에게 신체적 · 정서적 안정을 최대한으로 유지시키는 데 있다.

셋째, 임종자를 돌보는 데 끝까지 지지하고 포기하지 않는다는 것을 인식시킴으로써 평화로운 죽음을 유도한다.

넷째, 병원간호와 더불어 임종자의 가정간호를 담당함으로써 가족을 정서적 · 심리적으로 지지하고 임종자와 가족에게 지속적인 돌봄을 제공한다.

다섯째, 간호 제공자를 팀의 한 멤버로 인정하고 지원자를 모집하고 교육한다.

여섯째, 사별가족 돌봄 계획을 제공한다.

일곱째, 환자, 가족, 호스피스 요원, 지역사회 요원들을 위한 건강교육을 계획하고 제공한다(박석돈 외, 2016).

(2) 호스피스의 서비스 영역별 역할

호스피스에는 다양한 인력이 팀을 구성하여 각자의 영역별 역할을 적절히 수행함으로써 환자들로 하여금 편안한 죽음을 맞을 수 있도록 돕는다. 호스피스 팀의 영역별 역할은 〈표 4-4〉와 같다.

표 4-4 호스피스 서비스 영역별 분류

영역	서비스 내용	담당영역
말기 환자 사정	신체적, 정서상태 사정, 죽음 인지 사정, 활력증상 측정, 통증 사정, 영적 상태 사정, 가족문제 사정, 유가족 첫사정	의사, 간호사, 사회복지사, 자원봉사자, 교역자
투약 및 처치	처방(통증 조절, 증상 완화), 투약 및 관리, 마약 전달, 환자 사망 후 마약 수거 및 관리	의사, 간호사, 자원봉사자, 가족
신체 케어	비치료적 신체케어, 개인위생, 구강간호 등 간호, 온 · 냉찜질, 체위 변경, 침상정리, 식사 제공, 수면 돕기, 배변 · 배뇨관리, 좌욕, Kismo 적용, 치료적 신체케어, 욕창치료, IV(5%, 영양제), 신체 마사지, 자연배뇨유도, 회음부관리, 드레싱, 관장, 도뇨, 산소요법, 복막투석	의사, 간호사, 물리치료사, 자원봉사자, 가족
상담 및 교육	사회사업상담, 신앙상담, 교육, 사별교육	의사, 간호사, 사회복지사, 자원봉사자, 교역자
정서적 지지	경청, 산책, 위로, 곁에 있어줌, 감정표현 격려	의사, 간호사, 사회복지사, 자원봉사자, 교역자, 정신과 의사
영적 케어	신앙정보 제공, 임종준비지지(신앙으로 격려, 책 읽어줌)	의사, 간호사, 사회복지사, 자원봉사자, 교역자
가족 관리	정서적 지지, 역할 조정, 경제적 문제, 사별관리	간호사, 사회복지사, 교역자, 자원봉사자, 정신과 의사

출처: 황나미 외(1995).

4) 호스피스의 유형

(1) 독립형 호스피스(Free Standing Hospice)

이 유형은 호스피스만 독립적으로 운영하는 형태로, 누구든지 환자를 의뢰할 수 있으며 자원봉사자가 교육을 어느 기관에서 받았는지에 관계없이 봉사자로 참여할 수 있고, 환자의 기존 주치의가 호스피스 가입 후에도 그대로 주치의로 연결될 수 있는 장점을 가지고 있다.

(2) 병원 내의 산재형 호스피스(The Inpatient Scattered-Bed Consultative)

1975년 미국 뉴욕의 성누가르즈벨트병원(St. Lukes Roosevelt Hospital)에서 처음 시도되었다. 병원 내의 호스피스 팀이 구성되어 필요한 간호를 수행하는 유형으로서 주로 내과나 암 병동에 호스피스 환자들이 다른 환자들과 함께 입원한 상황에서 호스피스를 제공받는다. 이 경우 일정기간 입원한 후 퇴원하는 다른 일반 환자들과 다르고 또한 그들과 함께 입원생활을 해야 하는 점 등의 어려움이 있다.

(3) 병원 내의 병동 호스피스(Hospice Unit Within a Hospital)

병원 내에 확보되어 있는 병동에서 호스피스 활동을 하는 유형으로 의료시스템이나 의료 인력을 활용할 수 있는 장점이 있으나 타직원 또는 사람들이 죽음의 장소로 볼 수도 있는 부정적인 측면도 있다.

(4) 가정 호스피스(Home Hospice Care)

호스피스 요원이 환자의 가정을 방문하여 돌보는 형태로서 전 세계적으로 가장 널리 이용되고 있는 보편적인 유형이다. 소요경비가 작게 들고 환자로서는 자신의 집이라는 익숙하고 편안한 환경에서 돌봄을 제공받는다는 장점이 있는 반면에 가족의 부담이 크다는 단점도 있다. 그러나 증상조절이 어려운 경우나 임종을 위해 또는 가족의 휴식을 위해 일시적인 입원을 허용하고 하루 24시간 언제라도 아무 때나 호스피스 요원과 연락이 가능하도록 함으로써 보완이 가능하다. 국내에는 2001년 현재 약 30여 개의 기관에서 가정 호스피스 프로그램을 실시하고 있다.

(5) 양로원/시설 호스피스(nursing Home for Hospice)

병원에 입원하기도 어렵고 가정에 있을 수도 없는 환자를 위해 가정과 같은 분위기에서 호스피스를 받을 수 있도록 마련된 시설의 형태로서 간호사가 24시간 상주하며 돌보고 의사는 정기적으로 방문하여 처방을 하게 된다. 미국의 경우, 환자가 양로원과 유사한 시설 호스피스에 입원할 때에도 가정호스피스를 제공받고 있는 것으로 간주하여 보험금이 지급된다.

(6) 주간보호 호스피스(Day-Care Hospice)

주간보호 호스피스는 가정에 있는 호스피스 대상자가 아침에 왔다가 저녁에는 다시 가정에 돌아가는 통원형식으로, 낮 시간 동안 필요한 호스피스를 제공하는 시설이다. 낮 시간 동안 일하거나 또는 휴식 취하는 것이 필요한 가족으로부터 말기환자를 맡아 돌봐줌으로써 가족의 부담을 덜어주는 장점이 있다.

(7) 혼합형

이상의 여러 유형 중 2가지 이상의 유형이 혼합 운영되는 경우가 해당된다.

5) 호스피스 대상자와 임종 단계

(1) 호스피스 대상자

호스피스 대상자는 주로 다음과 같은 죽음의 단계에 접어든 말기 환자들이 해당된다.

가. 불치병으로 진단받은 자로 호스피스 간호가 필요한 환자
나. 의사로부터 6개월 정도 살 수 있다는 진단을 받은 환자
다. 의사의 동의가 있거나 의뢰된 환자
라. 환자나 가족이 의사를 진단을 받아들이고 예후를 논의하여 통증 및 증상완화를 위한 비치료적 간호를 받기로 결정된 환자
마. 가족이나 친지가 없어 호스피스의 도움이 필요하다고 인정된 환자
바. 의식이 분명하고 의사소통이 가능한 환자
사. 의학적인 치료효과를 기대하기 힘든 환자로 증상완화치료가 필요한 환자

(2) 임종환자의 심리변화 5단계

미국 시카고 대학의 정신과 의사 퀴블러-로스는 1969년에 『인간과 죽음(On Death and Dying)』에서 임종환자의 심리변화를 다음과 같이 5단계로 제시하고 있다.

가. 부정 단계

정신과 의사인 로스가 제시한 첫 번째 단계는 자신의 죽음을 인식한 초기로서 죽음을 부정하고 고립상태에 빠지는 단계이다. 의사의 진단을 부정하며 죽음과 관련된 감정을 회피하고자 한다. 이 단계의 마지막에는 의지하고 싶은 사람, 자신의 측근 혹은 전문가에게 자신의 상황을 조금씩 표현하기 시작한다.

나. 분노 단계

죽음을 더 이상 거부할 수 없게 된 단계로서 살아 있는 모든 것에 대한 시기, 질투, 부러움을 경험하고 신과 조상을 원망하며 자신의 처지에 분노를 느끼는 단계이다. 분노, 원망 등의 감정표출로 인해 가족이나 주변사람들이 힘들게 되는데 이는 자신의 처지를 주위환경에 전가시키기 때문이다. 주변인들은 대다수 임종자들의 분노표출이 자연스러운 반응임을 알고 수용할 수 있어야 한다.

다. 타협 단계

불가피한 현실을 회피하고 연기하기 위해 초인적인 힘, 신, 의학 등과 타협하

려 한다. 선행, 헌신과 기도를 통해 생명소생을 담보로 신과 협상하거나, 의사의 지시 사이비처방 등에 맹종하기도 한다. 타협의 기간이 지나게 되면, 통증이나 신체적 불편을 줄이고 짧은 기간의 생명연장을 바라게 된다.

라. 우울 단계

회복의 불가능성을 인지하고 체념, 절망, 비탄 및 우울한 상태에 접어드는 시기이다. 이 단계에 임종자는 조용히 혼자 있거나 수시로 울기도 하며 타인과의 대화를 싫어한다. 죽음을 수용하는 단계이며, 자신을 가족과 친지로부터 분리시킬 준비를 하게 된다.

마. 수용 단계

무감각하고 감정표현이 줄어들며 침착함과 평온함을 보이고 죽음을 자신의 운명으로 수용하는 단계이다. 주위의 보호와 사랑이 충분했다면 스스로가 소중한 존재임을 인식하게 된다. 대다수가 자신의 집에서 임종을 맞고자 한다.

[별지 제6호 서식]　　　　　　　　　　　　　　　　　　　　　　　　　　　　　　　　(앞쪽)

사전연명의료의향서

※ 색상이 어두운 부분은 작성하지 않으며, [ ]에는 해당되는 곳에 √표시를 합니다.

<table>
<tr><td>등록번호</td><td></td><td colspan="2">※ 등록번호는 등록기관에서 부여합니다.</td></tr>
<tr><td rowspan="3">작성자</td><td colspan="2">성 명</td><td>주민등록번호</td></tr>
<tr><td colspan="3">주 소</td></tr>
<tr><td colspan="3">전화번호</td></tr>
<tr><td>호스피스 이용</td><td colspan="3">[ ] 이용 의향이 있음　　　　[ ] 이용 의향이 없음</td></tr>
<tr><td rowspan="2">사전연명의료
의향서
등록기관의
설명사항 확인</td><td>설명
사항</td><td colspan="2">[ ] 연명의료의 시행방법 및 연명의료중단 등 결정에 대한 사항
[ ] 호스피스의 선택 및 이용에 관한 사항
[ ] 사전연명의료의향서의 효력 및 효력 상실에 관한 사항
[ ] 사전연명의료의향서의 작성 · 등록 · 보관 및 통보에 관한 사항
[ ] 사전연명의료의향서의 변경 · 철회 및 그에 따른 조치에 관한 사항
[ ] 등록기관의 폐업 · 휴업 및 지정 취소에 따른 기록의 이관에 관한 사항</td></tr>
<tr><td>확인</td><td colspan="2">위의 사항을 설명 받고 이해했음을 확인합니다.

년　월　일　　성명　　(서명 또는 인)</td></tr>
<tr><td>환자 사망 전
열람허용 여부</td><td colspan="3">[ ] 열람 가능　　[ ] 열람 거부　　[ ] 그 밖의 의견</td></tr>
<tr><td rowspan="2">사전연명의료
의향서
등록기관 및
상담자</td><td colspan="2">기관 명칭</td><td>소재지</td></tr>
<tr><td colspan="2">상담자 성명</td><td>전화번호</td></tr>
<tr><td colspan="4">본인은 「호스피스 · 완화의료 및 임종과정에 있는 환자의 연명의료결정에 관한 법률」 제12조 및 같은 법 시행규칙 제8조에 따라 위와 같은 내용을 직접 작성했으며, 임종과정에 있다는 의학적 판단을 받은 경우 연명의료를 시행하지 않거나 중단하는 것에 동의합니다.

작성일　　　년　월　일
작성자　　　(서명 또는 인)

등록일　　　년　월　일
등록자　　　(서명 또는 인)</td></tr>
</table>

210㎜×297㎜[백상지(80g/㎡) 또는 중질지(80g/㎡)]

출처: 「호스피스 · 완화의료 및 임종과정에 있는 환자의 연명의료결정에 관한 법률 시행규칙」.

CHAPTER

05

Social Welfare for the Elderly

노인치매 및 성년후견제도

1. 치매의 이해

1) 치매의 정의

치매(dementia)는 정상적으로 생활을 해 오던 사람에게, 후천적인 다양한 원인으로 인해 기억력을 비롯한 여러 가지 인지기능의 장애가 나타나, 일상생활을 혼자 하기 어려울 정도로 심한 영향을 주는 상태를 치매라고 말한다. 치매대상자는 인지기능이 점차 저하되어 일상적인 생활을 유지하기 어려워진다. 여기서 일상적인 생활이란 돈을 벌기 위한 직업 활동, 다른 사람과 모임을 가지고 어울리는 사회활동, 집안일을 챙기고 가사를 하는 등 일반적인 사람이라면 상식적인 수준에서 할 수 있는 모든 의미 있는 활동을 말한다.

치매는 한 가지 원인으로 설명되는 단일 질환인 아니라 다양한 원인의해 발생할 수 있는 증후군(syndrome)이다. 이러한 치매 상태를 유발할 수 있는 질환들 중에 가장 대표적인 것이 알츠하이머병과 혈관성 치매이다. 그 밖에 루이체 치매, 전두측두엽 치매 등이 있다. 치매의 정신행동증상은 치매로 인해 발생하는 비현실적인 생각, 조절되지 않는 감정, 공격성, 불면증상, 배회증상, 그 밖의 부적절한 여러 정신증상과 행동증상들을 말한다.

정신행동증상은 인지기능 저하에 의한 결과로 나타나기도 하지만 때로는 인지기능 저하와 무관하게 나타나는 경우도 있다. 정신행동증상은 치매대상자에서 매우 흔하게 발생하며, 치매대상자를 돌볼 때 가장 어려운 부분이 정신행동증상에 대처하는 부분인 만큼 정신행동증상들의 특징들을 잘 숙지하고 적절한 대처법을 익히는 것이 중요하다(보건복지부, 중앙치매센터, 국민건강보험 2018).

치매는 정상적인 생활을 해 오던 사람이 후천적으로 다양한 원인으로 인해 기억력을 비롯한 여러 가지 인지기능의 장애가 나타나 일상생활을 혼자 하기 어려울 정도로 심한 영향을 주는 상태를 말한다.

2) 치매 유병률

치매는 대표적인 노인성 질환이다. 따라서 나이가 들수록 치매 발생 위험이 높고 유병률도 높다. 보건복지부와 중앙치매센터의 2018년 치매현황 보고서의 성별, 연령별 치매환자 현황조사 결과를 보면 65세 이상 치매환자 수는 2017년 약 70만 명으로 전체 65세 이상 노인인구의 약 10.0%로 추정된다.

65세 이상 전체 치매환자 가운데 여성 치매환자의 비율이 약 64%로 남성에 비해 더 높고, 치매환자는 초기 노령기 구간에서 나이가 많아질수록 급속히 증가하며 75세 이상 넘어서면 25%를 넘을 정도로 갑자기 치매 유병률이 높아진다.

표 5-1 **성별, 연령별 치매환자수 및 유병률(2017)** (단위: 명, %)

구분	65세 이상 노인인구수	65세 이상 치매유병 현황				연령별				
		치매 유병률	전체 치매환자수	성별		65-69	70-74	75-79	80-84	85+
				남성	여성					
전국	7,066,201	10.0%	705,473	254,676	450,797	31,427	67,856	179,075	195,703	231,412
			100	36.1	63.9	4.5	9.6	25.4	27.7	32.8

출처: 보건복지부, 중앙치매센터, 국민건강보험(2018).

치매환자는 초기노령기 구간에서 나이가 많아질수록 급속히 증가하며 85세 이상 초고령 노인 구간에서 가장 많은 비중을 차지한다(표 5-1).

2. 치매원인과 유형

치매는 여러 가지 증상들이 나타나는 상태를 말하기 때문에 이런 상태를 일으키는 원인은 매우 다양하다. 이런 치매의 원인 및 치매의 유형은 다음과 같다(보건복지부, 중앙치매센터, 국민건강보험, 2018).

1) 치매의 원인

아래의 표는 매우 다양한 원인이 치매를 일으킨다는 것을 알려 주고 있는데 이 중 가장 중요한 치매의 종류는 가장 흔한 원인 순서대로 알츠하이머병과 혈관성 치매를 들 수 있다.

치매의 원인

- 퇴행성 질환: 알츠하이머병, 루이체 치매, 전두측두엽 치매 등
- 뇌혈관 질환: 혈관성 치매, 경막하 혈종 등
- 대사성 질환: 갑상선 기능저하증 등
- 결핍성 질환: 비타민 B12 결핍증 등
- 중독성 질환: 알코올 중독 등
- 감염성 질환: 뇌염 등
- 수두증: 뇌실에 비정상적으로 물이 참
- 뇌종양
- 뇌 외상

2) 알츠하이머병

독일인 정신과 의사 알로이스 알츠하이머(Alois Alzheimer)의 이름을 따라 지어진 치매의 대표적인 질병이다. 한때는 중년에 발생하는 희귀한 질병으로 취급되고 정상적인 노화로 여겨지던 노인성 치매와 구분되었지만 1960년대 이후 과학기술의 발전으로 노인에서 생기는 노인성 치매가 사실은 알츠하이머병이라는 것이 밝혀진 이후 치매의 대표적인 원인으로 알려져 있다.

(1) 원인

아밀로이드반과 신경섬유매듭이라는 특징적인 병리조직이 각각 신경세포 바깥과 안에 축적되어 발병한다고 알려져 있다. 이들이 신경세포를 손상시켜 신경연접부위(시냅스)[1]의 신경전달물질의 농도를 저하시키며 기억력을 감퇴시킬 수 있다.

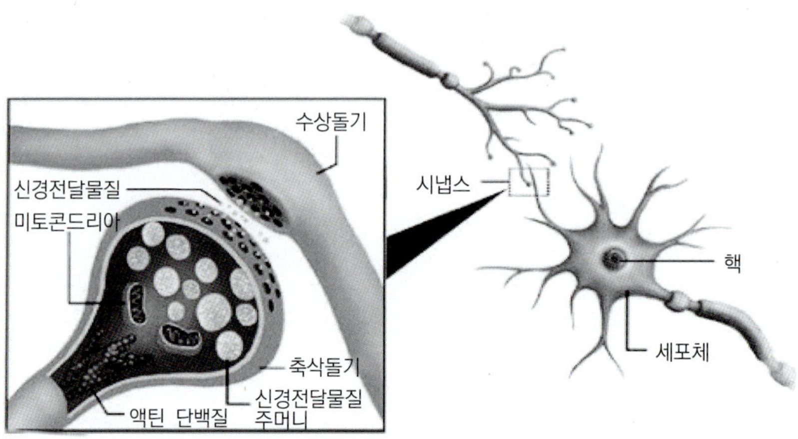

출처: 보건복지부, 중앙치매센터, 국민건강보험(2018).

그림 5-1 신경전달물질(시냅스)

1) 신경연접부위(시냅스)는 세포들은 다른 세포들과 거미줄처럼 연결되어 네트워크를 형성하고 있다. 각 세포간의 연결부위를 신경연접부위 혹은 시냅스(synapse)라고 부른다. 세포들은 이 시냅스를 통해 서로 정보를 교환하는데 이때 신경전달물질(neurotransmitter)이라는 마치 공 모양으로 생긴 물질을 사용한다. 아세틸콜린은 신경전달물질의 한 가지 종류로 인간의 각성과 기억에 중요한 역할을 하는 것으로 알려져 있다. 글루타메이트라는 신경전달물질도 알츠하이머병과 관련된다. 이 두 가지 신경전달물질의 이상을 교정하는 치료약물이 현재 치매치료에 사용 중이다.

(2) 특징

알츠하이머병은 질병 초기에는 측두엽 안쪽에서 시작하여 점차 두정엽과 전두엽 등뇌 전체로 확대된다고 알려져 있다(그림 5-1). 이로 인해 알츠하이머병 환자들은 초기에 최근 기억력 저하가 두드러지는 것이 특징이다.

알츠하이머병 환자의 뇌에는 정상적으로 존재해야 하는 구조의 변화가 관찰되며 뇌세포 수는 정상인에 비해 현저하게 적다(그림 5-2와 그림 5-3).

- 해마가 망가진다(기억력을 못 만든다).
- 최근 기억력 상실, 옛날 기억력은 살아있다(게을러지고, 고집불통, 화를 잘 낸다).
- 뒤 부분에서부터 앞으로 간다(익숙했던 동작이 안 된다).

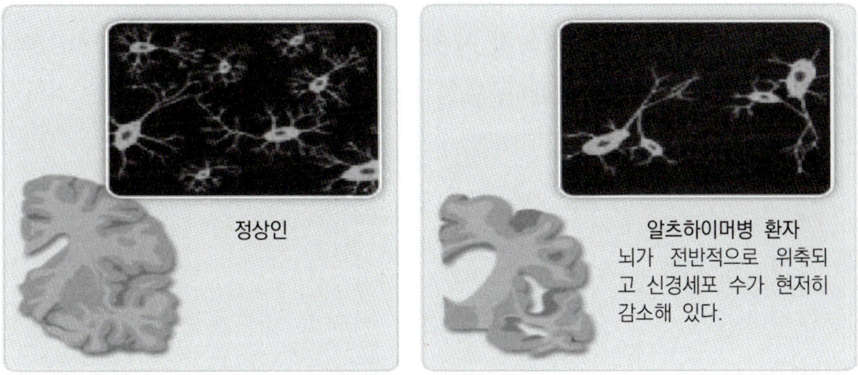

출처: 보건복지부, 대한의학회(2018).

그림 5-2 알츠하이머병 환자와 정상인의 뇌 비교

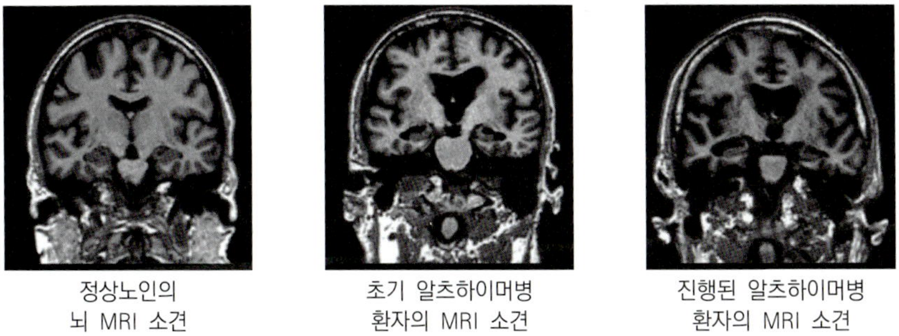

출처: 삼성서울병원 건강교실(2017).

그림 5-3 알츠하이머병의 진행에 따른 뇌 MRI 변화

3) 혈관성 치매

(1) 원인

혈관성 치매는 뇌졸중으로 알려져 있는 뇌혈관 질환이 일차적인 원인이 되어 치매 증상을 일으킨 경우를 말한다. 즉, 뇌경색이나 뇌출혈 등의 질환이 뇌조직의 손상을 일으켜 뇌기능의 저하를 동반하면서 발생하는 경우이다. 혈관성 치매는 뇌졸중이 치매의 원인이 될 수 있지만 뇌졸중의 병력이 있다고 해서 반드시 혈관성 치매는 아니다.

예를 들어 알츠하이머병을 앓고 있는 환자가 뇌졸중이 동반되는 경우도 있고 반대의 경우도 있다. 뇌졸중이 치매의 원인인지를 판단하기 위해서는 뇌졸중의 과거력이 있는 경우에 뇌졸중이 몇 차례, 어느 정도 심각하게 있었는지, 어느 정도 회복하였는지를 확인해야 한다. 또한 뇌졸중의 후유증 중 인지기능 저하가 치매로 진단될 정도로 심했는지 여부를 반드시 확인해야 한다.

(2) 특징

알츠하이머병과 달리 혈관성 치매는 최근 기억력 장애가 그리 심하지 않지만, 초기에 요실금, 걸음걸이 이상 등의 신경학적 이상이 발생할 수 있다(사래, 쉰 소리). 알츠하이머병과 혈관성 치매가 전체 치매대상자의 90% 내외를 차지하지만 기타 원인에 의한 치매 대상자도 존재한다.

뇌경색은 뇌혈관이 막힌 것을, 뇌출혈은 뇌혈관이 터진 것을 말한다. 뇌경색은 허혈성 뇌졸중이라고 부르며, 심장에서 발생한 혈전이 원인인 뇌색전증, 뇌혈관에서 발생한 혈전의 원인이 뇌혈전증, 작은 혈관이 막힌 열공경색 등으로 구분할 수 있다.

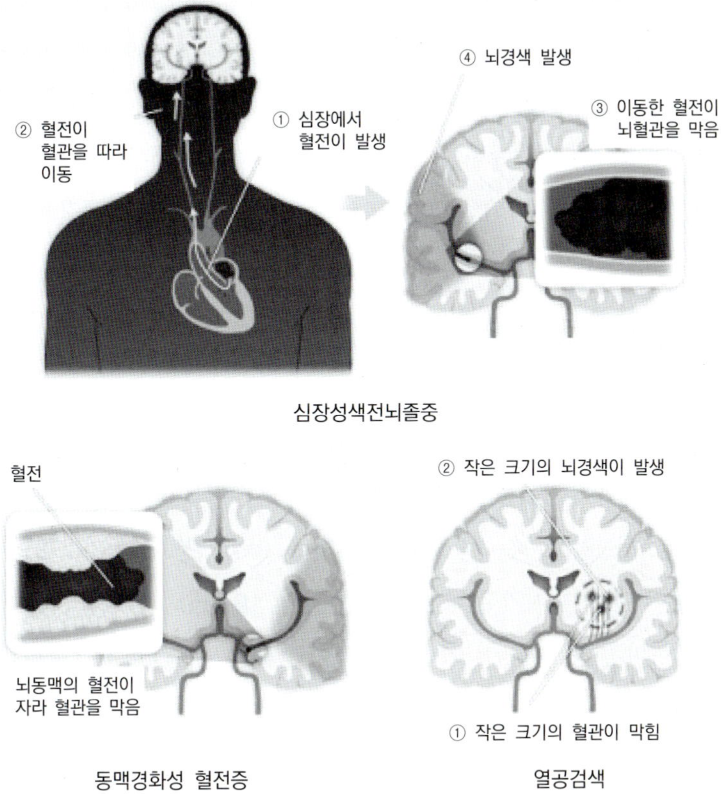

출처: 보건복지부, 대한의학회(2018).

그림 5-4 허혈성 뇌졸중

4) 전두측두엽 치매

전두엽과 측두엽의 위축(크기가 줄어드는 현상)이 특징적으로 나타나는 치매이다. 성격의 변화와 행동 문제가 초기에 주로 나타나는 행동변이형과 언어 능력의 저하가 초기에 주로 나타나는 언어변이형이 있다. 젊은 층에서 주로 발생 50대, 직업 사회생활유지하나 성격적 이상이 있다.

전두측두엽 치매는 다른 치매와 달리 50대에 흔히 발병하여, 치매 중 5~10% 정도를 차지하고 있다. 기억력의 저하보다 언어, 절제, 판단, 사고 등의 기능저하가 먼저 나타나는 것이 특징이다. 치매가 발생할 경우 절제력이 저하되어 참지 못하고 화를 내거나, 성적인 행동을 공공연히 나타내고, 예의에 어긋난 행동을 할 수 있으며 때론 쓸데없는 물건을 마구 수집하는 행동도 나타난다.

초기에 기억력의 저하는 경미한 반면 행동 문제나 언어능력 장애가 두드러지게 나타난다. 사회생활은 하나 성격이 안 좋다. 익숙해진 것은 잘한다.

5) 루이체 치매와 파킨슨병

영어 Lewy body dementia를 번역한 말로 레비소체 치매라고도 부른다. 잦은 인지기능 변동, 원인이 불분명한 파킨슨 증상, 명확한 환시가 특징적인 치매의 종류이다. 파킨스을 일으키는 물질이 루이체란 이상 단백질이다. 대뇌에 쌓이면 인지기능이 떨어지면 치매가된다. 전체 치매의 10~25% 정도를 차지할 정도로 흔한 질환이며 '파킨슨 증상'이라 불리는 움직임의 장애가 같이 나타난다.

손의 떨림, 행동이 느려짐, 뻣뻣한 움직임, 종종걸음 등의 파킨슨 증상을 함께 묶어 부르는 이름으로서, 치매가 파킨슨 증상보다 먼저 나타나면 루이체 치매, 치매가 파킨슨 증상보다 나중에 나타나면 파킨슨병 치매일 가능성이 높으나, 개인마다 차이가 있다. 약물치료에 반응이 좋아 정확하게 진단하는 것이 중요하다. 환시나 렘수면 장애도 동반될 수 있으며, 기립성 저혈압, 요실금, 변비 등의 자율신경계 이상도 나타날 수 있다(예: 망상이 심함, 며느리가 나를 죽인다. 남편이 바람 핀다. 헛것을 잘 봄, 생생한 환시, 누구 뒤에 아기가 보임, 며칠 좋고 말짱해지고 사이클이 있음).

6) 알코올성 치매

알코올은 신경세포에 부정적인 영향을 주며, 장기간 과음을 지속할 경우 이러한 영향이 축적되어 치매로 진행할 수 있다. 알코올성 치매는 알코올 섭취량에 따라 50대의 비교적 이른 나이에 발생할 수 있으며, 늦게는 70대 이후에 발생할 수도 있다. 장기간 지속된 과음이 원인으로서 알코올 자체의 독성에 의해 치매가 발생하는 경우도 있고, 알코올 섭취로 인한 비타민 B1 결핍이 원인인 경우도 있다. 술을 끊으면 더 악화되는 것은 막을 수 있으나, 술을 끊지 못할 경우 뇌기능이 점점 더 악화된다.

3. 치매의 증상

치매증상은 발병 이후 시간적 이후 시간적 경과와 더불어 나타나는 증상이 거의 정해져 있다. 그 경과는 대체로 3단계의 기간으로 나누어진다.

아래의 특징을 잘 숙지하여 치매대상자를 돌볼 때 주의해야 한다. 치매 경과별 특징은 다음과 같다(보건복지부, 중앙치매센터, 국민건강보험, 2018).

1) 제 1기: 경증 치매

이 시기에는 웬만한 대화와 의사소통이 가능하여 신체증상을 스스로 잘 표현할 수 있으므로 질병을 찾아내거나 증상을 확인하는 것이 어렵지 않다. 따라서 신체증상 관리는 일반 노인들과 동일하게 적용할 수 있다.

일반적으로 치매진단을 받은 지 약 3년 이내의 시기이며, 기억력 저하가 주로 나타난다. 대상자가 깨닫기 전에 가족이나 동료들이 종종 대상자의 기억 소실을 관찰하면서 대상자의 문제를 먼저 알아차리기 시작하는 단계이다.

(1) 인지기능

- 최근 기억은 쉽게 잊어버리지만, 과거의 기억은 비교적 잘 기억한다.
- 시간에 대한 지남력은 약간 저하되지만 장소에 대한 지남력은 대체로 유지된다.

(2) 행동 증상

- 감정이나 의욕장애 및 성격 변화가 나타나기도 한다. 성격이나 기분이 갑작스럽게 변하여 우울감이나 짜증이 증가하고 의욕이 감소한다.
- 사회활동이나 일상생활 시 집중력이 저하되며 사회활동을 회피하게 된다.
- 자신의 증상을 자각하고 있으며 대체로 독립적인 일상생활은 유지된다. 시간이 지나면서 능동성 저하, 옷차림 및 정리정돈, 개인위생 유지가 어려워지나 아직은 대상자가 혼자서 지낼 수 있는 수준이다.
- 판단력과 문제 해결 능력의 문제를 드러내며 작업 습관과 가사일에서 부주의하기 시작한다.
- 시공간능력 장애도 나타나 대상자는 자신이 어디에 있는지 혼란스러워하며, 쉽게 길을 잃는다.

(3) 의사소통

- 언어장애가 나타나지만 경미한 정도이며 단어를 찾아내는 데 곤란을 겪거나 단어를 혼동하기도 한다.
- 사물에 대해 이해하고 있지만 단어가 생각나지 않을 수 있다.

2) 제 2기: 중증도 치매

일반적으로 치매진단을 받은 지 2~10년 정도의 시기이며, 일상생활 유지를 위해 상당한 노움이 필요한 단계이다. 이 시기부터는 자신에게 나타나는 신체 증상을 제대로 표현하기 어려워지며, 주로 행동장애나 의식의 변화, 일상생활기능 장애의 형태로 나타나는 경우가 많다. 따라서 신체질환 관리를 위해서는 세심한 관찰을 통한 신체적 기능의 변화여부를 확인하는 것이 핵심이다.

(1) 인지기능

- 기억력 장애가 심화되어 최근의 기억은 소실되며, 판단력 등 지적 기능 저하가 현저해진다.
- 장기기억 장애도 저하되기 시작하여 자신의 생년월일과 배우자의 죽음과 같은 인생의 중대한 사건에 대해서도 인지하지 못하게 된다.
- 시공간능력 장애가 더욱 심해져 시간과 장소에 대한 지남력 상실로 시간관념이 없어지고, 공간을 인식하지 못하여 길을 잃는 경우가 발생한다.

(2) 행동증상

- 다양한 정신행동증상이 나타나기 시작하여 밤에 배회하는 것도 흔하며 수면장애 등이 나타난다.
- 우울과 불안정이 심해지고 망상과 정신병이 나타난다.
- 대상자는 사람으로부터의 해침, 재산의 도난, 배우자의 배신을 두려워하며 분노와 폭력적 행동을 보이기도 한다.
- 대상자는 침상 위나 온 집안에 벌레가 기어 다니는 것으로 본다.
- 가까운 사람을 처음 보는 사람으로 착각해 경계하는 증상을 보이기도 한다.
- 감정기복이 심하거나, 놀라울 정도의 침착함을 유지하기도 한다.

(3) 의사소통

- 주제를 직접 말하기보다 그 주변을 얘기하는 특징의 언어장애를 보이며 의사소통 시 이해력이 저하된다.
- 자발적인 언어가 점차 공허하게 되고 착어증(잘못된 문맥에서 사용되는 단어)이 나타난다. 대상자는 자신(동어반복증) 또는 타인(반향언어증)에 의해 말해진 단어와 구절을 반복한다.
- 사물에 대한 설명이 빈약하고 표현력이 약해지게 된다.

(4) 신체증상

- 점차 식사나 옷차림 및 정리정돈, 개인위생, 배설과 같은 기본적 일상생활동작의 유지가 곤란해진다.
- 운동장애(운동실조증)가 나타나 칫솔, 빗, 면도기, 가정용품과 같은 물건들을 사용하는 데에 어려움이 있다.
- 가만히 앉아서 먹지 못하고 음식에 대한 인지부족으로 음식섭취가 줄어들어 체중이 감소하기도 한다.

3) 제 3기: 중증 치매

일반적으로 치매진단을 받은 지 약 8~12년 정도의 시기이며, 모든 일상생활에 있어 전적으로 주변의 도움에 의존하는 단계이다. 이 시기에는 스스로 신체증상을 언어적으로 표현하는 것이 거의 불가능한 상태가 흔하므로 표정과 자세를 세밀하게 평가하여 확인하는 것이 제일 중요하다. 따라서 신체 전반을 확인하고 만져보면서 표정의 변화와 행동의 변화를 살펴야 한다. 평상시와 달리 급변하는 정신상태나 신체기능의 변화가 있다면 질병 발생을 의심해 보아야 한다.

(1) 인지기능

- 고도의 인지장애를 보여 대부분의 기억을 망각할 수 있다.
- 일시적으로 기억하는 경우도 있고, 과거의 어느 한 시점만을 기억해내어 그 당시의 사람이나 물건을 찾을 수도 있다.
- 지남력 장애가 심화되어 가족이나 친구도 알아볼 수 없고, 거울에 비친 자신의 모습을 알아보지 못하기도 한다. 집안에서 화장실이나 자신의 방을 찾지 못할 수 있다.

(2) 행동증상

- 중증도 이후로 나타나는 정신행동증상이 감소되기도 하고, 심한 정신병적 증상을 보일 수도 있으며 단순히 같은 행동을 반복하기도 한다.
- 주위에서 일어나는 일에 대해 반응이나 관심이 없고 스스로 무엇을 하려는 의지가 보이지 않는다.

(3) 의사소통

- 말을 걸어도 반응을 보이지 않아 대화할 방법이 없다.
- 언어장애가 심해지며 부적절하고 몇 가지 단어만 단편적으로 말하는 경우가 많으며 스스로의 감정이나 의사에 대한 표현이 어려워진다.
- 알 수 없는 소리를 내거나 얼굴 찌푸리기, 미소, 비명 등 비언어적인 의사소통방법에 의존하게 된다.

(4) 신체증상

- 보행장애: 치매가 진행될수록 움직임 조절이 어려워져 수의적인 움직임은 최소화되고, 사지는 구부린 자세로 강직되어 걸음이 불안정하고 느려지는 등 보행이 어려워진다.
- 감염: 치매가 진행될수록 누워있거나 앉아있는 시간이 많아지기 때문에 면역이 떨어져서 감염에 취약하게 되며, 요로감염과 폐렴이 흔하다. 특히 질식과 흡인성 폐렴이 빈번하다. 이는 치매가 진행될수록 삼킴 기능에 문제가 생기면서 음식물이 폐로 잘못 들어가기 때문이다.
- 체중감소: 음식을 적절히 섭취해도 체중이 감소할 수 있다. 이는 치매가 진행되면서 여러 가지 신체기능이 저하되기 때문이다.
- 기능성 실금: 인지기능에 문제가 생기면서 화장실을 찾지 못하거나 제대로 이용하지 못하므로 요실금과 분변실금이 빈번하며, 실금과 때로 전신경련을 보이기도 한다.

• 욕창: 움직임이 줄고 누워있는 시간이 늘어나면서 욕창 위험이 높아진다. 영양부족, 대소변 실금 등도 욕창의 원인이 된다.

4. 치매의 치료

현재 치매의 약물치료는 도네페질, 갈란타민, 리바스티그민, 타크린과 같은 아세틸톨린 분해효소 억제제와 메만틴과 같은 NMDA 길항제(NMDA antagonist)가 치료제로 이용되고 있으나, 그 효과는 진행을 늦추거나 인지 증상과 정신행동 증상을 부분적으로 경감시키는 보존적 수준에 머무르고 있다. 이와 같은 보존적 수준의 약물치료는 때로 치매대상자들에게 불완전한 약물치료 외에 자신이 할 수 있는 것은 아무것도 없다는 좌절감을 유발시키기도 하고, 대상자 가족들에게도 치료를 받아도 결국 심각한 치매로 진행될 것이라는 불안감과 무기력감을 안기기도 한다.

대상자 또는 치매대상자의 가족들 중에는 치매의 완치가 어렵고 인지기능개선제를 투약한다. 하더라도 단지 병의 악화를 지연시킬 뿐이라는 것에 실망하여 아무 치료도 하지 않고 방치하는 경우가 많이 있다. 그러나 치료약을 통해 증상을 완화시키고 치매가 악화되는 것을 지연시킴으로써, 치매대상자의 삶의 질을 향상시키고 치매대상자의 가족 및 사회의 부담을 줄이는 것은 매우 중요한 일이다. 이러한 치매 약물치료의 한계를 보완하기 위해 최근 수십 년간 비약물적 치료방법들이 개발되어 왔다. 대상자 자신이나 대상자의 가족이 치매 극복을 위해 함께 참여할 수 있는 비약물적 치료법은 치매 자체에 대한 치료효과 뿐만 아니라 치매로 인한 대상자와 가족의 정신적 부담을 경감시킬 수 있다는 측면에서 치료의 핵심 요소가 되어야 한다(보건복지부, 중앙치매센터, 국민건강보험, 2018).

대표적인 약물치료는 인지기능 개선제로서 아세틸콜린 분해효소 억제제와 NMDA 수용체 길항제가 있다. 비약물적 치료방법은 운동 치료, 현실 인식 훈련,

인지훈련, 오류배제학습, 점진적 단서소실, 시간차 회상훈련, 회상치료, 인지자극 치료, 음악치료, 마사지요법등이 있다. 특히 초기 치매 대상자는 약물치료 및 비약물적 치료방법을 병행하면 치매 예방에 더욱 더 효율적이다.

1) 약물치료 종류와 작용기전

(1) 인지기능 개선재

치매의 인지 증상 개선을 목표로 투여하는 약물을 '인지기능 치료제' 또는 '인지기능 개선제'라고 한다. 현재 임상에서 주로 사용하는 인지기능 개선제의 치료 효과는 병의 완치라기보다는 병의 약화를 지연하는 것이다. 인지기능 개선제는 치매대상자의 가족들을 힘들게 하는 망상, 환각 등의 정신행동증상도 감소시키는 효과가 있으므로, 현재로는 인지기능 개선제가 치매대상자를 위한 최선의 치료이다. 대표적인 인지기능 개선제로는 아세틸콜린 분해효소 억제제와 NMDA 수용체 길항제가 있다(보건복지부, 중앙치매센터, 국민건강보험, 2018).

(2) 아세틸콜린 분해효소 억제제

치매대상자의 뇌는 기억력 유지를 돕는 아세틸콜린이라고 하는 물질을 분비하는 신경세포가 파괴되면서 아세틸콜린의 분비가 줄어든다. 이에 기억력과 같은 인지기능이 떨어지게 된다. 아세틸콜린 분해효소 억제제는 아세틸콜린을 분해하는 효소를 억제하여 치매로 인하여 저하된 시냅스 간극의 아세틸콜린 농도를 증가시킨다. 아세틸콜린이 뇌에서 정상적으로 유지되도록 하여 대상자의 인지기능을 향상시킬 수 있다.

(3) NMDA 수용체 길항제

NMDA 수용체는 우리 뇌에서 기억력을 유지하고 학습에 관여한다. NMDA 수용체가과도하게 자극될 경우 뇌신경세포 안으로 칼슘이 과도하게 들어와 세포를 파괴한다. 글루타메이트는 흥분성 신경전달물질로서 NMDA 수용체를 활성화시킨다. NMDA 수용체 길항제는 NMDA 수용체가 지나치게 자극을 받아 생길 수 있는 뇌신경세포의 파괴를 줄일 수 있다. 이로 인해 뇌의 학습 및 기억능력을 증진하고 치매의 진행을 지연시킨다.

앞에서 언급한 약제 외에 항산화제, 은행잎 추출제, 신경보호제, 칼슘차단제, 여성호르몬, 스타틴제제 등이 있다. 이들 약제는 아세틸콜린 분해효소 억제제와 NMDA 수용체 길항제에 비해 그 효과가 분명하게 검증되지는 않았다. 이러한 뇌영양제, 뇌혈류개선제들을 알츠하이머병 치료제라고 투여하는 경우가 있지만 그 효과는 미미하다.

(4) 인지기능 개선제의 효과

가. 아세틸콜린 분해효소 억제제

약제를 투여하면 초반에는 인지기능이나 일상생활활동의 호전을 보이다가 1년을 전후로 그 효과가 적어지면서 치매의 진행 과정을 따르게 된다. 병의 진행을 막을 수는 없으나 경과를 약 6개월에서 2년 정도 늦출 수 있으며, 그 효과는 병의 초기와 중기에 큰 것으로 알려져 있다. 또한 망상과 같은 정신행동증상에도 효과가 있는 것으로 보고되고 있다.

나. 아세틸콜린 분해효소 억제제의 효능 차이

현재 식약처의 허가를 받고 판매되는 아세틸콜린 분해효소 억제제 중 어느 약제의 효과가 더 우수한지에 대한 직접적이 비교 연구가 적어 효과판정이 어렵지만, 자료를 종합해보면 대부분 비슷한 약효를 보인다.

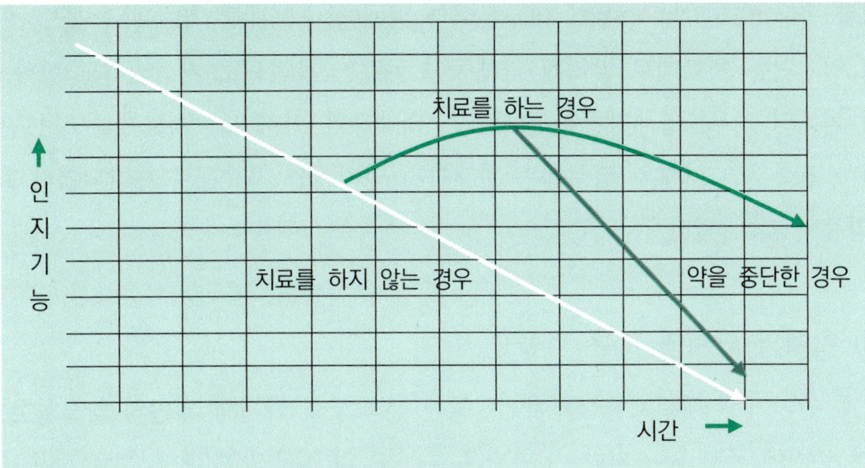

출처: 보건복지부, 중앙치매센터, 국민건강보험(2018).

그림 5-5 **약물치료의 효과**

다. 인지기능 개선제의 변경

한 가지 인지기능 개선제를 투여하다가 효과가 없다고 판단되면(인지기능 점수가 처음보다 나빠지면) 다른 약제로 교체할 수 있다. 다음과 같은 경우는 약제의 변경을 고려할 수 있다. 한 가지 약제에 처음부터 반응이 없거나, 약을 복용하면서 점차 반응이 없어지거나, 약제의 부작용을 대상자가 견디지 못할 때이다.

라. 인지기능 개선제의 사용 기간

인지기능 개선제를 언제까지 사용할 것인가에 대해서는 아직 정립되어 있지 않다. 그러나 장기간 인지기능 개선제를 복용한 대상자들이 인지기능이나 일상생활 기능이 더 좋은 것으로 보아, 장기간 복용이 도움될 것이다.

(5) 치매의 유형에 따른 적응증

현재까지 인지기능 치료제는 알츠하이머병을 중심으로 연구되어 다른 형의 치매에 적용할 때는 제한점이 있을 수 있다. 혈관성 치매의 경우, 알츠하이머병의 병리를 공유하고 있는 경우가 대부분이라 현재에는 혈관성 치매에도 알츠하이머병의 인지기능 치료제로 알려진 약제들이 동일한 목적으로 처방되기도 한다. 루이체 치매의 경우, 아세탈콜린 분해효소 억제제가 인지기능 치료제로 사용된다. 그러나 전측두엽 치매의 경우에는 현재까지 인지기능 치료제로 개발되거나 효과가 입증된 것이 없다.

(6) 치매의 단계에 따른 적응증

현재 인지기능 개선제들 중 아세틸콜린 분해효소 억제제 계통의 약물들은 초기 및 중기에 주로 사용된다. 메만틴은 중등도 및 중증의 치매에 주로 사용된다. 단, 아세틸콜린 분해효소 억제제 중 도네페질은 말기에도 사용이 허가되어 있다. 또한, 우리나라는 2015년 9월부터 중증도 치매에서 아세틸콜린 분해효소 억제제와 메만틴 병용 처방을 허가하고 있다.

2) 비약물적 치료의 이해

(1) 비약물적 치료의 기본 개념

치매 약물치료의 한계를 보완하기 위해 최근 수십 년간 비약물적 치료방법들이 개 발되어 왔다. 대상자 자신이나 대상자의 가족이 치매 극복을 위해 함께 참여할 수 있는 비약물적 치료법은 치매 자체에 대한 치료효과뿐만 아니라 치매로 인한 대상자와 가족의 정신적 부담을 경감시킬 수 있다는 측면에서 치료의 핵심요소가 되이야 한다. 치매대상자를 대상으로 하는 비약물적 개입은 다양한 형태의 개입을 포함하는 폭넓은 개념이다.

좁게는 치매대상자들에 대한 인지재활훈련부터 넓게는 치매가족교실 등 가족들을 대상으로 하는 개입까지 포함될 수 있다. 즉, 인지재활훈련을 통해 치매대상자의 능력과 요구를 반영하는 개별화된 치료를 제공하고 이를 통해 대상자의 자신감과 동기를 불러일으킨다. 또한 치매 경과 중에 발생하는 기분장애, 정신행동 증상의 조절을 목적으로 하는 다양한 활동들을 제공하고 메모, 다이어리 등 기억보조도구를 활용한 기억장애의 보완 전략을 대상자들에게 가르칠 수 있다.

또한 대상자 가족의 경우에도 치매가족교실 등의 프로그램을 통해 치매에 해한 이해증진을 위한 교육의 기회를 제공하고 가정에서 시행할 수 있는 가정 기반 인지재활훈련방법을 제공함으로써 환자의 치료에 적극적으로 참여시킬 수 있다. 치매대상자를 위한 비약물 치료의 종류, 방법, 효과는 다음과 같다(보건복지부, 중앙치매센터, 국민건강보험, 2018).

치매 약물 치료제는 현재 전 세계적으로 치료약이 없이 인지기능 개선제, 억제제 등으로 주로 완화제를 사용하고 있으므로 비약물 치료 요법인 인지자극치료, 회상치료, 운동치료, 현실인식훈련, 인지훈련, 오류배제학습, 점진적 단서소실, 시간차 회상훈련, 음악치료, 마사지요법등을 병행해서 치료하면 인지기능 개선에 효율적인 치료 방법이다.

(2) 비약물적 치료의 기대 효과

초기 치매, 특히 초기 알츠하이머병 대상자들이 새로운 정보를 학습하고 저장할 수 있는 능력을 완전히 상실하는 것은 아니며 의미기억이나 실행기억 등 삽화 기억 이외의 기억 능력 및 언어 능력, 실행 능력, 판단력 등 남아 있는 인지기능이 존재한다. 따라서 남아있는 인지 기능을 강화하여 손상이 심한 기억 기능을 보완하는 데 도움을 주는 비약물 치료법이 지속적으로 시도되고 있다.

전반적 인지자극, 인지훈련, 운동, 현실인지치료와 같은 비약물적 치료 기법들은 우리 뇌의 예비용량을 증가시켜 치매의 진행을 지연시키고 증상을 경감시키는 데 도움이 된다. 뿐만 아니라 전반적 인지기능 개선, 우울감을 포함한 정신행동증상 개선 및 그를 통한 일상생활능력, 삶의 질을 높이는 데에도 도움을 준다.

(3) 치매대상자를 위한 비약물 치료의 종류, 방법, 효과

가. 운동 치료

운동 치료는 신체 움직임을 제공하는 것으로 노화로 인해 관절과 근육의 움직임이 제한된 치매 어르신에게 반드시 필요한 치료 중 하나이다. 특히 운동능력 감소는 일상생활에서 안전을 위협하는 주된 요인이 되므로 그 중요성이 강조된다.

효과 경증 치매대상자에서 운동 치료를 통해 인지저하 선별검사 점수 및 삶의 질 향상을 기대할 수 있다.

나. 현실 인식 훈련

현실 인식 훈련은 체계적인 정보를 제공하여 현재 자신과 주변 환경에 대한 기본적인 사실을 다시 인식하게 하는 훈련이다. 특히 치매 어르신은 과거의 정보나 사건은 대체로 기억하지만, 현재의 자신 주변에서 일어나는 상황이나 장소, 시간에 대한 기억은 현저하게 떨어지는 경우가 있다.

현실 인식 훈련의 한 예로써 화이트보드를 이용해 오늘 날짜와 장소를 확인하고 사람과 최근 사건, 장소와 위치, 시간과 계정 등의 주제에 따라 다른 참여자들과 이야기를 나누는 방법으로 훈련을 진행할 수 있다. 나 자신과 주변을 인식하는 기회를 제공함으로써 현재 상황에 대한 이해를 높이고 관계 형성능력 및 사회성을 증진시키는 효과를 기대할 수 있다.

효과 경증 치매환자에서 간이정신상태검사 점수, 삶의 질 향상을 기대할 수 있다.

디. 인지훈련

인지훈련치료는 특정한 인지 기능을 향상시키기 위하여 고안된 표준화 과제를 훈련하는 것이다. 치매 어르신은 비교적 인지 활동이 부족하기 때문에 인지기능이 악화된다. 인지기능이란 기억력, 집중력, 시공간능력, 실행능력, 판단력 등 우리가 일상생활을 할 때 필요한 기본적인 요소들을 의미한다. 쉽게 구할 수 있는 인지훈련 보조자료를 학습지로 만들어 참여자 스스로 풀어보는 방법으로 인지훈련을 시킬 수 있다. 스스로 문제 해결 능력을 향상하고 기억능력을 비롯한 여러 가지 인지기능을 증진시키는 효과를 기대할 수 있다.

효과 인지훈련을 통해 경증 치매환자에서 지연 회상 능력, 우울감, 불안감, 일상생활능력의 호전을 기대할 수 있다.

라. 오류배제학습

오류배제학습이란 정보를 최초로 학습하는 단계에서 발생할 수 있는 착오를 제거함으로써 기억 효율을 증가시키는 기법이다. 기억 장애 환자들은 정보를 습득할 때 상대적으로 내현 기억에 더 많이 의존하기 때문에 학습 단계에서 생긴 착오의 영향을 크게 받을 뿐만 아니라 스스로 교정하는 데도 한계를 보인다. 따라서 첫 학습 단계에서 착오가 발생하지 않도록 정보를 제공하는 것이다.

그러나 오류배제학습은 이름 외우기와 같은 단순한 기억 작업에는 적합하지만 일상생활에 필요한 복합적인 기술이나 정보의 학습에는 적용이 어렵다. 또한 효과의 일반화나 유지에도 한계가 있어 독립적인 기억재활기법으로 사용되기보다는 시간차 회상훈련, 점진적 단서소실 등의 다른 기억재활 기법들과 병행 사용된다.

효과 오류배제학습이 알츠하이머병 환자들의 일상생활 관련 장소들을 찾는 능력, 명명능력 등을 향상시키는 데 효과가 있다는 보고들이 있으나 일반적인 학습법에 비해 큰 차이가 없었다는 보고들도 있다.

마. 점진적 단서소실

점진적 단서소실이란 특정 정보를 습득함에 있어서 초기에는 습득하고자 하는 정보에 대한 충분한 단서를 제공하고 정보가 학습됨에 따라 단서의 일부분을 점차적으로 줄여나가서 최종적으로는 단서 없이 정보를 기억하도록 하는 방법이다.

효과 점진적 단서소실은 얼굴-이름 연상, 일반적 지식습득, 일상생활에서의 일정 기억 등에 있어서 효과적이라는 보고들이 있으나 일반적인 학습 방법에 비해 유의한 차이가 없다는 보고도 있다.

바. 시간차 회상훈련

시간차 회상훈련은 제시된 정보의 회상 간격을 점차 늘려가면서 반복적으로 회상시킴으로써 학급과 정보의 저장을 촉진하는 기법이다. 즉 대상자에게 정해진 정보를 학습시킨 다음 미리 정해진 시간 간격 후에 회상시켜 성공적으로 재생하면 회상 간격을 점차 증가시켜 나가고, 실패하면 다시 정보를 학습시킨 다음 동일 간격으로 회상시키는 과정을 반복하게 된다. 시간차 회상훈련은 이미 사물-이름 연상, 얼굴-이름연상, 대상-위치 연상, 전향적 기억과제 수행 등 알츠하이머병 대상자의 기억을 향상시키는 데 효과적이라는 많은 보고들이 있다.

그러나 일반적인 학습방법에 비해 차이가 없다는 일부 보고도 있다. 이석범 등은 국내의 최경도~경도 알츠하이머병 환자들을 대상으로 시간차 회상훈련을 이용하여 2음절 단어들에 대한 기억훈련을 2개월간 시행하였을 때 기억 가능한 단어 수 및 저장시간 모두가 유의하게 증가되었음을 보고하였으며 이전정보에 대한 훈련의 효과가 다른 정보에 대해서도 지속되는 일반화 효과가 있음도 증명하였다.

효과 시간차 회상훈련은 별도의 인지적 노력을 요하지 않기 때문에 경도의 치매대상자에게 시행하기 쉽고 상대적으로 손상이 적이 내현 기억에 의존하기 때문에 초기 치매대상자의 인지재활에 효과적인 방법이 될 수 있다.

사. 회상치료

회상치료는 치매 어르신이 간직하고 있는 오랜 기억을 매개로 뇌를 자극하여 환자의 기억력과 기분을 개선시킬 수 있는 치료방법이다. 또한 인간-중심치료의 기본 구성요소로서 즐거운 경험을 회상하여 참여자들과 함께 이야기를 나누며 타인과 유대삼을 형성하는 기회를 제공한다. 치매대상자가 예전 경험을 회상하며 자유롭게 이야기하는 방법으로 진행한다. 추억을 회상할 수 있는 책이나 사진, 동영상 자료를 사용하여 이야기가 풍성해질 수 있도록 도와주는 것이 좋다.

효과 회상치료는 경증 치매대상자에서 정서 및 치매의 정신행동 증상을 호전시킨다.

아. 인지자극치료

인지자극치료는 인지 및 사회기능의 일반적인 향상을 위한 광범위한 활동 및 토의를 말한다. 쉽게 말해, 인지기능을 자극시킬 수 있는 모든 활동을 의미하는 것이다. 인지훈련치료가 특정 인지 영역에 국한되어 고안된 과제를 시행하는 것과 달리, 인지자극 치료는 일반적인 인지 활동에 노출시켜 진행한다는 점에서 인지훈련치료와 구분된다. 다양한 재료와 도구를 이용해 실생활에 필요한 것을 직접 만들어 보도록 하는 것이 좋은 인지자극 치료법이 될 수 있다. 그러한 활동에는 남녀 구분이 없고, 좁은 장소를 활용하는 장점이 있다. 또한 소근육 활동을 통해 뇌 운동을 활성화하는 효과를 기대할 수 있다.

효과 경증 치매환자에서 인지자극치료가 전반적 인지능력 점수, 삶의 질, 의사소통 능력을 호전시킨다.

자. 음악치료

음악치료란 음악에 의한 심리치료 방법의 일환으로 음악적 관계를 통해 심신의 건강을 회복, 수정, 개선시키는 치료기법이다. 특히 치매 어르신은 음악활동을 통해 일상생활에 활력을 얻고, 프로그램에 참여함으로써 사회성을 증진시킬 수 있다. 보편적으로 음악치료의 방법에는 즉흥연주, 공연, 창작활동, 감상 등이 있다. 효과로는 원만한 의사소통, 음악과 자신의 동일시를 통한 소속감과 안정감, 개인적 체험을 통한 연상작용, 자기표현과 긴장감 해소 등이 있다. 음악 감상, 노래부르기, 악기연주, 노래가사 바꾸기 등의 방법으로 진행 가능하다. 특히, 노래부르기는 중창 1곡 완성 등 최종 목표를 가지고 함께하는 활동으로 의미를 둔다면 보다 즐겁고 밝은 기분을 유지하는 효과를 기대할 수 있다.

효과 경증 치매환자에서 음악치료가 전반적 인지 기능, 전두엽 기능, 일상생활 능력을 호전시킨다.

차. 마사지 요법

머리를 빗겨주거나, 마사지를 해주는 등의 신체적 혹은 감각적 자극활동이다.

효과 중고도 치매환자에서 긍정적 상호작용을 높일 수 있으며, 우울감이 호전된다는 보고가 있다.

5. 치매가족 돌봄

치매는 집중적이고 장기적인 돌봄을 필요로 하는 질병으로 대상자 개인이 아니라 가족이 모두 함께 대처해야 하는 가족 공동의 질병이다. 그러므로 치매가족의 특성과 치매진단 이후 경험하는 가족의 부담과 심리적 변화과정을 이해하기 위해 노력해야 한다. 특히, 치매가족과의 적절한 의사소통 기법은 가족의 요구와 어려움을 보다 잘 이해하는 데 도움이 되므로 구체적인 내용은 아래와 같다(보건복지부, 중앙치매센터, 국민건강보험, 2018).

1) 치매대상자의 특성

대상자가 일상생활을 하는 데 필요한 기본적인 활동(세수, 목욕, 식사, 화장실 이용하기, 앉고 일어서기 등)이나 좀 더 어려운 활동(외출하기, 장보기, 세탁하기 등)을 스스로 잘하지 못할수록 돌보는 가족의 부담이 커진다. 정신행동증상은 가족이 가장 어려움을 느끼는 치매증상 중 하나이다. 배회, 공격행동, 초조, 수면장애, 부적절한 성적 행동, 거부, 망상, 환각, 등의 증상을 보이면 가족들이 대처하기 힘들어 한다. 치매대상자의 인지기능 저하의 진행으로 가족의 부담은 점차 증가한다.

치매대상자를 돌보는 가족의 부양특성은 치매단계(그림 5-6)에 따라 달라질 수 있다. 특히 정신행동증상과 같은 행동상의 문제가 나타나는 단계와 요실금, 변실금이 나타나는 단계, 장기요양시설 입소를 결정하게 되는 단계는 가족들이 가장 많은 어려움을 느끼는 단계이므로 보다 많은 도움이 필요하다.

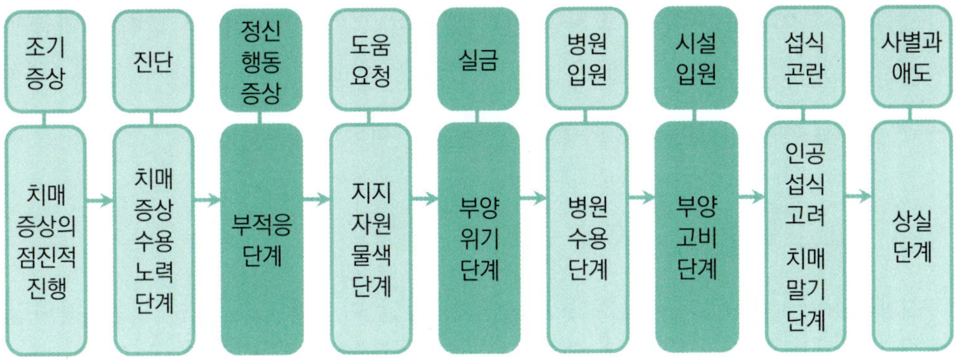

출처: 보건복지부, 중앙치매센터, 국민건강보험(2018).

그림 5-6 치매단계에 따른 가족 부양 특성 변화

2) 치매가족이 느끼는 부담의 종류

치매가족이 느끼는 부담은 정서적 부담, 신체적 부담, 가족관계의 부정적 변화, 시간적 제약과 사회활동의 제한, 경제적 부담 등이 있다.

(1) 정서적 부담

가족이 처음 치매진단을 받을 때 이를 받아들이기 어렵고 주어진 현실에 분노를 느끼기도 한다. 대상자를 돌보는 일로 인해 피곤할 때, 또는 다른 가족들이 도움을 주지 않는 경우, 화를 내는 경우가 많고 화를 내고 나서는 자신을 자책하게 된다. 치매대상자가 나아질 것 같지 않은 허무한 생각으로 인해 치매대상자의 증상에 효과적으로 대처하지 못하게 된다. 죄책감 대상자에게 화를 냈다든지, 충분히 잘해 주지 못하고 있다고 느낄 때, 또는 과거에 대상자에게 잘못한 일을 되새기면서 죄책감을 느낀다.

이러한 죄책감으로 인해 대상자의 치료나 대상자를 위한 의사결정을 내려야 하는 상황에서 잘못된 결정을 내릴 수 있다. 우울, 슬픔, 낙담, 무기력, 의욕저하 등이 복합적으로 나타날 수 있으며 심한 경우 불안, 신경쇠약, 불면, 식욕저하, 심지어 자살로까지 연결될 수 있다. 치매대상자를 돌보는 일로 인해 사회적 관계와 접촉이 줄어들고 친구나 의지할 만한 사람이 점차 줄어들어 사회적 소외감을 경험하게 된다. 치매대상자의 상태나 대상자를 돌보는 역할, 재정적 상태 등에 대한 확실한 정보가 없는 경우 가족은 불안을 경험하게 된다.

(2) 신체적 부담

치매대상자 가족은 대상자를 돌보는 역할 뿐만 아니라 가사, 경제활동, 자녀양육 등 의 다양한 역할을 수행하는 과정에서 신체적 피로를 경험할 가능성이 높다. 대상자를 주로 돌보는 가족은 물론 다른 가족구성원의 신체적 피로 또한 커진다. 우울증이 함께 나타나는 경우 피로 정도가 더욱 심해지고, 심한 피로는 가족으로 하여금 본의 아니게 치매대상자를 방치하여 또 다른 사고를 일으키는 원인이 되기도 한다. 치매대상자가 밤낮이 바뀌어 가족이 밤에 충분한 수면을 취하지 못하거나, 부양부담으로 인한 우울 등과 함께 수면 부족이 나타날 수 있다.

(3) 가족관계의 부정적 변화

치매대상자의 배우자가 주로 돌보는 경우에는 부부간 의사소통이 어려워지고, 동반자라는 생각이 약해지거나 긴장 관계가 야기될 수 있다. 결혼한 성인자녀가 주로 돌보는 경우는 부부관계의 질이 저하되거나 자녀들이 충분한 보호를 받지 못한다고 느낄 수 있다.

치매대상자의 신체 및 정신장애 정도, 가족의 부양태도나 부양방법에 대한 의견 차이와 의사소통의 부족이 갈등을 일으키는 원인이 된다. 치매대상자를 돌보는 일로 인하여 전체 가족이 함께 모여 대화할 수 있는 기회를 갖기 어려우므로 상호이해나 협동보다는 상대방의 행동이나 태도에 대해 불만을 갖고 비난을 하는 경우가 많아지는 역기능적 상호작용의 연쇄과정이 형성되어, 결국에는 전체 가족관계가 부정적 방향으로 변화하게 된다.

(4) 시간적 제약과 사회활동의 제한

치매대상자의 인지기능 저하와 정신행동증상 등으로 인해 부양가족들은 하루 종일 대상자를 돌보아야 하는 경우가 많으므로 친구와의 만남의 제한, 외출의 제한, 여가 활동, 사회적 모임 참석 등의 제한, 취미 생활 상실 등의 제한을 받게 된다. 개인적 시간이 나더라도 치매대상자 부양에 대한 중압감으로 인하여 개인적인 용무나 사회적 활동에 참여하지 못하는 경향이 있다. 이러한 경향이 누적되면 사회적 접촉이 단절되고, 사회적 역할을 상실하게 됨으로써 자아상실을 경험하게 된다.

(5) 경제적 부담

가족 중에 치매대상자가 생기면 재산에 관한 사항을 대상자 자신이 처리할 수 없게 되므로 대상자를 돌보는 가족에게 재산, 법률에 관한 문제가 생길 수 있다. 부양으로 인하여 경제활동을 위한 시간이 줄어들고 직업을 그만두는 비율이 높고, 승진기회를 놓치거나 일의 능률이 떨어지는 경우가 있다.

3) 치매가족을 위한 지원서비스

가족이 치매대상자를 돌보는 데 필요한 정보를 얻고, 필요한 지원서비스를 받을 수 있도록 적극적인 도움을 제공한다.

(1) 가족 상담 및 치료 방법

가족의 기본적인 기능을 수행할 수 있는 능력이 부족한 경우, 치매대상자를 주로 돌보는 가족이 나타내는 증상이 가족 내의 고통이나 역기능을 표현하고 있다고 판단될 때 도움을 구하고 있는 사람의 호소가 개인의 문제보다 가족 간 관계에 있다고 판단될 경우, 전문상담자와 직접 대면하여 상담자는 방법과 전화 상담이나 인터넷 상담 같은 비대면적 상담을 받을 수 있다.

가족치료를 통해 대상자를 돌보는 현재 상황을 보다 긍정적으로 바라볼 수 있고 가족 구성원의 역할 분석을 통한 역할 재조정이 이루어질 수 있으며, 치매가족이 필요로 하는 지지자원 및 서비스와 연결할 수 있다.

(2) 가족 자조집단

가족 자조집단은 특별한 목적을 이루기 위해 대상자나 가족들이 스스로 만드는 모임이며, 서로의 경험이나 문제를 나누고 도움을 주고받는 집단이다. 가족 자조집단을 통해 가족은 고립감을 줄이고, 치매에 대해 더 이해할 수 있게 되며, 죄의식을 덜 느끼면서 가족 자신의 욕구를 해결하는 방법을 알게 된다.

치매가족의 경우 자조집단이 모일 때 참여가 가능한 시간과 장소 등 가족의 편의를 최대한 고려하여야 한다. 광역치매센터, 치매안심센터, 한국치매협회, 한국치매가족협회, 종합복지관, 노인전문병원 등 치매관련 기관을 중심으로 형성되어 있는 자조집단을 활용하면 도움이 된다.

4) 치매가족과의 의사소통 기법

치매가족과의 의사소통을 통해 신뢰를 쌓아가며 긍정적인 관계형성을 하기 위해 도움이 되는 상담기법들이 있다. 다음에 나오는 공감하기, 관심 전달하기, 조언 및 정보 제공, 나-전달법 등이 그 예이다. 적절한 의사소통 기법을 통한 대화는 가족과의 긍정적인 관계를 유지하며 궁극적으로 대상자 돌봄에도 영향을 미친다.

(1) 공감

상대가 아무리 열심히 얘기를 해도 이를 듣는 사람이 공감해 주지 않으면 대화를 이어나갈 수 없게 된다. 그러므로 자신의 관점이 아닌 얘기하는 상대의 관점을 최대한 이해하고 공감하려는 자세를 취하는 것이 좋다. 말하는 사람과 똑같이 그 기분을 느끼기란 어려운 일이지만 최대한 상대의 관점에서 이해하다 보면 상대 또한 자신의 얘기에 공감하는 사람에게 마음을 열게 된다.

(2) 관심 전달

우리가 상대와 재화를 할 때 하는 행동, 시선의 위치 등은 상대방에게 많은 의미를 전달한다. 그렇기 때문에 상대방이 말을 할 때 우리는 시선을 맞추는 행동이나 고개를 끄덕이는 긍정의 표현들로 상대에게 전달할 수 있는 비언어적 표현 방법이다.

(3) 조언 및 정보 제공

의사소통 중에 오가는 적절한 조언과 정보 제공은 치매가족의 긍정적인 기능을 이끌어 낼 수 있다. 단순히 질병과 증상에 대한 대처방법을 기계적으로 알려주거나 가족이 기존에 행하던 방법을 무시한 채 다른 방법을 무조건적으로 권유하는 것은 가족들에게 존중받지 못한다는 느낌을 받게 하거나 의존적인 태도를 보이게 할 수 있다.

또한 치매가족들이 잘못하고 있는 방법에 대해 충분한 이해와 설명의 과정 없이 충고나 지적을 먼저 하게 된다면 가족은 좌절감을 느끼거나 무시 받는 느낌을 느낄 수 있다. 따라서 필요로 하는 적절한 정보를 알려주고 가족 스스로 결정하게 하며 가족의 대상자를 돌보는 능력을 최대한 지지해주는 입장을 유지하는 것이 신뢰관계를 쌓는 방법이다.

(4) 나-메시지 전달법

의사소통 시 옳지 않은 정보나 적절하지 못한 행동을 발견하게 되면 '네가 ~해서 ~되었다.'라는 말을 많이 하게 된다. 이것은 옳은 지적이었다 할지라도 상대방의 입장에서 듣게 된다면 방어적인 태도가 되게 만든다. 그러므로 나-메시지 전달법을 통해 좀 더 부드러운 화법으로 상대와의 대화를 풀어나갈 수 있도록 해야 한다.

(5) 힘 돋우기

가족들은 오랜 기간 치매대상자를 돌보느라 정신적으로 지쳐 있는 상태이다. 적절한 정보를 제공해 주고 가족의 감정에 공감해 주는 것도 중요하지만 적절한 격려와 위로, 칭찬, 희망부여 등은 가족에게 큰 힘이 된다.

6. 치매지원 사업

치매노인이 보다 건강한 삶을 누릴 수 있도록 하기 위하여 치매상담센터의 전담 인력은 보건소장이 보건소에 배치된 「의료법」에 따른 의사 · 한의사 · 간호사 또는 「정신건강증진 및 정신질환자 복지서비스 지원에 관한 법률」에 따른 정신보건전문요원 중에서 지정한다. 「치매관리법」 제17조 치매상담센터의 설치, 동법 시행규칙 제8조 치매상담센터의 인력기준 등에 의하여 지역사회 치매예방 및 관리사업에 대한 원활한 수행 및 치매노인 등록에 따른 관리 및 이에 필요한 상담 · 지원 등의 서비스를 제공한다.

1) 치매안심센터

치매에 대한 올바른 인식개선 및 치매예방 관심을 고취 및 홍보활동을 통해 일반시민 및 유관기관 종사자들이 치매관리사업에 동참할 수 있는 분위기 조성 지역사회 거주노인에 대한 치매조기검진을 통해 치매 및 고위험노인을 조기에 발견하여 체계적인 치료 · 관리를 받을 수 있게 함으로써 치매예방 및 악화방지에 기여한다. 지역사회 치매환자에 대해 다양한 형태의 관리서비스를 지속적으로 제공함으로써 환자의 삶의 질을 향상시키고 그 가족의 부담을 경감하고 저소득층 치매 환자에 대한 치료비 지원을 통해 환자가족의 경제적 부담을 덜어주고 삶의 질을 개선하여 치매통합관리를 위한 치매관련 지역사회 자원 연계체계를 구축 · 운영하고 있다.

2) 주요 업무

(1) 치매예방 및 인식개선

「치매관리법」 제5조에 근거, 치매의 예방과 치료에 관한 사회적 인식을 제고하기 위하여 9월 21일을 '치매극복의 날'로 하고, 기념행사 등을 실시한다. 또한 지역사회에서의 보건교육, 방문보건사업, 반상회, 언론매체 등을 활용하여 치매질환 및 치매노인에 대한 올바른 이해를 돕고, 치매예방 및 치매노인에 대한 사회적 편견 해소를 위한 교육을 관내 주민 대상으로 실시하고 있다.

(2) 치매조기검진

치매상담전문요원은 '치매선별용 간이 정신상태 검사도구: MMSE-DS'를 활용하여 치매선별검사를 수행한 후, 필요시 협약병원으로 안내하여 진단·감별검사를 받을 수 있도록 조치하고 있다.

(3) 치매노인 등록 및 관리

지역에 치매노인이 있을 때에는 '치매환자 상담대장' 및 「치매관리법 시행규칙」 별지 제3호 '치매환자 등록카드'에 의거, 노인상태에 따른 관리체계 수립하여 치매환자 등록 시에는 해당지역 주민으로 의료기관에서 치매로 진단받은 사실을 확인한다. 그리고 등록카드 작성 시 「지역보건법」 제11조 및 동법 시행령 제24조에 따라 '개인정보 수집 이용 및 제공동의서'를 대상자로부터 수령한다.

(4) 치매치료관리비 지원

치매노인 등록관리 대상자 중 치매치료관리비 선정 기준에 적합한 대상자를 선정하여 치매진료·약제비를 실비 지원한다.

(5) 치매가족 교육 및 자조모임 활성화

치매가족 간 정보와 경험을 교류함으로써, 치매노인 간호와 돌봄의 어려움을 공유하고, 상호 친목을 도모하여 심리적 부담을 경감할 수 있도록 치매가족 교육 및 자조모임 활성화 지원에 도움을 주고 있다.

(6) 치매노인 및 가족에 대한 지원 서비스 연계

요양시설, 요양병원 등 입소 안내와 치매환자와 가족에게 치매와 관련된 올바른 정보를 제공하고, 케어 및 간병 스트레스 상담 기능을 상시적으로 제공하는 서비스와 치매가족이 치매상담콜센터의 상담을 통해 치매노인 돌봄 정보 획득, 간병스트레스 경감 등을 할 수 있도록 홍보 및 안내한다.

(7) 실종치매노인의 발생예방 및 찾기 사업

실종 위험이 있는 치매어르신의 실종을 예방하고, 실종이 되더라도 신속하고 무사하게 가정으로 복귀할 수 있도록 지원하는 서비스는 아래와 같다(보건복지부 · 중앙치매센터, 2018).

가. 배회가능어르신 인식표 보급

실종 위험이 있는 대상자에게 고유번호가 있는 인식표를 나눠 드려 실종되셨을 때 쉽게 가정으로 복귀할 수 있도록 지원하는 서비스이다. 인식표는 무료로 보급되며, 어르신의 옷에 다리미로 다려 부착하면 된다. 실종되었던 어르신이 발견될 경우 경찰청에서 인식표 번호 조회를 통해 신속하게 가정으로 복귀하실 수 있다.

나. 치매대상자 지문 사전등록제

실종에 대비하여 경찰청에 치매대상자의 지문과 사진, 기타 신상정보를 미리 등록해 두었다가 실종이 되셨을 때 등록된 자료를 이용해 신속하게 복귀하실 수 있도록 지원하는 서비스이다. 실종되신 치매대상자 대부분 본인의 이름이나 가족 관련 정보를 제대로 기억하지 못하는 경우가 많아 가정으로 바로 복귀하지 못하고 시설로 보내지는 경우가 발생하게 되는데, 치매대상자의 지문을 사전에 등록해 두면 실종 시에 이런 염려 없이 바로 가족에게 인계될 수 있다.

다. 배회감지기(GPS형)

치매대상자의 실종예방을 위해 GPS와 통신을 이용하여 가족이나 보호자에게 치매 증상 어르신의 위치를 알려주는 서비스로 노인장기요양복지용구 급여품목으로 대여할 수 있다.

(8) 기타 지자체장이 관내 치매관리사업 수행을 위하여 필요하다고 인정하는 업무

치매 선별용 한국어판 간이정신상태검사
(Korean version of MMSE for Dementia Screening: MMSE-DS)

질 문	틀림	맞음
1. 올해는 몇 년도입니까?	0	1
2. 지금은 무슨 계절입니까?	0	1
3. 오늘은 며칠입니까?	0	1
4. 오늘은 무슨 요일입니까?	0	1
5. 지금은 몇 월입니까?	0	1
6. 우리가 있는 이곳은 무슨 도/특별시/광역시입니까?	0	1
7. 여기는 무슨 시/군입니까?	0	1
8. 여기는 무슨 구/동/읍/면입니까?	0	1
9. 우리는 지금 이 건물의 몇 층에 있습니까?	0	1
10. 이 장소의 이름이 무엇입니까?	0	1
11. 제가 세 가지 물건의 이름을 말씀드리겠습니다. 끝까지 다 들으신 다음에 세 가지 물건의 이름을 모두 말씀해 보십시오. 그리고 몇 분 후에는 그 세 가지 물건의 이름들을 다시 물어볼 것이니 들으신 물건의 이름을 잘 기억하고 계십시오.		
나무 자동차 모자		
이제 ○○○님께서 방금 들으신 3가지 물건 이름을 모두 말씀해 보세요.		
나무	0	1
자동차	0	1
모자	0	1
12. 100에서 7일 빼면 얼마가 됩니까?	0	1
거기에서 7을 빼면 얼마가 됩니까?	0	1
거기에서 7을 빼면 얼마가 됩니까?	0	1
거기에서 7을 빼면 얼마가 됩니까?	0	1
거기에서 7을 빼면 얼마가 됩니까?	0	1

질 문	틀림	맞음
13. 조금 전에 제가 기억하라고 말씀드렸던 세 가지 물건의 이름이 무엇인지 말씀하여 주십시오.		
나무	0	1
자동차	0	1
모자	0	1
14. (실제 시계를 보여주며) 이것을 무엇이라고 합니까?	0	1
(실제 연필을 보여주며) 이것을 무엇이라고 합니까?	0	1
15. 제가 하는 말을 끝까지 듣고 따라해 보십시오. 한 번만 말씀드릴 것이니 잘 듣고 따라하십시오.		
간장공장공장장	0	1
16. 지금부터 제가 말씀드리는 대로 해 보십시오. 한 번만 말씀드릴 것이니 잘 들으시고 그대로 해 보십시오. 제가 종이를 한 장 드릴 것이다. 그러면 그 종이를 오른손으로 받아, 반으로 접은 다음, 무릎 위에 올려 놓으십시오.		
오른손으로 받는다.	0	1
반으로 접는다.	0	1
무릎 위에 놓는다.	0	1
17. (겹친 오각형 그림을 가리키며) 여기에 오각형이 겹쳐져 있는 그림이 있다. 이 그림을 아래 빈 곳에 그대로 그려보십시오. 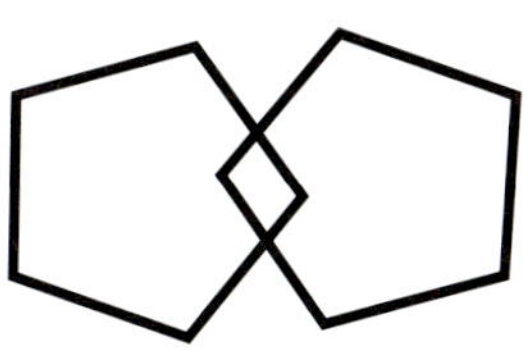	0	1
18. 옷은 왜 빨아서 입습니까?	0	1
19. "티끌 모아 태산"은 무슨 뜻입니까?	0	1
총 점		/30

출처: 보건복지부, 중앙치매센터, 국민건강보험(2018).

7. 성년후견제도

1) 우리나라 성년후견제도

우리나라 성년후견제도는 2011년 2월 18일에 국회 본회의를 통과해 2013년 7월부터 성년후견제가 시행되었다. 종전의 금치산·한정치산제도 자체는 물질적 재산관리에만 중점을 두어 '본인의 의사와 잔존능력'에 대한 고려 없이 행위능력을 획일적으로 제한하였지만, 성년후견제도는 '본인의 의사와 잔존능력의 존중'을 기본이념으로 개별적으로 후견 범위를 정하여 물질적 재산관리 분야만이 아니라 정신적으로 제약이 발생할 시에 치료와 요양 등 신상에 관한 분야에서도 도움을 받을 수 있다.

또한 현재 정신적 제약이 없는 상황에서도 미래를 위하여 성년후견제도(임의후견)를 이용할 수 있다. 즉, 질병, 노령으로 정신적 제약을 가진 사람들이 자신의 삶을 영위할 수 있도록 후견인을 선임하는 제도이다.

치매대상자과 같이 정신적 어려움(인지기능저하, 판단력 장애) 등으로 본인 스스로 의사결정을 할 수 없는 경우이거나 추후에 판단력 저하(인지기능저하)에 대비하여 신뢰할 수 있는 사람과 후견계약을 맺는 제도이다. 후견을 통해 법률행위(부동산 계약), 재산관리(통장관리), 사회복지서비스이용, 신상보호(병원 수술) 및 사회생활에서 필요한 사무처리를 지원받을 수 있다. 지원하는 서비스는 아래와 같다(보건복지부, 중앙치매센터, 국민건강보험, 2018).

(1) 서비스 내용

가. 성년후견

정신적 어려움으로 사무처리 능력이 지속적으로 결여된 경우 신청할 수 있고, 후견인이 대부분의 법률행위를 대신한다. 다만 대가가 크지 않은 일상생활용품의 구입, 의료 동의, 주거 결정 등 신상에 관한 것은 스스로 결정할 수 있다. 성년후견은 지속적 후견이어서 종료하기 위해서는 별도로 가정법원의 결정을 받아야 한다.

"재산관리 · 요양원 입소가 필요한 치매 노인"

고령남 씨(가명, 85세, 치매)는 몇 년 전 병원에서 치매 판정을 받았습니다. 그동안은 큰아들이 보살펴 왔으나 병세가 심해져 이제는 전문 요양원에서 돌봐야 할 상황이 되었습니다. 요양원 비용을 위해 고령남 씨 명의로 된 부동산을 처분하는 등 그를 대신해 재산관리를 해줄 사람이 필요하다.

나. 한정후견

중증 치매 등 정신적 어려움이 있는 분이 의사결정이 필요한 사무의 범위, 후견인이 행사할 대리권의 범위, 후견의 기간 등을 정해 후견을 받을 수 있다. 다른 법정후견 유형과는 달리 대상자에게 필요한 최소한의 범위에서만 후견이 개시된다는 점에서 자기결정권이 보장될 수 있다. 한정후견도 지속적 후견이어서 종료하기 위해 별도로 가정법원의 결정을 받아야 한다.

"어렵고 복잡한 일은 처리하기 어려운 초기 치매"

초기 치매인 나도움 씨는 자신의 신변처리나 식사, 외출 등 일상생활을 하는 데는 무리가 없지만 은행 업무를 보거나 부동산계약 등 법률적인 문제를 처리하는 데는 어려움을 겪고 있다. 복잡하고 어려운 일을 대신 처리해 주거나 도와줄 사람이 필요하다.

다. 특정후견

중증 치매 등 정신적 어려움이 있는 분이 의사결정이 필요한 사무의 범위, 후견인이 행사할 대리권의 범위, 후견의 기간 등을 정해 후견을 받을 수 있다. 다른 법정후견 유형과는 달리 대상자에게 필요한 최소한의 범위에서만 후견이 개시된다는 점에서 자기결정권이 최대한 보장된다. 일정기간 동안만 후견서비스를 제공하고 기간이 끝나면 후견도 종료된다.

"딸이 없는 한 달 동안만 도움을 받고 싶은 치매 노인"

외국인 회사에 다니는 외동딸과 살고 있는 필요녀 씨(76세)는 치매로 인해 기억력과 판단력이 많이 떨어진 상태이다. 최근 외동딸이 한 달 동안 외국 출장을 가게 되어 가사도우미를 고용했으나, 필요녀 씨를 도와 도우미 관리 등 일상 사무를 처리해줄 사람이 필요하다.

라. 임의후견

장래의 의사결정능력이 부족해질 때를 대비하여 미래의 법적 설계를 위해 미리 후견계약을 체결한다. 경도인지장애, 경도 및 중등도 치매어르신 등이 이용할 수 있으며 후견의 세부내용은 당사자들이 결정한다. 임의후견인이 사망하거나 가정법원의 허가를 얻어 사임하면 후견이 종료된다.

"미리 후견인을 지정해 두고 싶은 분"

최근 치매판정을 받은 형의 자녀들이 재산분쟁에만 골몰하는 것을 본 대비남 씨(60세). 정신이 온전한 지금 미리 후견인을 지정해 두려고 한다. 그러면 나중에 치매에 이르더라도 자신의 의사대로 재산관리를 할 수 있고, 자녀들의 분쟁도 막을 수 있을 것 같습니다.

(2) 후견인의 역할

후견인은 선량한 관리자의 주의로써 피후견인의 복리를 위해 후견사무를 처리하여야 하고, 피후견인의 의사를 존중하여야 한다. 후견의 종류와 심판 내용에 따라 후견인의 구체적인 권한 및 사무가 다르다. 후견인은 피후견인의 재산을 관리하고 법률행위의 대리권·동의권 등을 행사할 수 있다.

이는 후견의 종류에 따라 법원의 심판에서 구체적으로 정해진나, 의료, 요양, 재활, 교육, 주거의 확보 등 신상에 관한 사항에 관하여는 피후견인이 단독으로 결정하는 것이 원칙이나, 피후견인이 스스로 결정하기 어려운 경우라면 후견인이 법원으로부터 권한을 부여받아 신상에 관한 결정을 할 수도 있다.

가. 후견인에 대한 감독

후견 감독인이 선임이 된 경우, 후견감독인은 언제든지 후견인에게 그의 임무수행에 관한 보고와 재산목록의 제출을 요구할 수 있고 피후견인의 재산 상황을 조사할 수 있다. 그러나 후견인의 임무수행에 문제가 있다고 판단하면, 법원에 후견인 변경을 청구할 수도 있다. 법원은 직권으로 또는 청구권자의 청구에 의하여 피후견인의 재산 상황을 조사하고, 후견인에게 재산관리 등 후견임무 수행에 관하여 필요한 처분을 명할 수 있다. 그러면 후견인은 법원의 후견사무감독에 응하여야 한다. 이에 불응하거나 후견사무를 불성실하게 수행한 경우, 법원은 직권으로 후견인을 변경할 수도 있다.

나. 후견등기제도

후견등기제도는 성년후견, 한정후견, 특정후견 및 임의후견에 관한 사항을 등기의 방법으로 공시하는 제도로서 각 후견등기사항에 관하여 등기사항증명서를 발급하고, 등기사항이 없으면 등기사항부존재증명서를 발급한다.

(3) 서비스 신청

가. 신청권자: 본인, 배우자, 사촌이내의 친족, 검사, 지방자치단체의 장

나. 문의 및 신청기관

- 가정법원이 설치된 지역은 각 지역 가정법원으로 문의하면 된다.

2) 일본의 성년후견제도

성년후견제도란 치매 등으로 인해 판단능력이 부족한 사람을 후견인 등이 지원하는 제도이다. 2000년 공적개호보험제도와 동시에 시행되었다. 동시 시행의 배경에는 개호보험이 도입되어 개호서비스가 조치에서 계약으로 바뀌게 됨에 따라, 판단능력이 약화된 사람이 적절한 계약을 체결할 수 있도록 한 것이다.

성년후견제도에는 3가지 이념이 있다. 첫째, 가능한 한 본인의 의사를 존중하는 자기결정의 존중, 둘째, 본인의 남아있는 능력을 가능한 한 활용하되 부족한 부분을 후견인 등이 지원하도록 하는 잔존능력의 활용, 셋째, 장애가 있는 사람이라도

비장애인과 구별 없이 그들과 같은 사회생활을 하는 노멀라이제이션(normalization)의 실현이다.

성년후견인이 관여하는 구체적인 보호와 지원은 부동산이나 저금 등의 재산을 관리하고 개호사업자나 병원과 계약을 체결하거나 신상감호, 사기 등의 불리한 법률행위를 취소하는 활동 등을 들 수 있다.

한편, 성년후견인의 직무는 본인의 재산 관리나 계약 등의 법률행위에 관한 사항으로 한정된다. 식사 지원이나 실제의 개호는 성년후견인의 직무가 아니다. 의료행위의 동의도 후견인의 직무로서 인정되지 않고 있다. 성년후견제도에는 법정후견과 임의후견의 2가지 제도가 있다. 법정후견이 피후견인의 판단능력이 약화된 후에 대응하는 것이라면, 임의후견은 판단능력이 있을 때 준비하는 제도이다(후지모리 가츠히코(藤森克彦), 류재상, 김수홍, 2018).

(1) 법정후견: 피후견인의 판단능력이 이미 약화된 경우

법정후견은 피후견인의 판단능력이 약화된 후에 본인, 배우자, 4촌 이내의 친족, 지방자치단체의 장, 검사 등이 가정재판소에 법정후견을 신청하면 절차가 시작된다. 가정재판소는 후보자의 적격성 등을 조사하여 성년후견인을 선정한다. 심판이 확정되면 성년후견인의 재산 관리권 등이 효력을 갖는다.

(2) 임의후견: 충분한 판단능력이 있을 때 미래를 대비할 경우

임의후견은 피후견인에게 충분한 판단능력이 있을 때, 장래에 판단능력이 약화될 경우에 대비하여 본인이 미리 선택한 대리인(임의후견인)에게 재산 관리나 신상감호에 관한 대리권을 부여하는 제도이다. 임의후견인으로는 친족이나 지인 외에도 사회복지법인 등의 단체를 선택할 수도 있다. 피후견인의 판단능력이 남아 있을 때 자신의 의지로 신뢰할 수 있는 사람을 후견인으로 하여 계약을 체결할 수 있다는 점에서 자기결정의 존중에 적합한 제도라고 할 수 있다.

3) 영국의 성년후견제도

영국에서는 〈2005년 의사결정능력법〉을 제정하여 2007년부터 시행하고 있는 영국의 사례를 살펴보고자 한다. 영국에는 판단능력이 약화된 사람에 대하여 재산 관리와 신상감호를 지원, 보호하는 제도로서 법정 후견과 임시후견이 있다.

이 법은 판단능력이 약화된 사람의 의사결정을 지원하는 제도이고 판단능력이 없는 경우라도 본인에게 최선의 이익을 추구하는 원칙 등을 제시하고 있어 주목받고 있다. 임의후견제도는 본인의 판단능력이 있을 때, 본인이 신뢰할 수 있는 사람을 임의후견인으로 선택할 수 있는 제도이다. 자기결정의 존중이라는 점에서 임의후견제도가 적극적으로 활용되고 있는 것은 긍정적으로 평가해야 한다. 영국에서 임의후견제도가 활발히 이용되고 있는 사유는 아래와 같다(후지모리 가츠히코(藤森克彦), 류재상, 김수홍, 2018).

첫째, 영국 정부나 자선단체가 사전준비의 중요성을 호소하는 캠페인을 시행한 효과가 있다. 특히 치매와 관련된 자선단체는 시민들과 긴밀하게 연계되어 있어서 캠페인 효과가 크다.

둘째, 비용부담이 적다. 영국에서 임의후견인에 대한 감독은 법무성 산하의 후견청이 담당한다. 따라서 임의후견 감독인에 대한 보수비용이 발생하지 않는다. 또 전문직이 임의후견인 경우를 제외하고, 친족이나 지인 등을 임의후견인으로 하면 보수가 불필요한 경우도 많을 것이다.

재산 관리 혹은 신상감호에 대한 임의후견계약 등록수수료는 110파운드에 불과하다. 두 가지 모두에 대해 혹은 둘 중 하나에 대해서만 계약할 수 있다.

셋째, 임의후견제도에 관한 신청수속이 용이하다. 예를 들면, 임의후견신청서는 영국 정부 사이트에서 쉽게 구할 수 있다. 판단능력이 있을 때 본인이 신뢰할 수 있는 사람을 기입하여 대리인의 의사결정이 발생하는 시기나 임의후견인이 기억하기를 바라는 본인의 의향 등을 기입한다. 또 신청서에는 본인이나 임의후견인의 서명과 함께 본인이 강요받아 임의후견신청을 한 것이 아니라는 것을 대략 10주 이내에 등록된다. 임의후견계약 등록사무는 법무성 산하기관인 후견청이 관할한다. 후견청은 성년후견의 등록과 후견인의 감독을 함께 담당하고 있다. 등록이나 감독과 같은 업무의 실행은 재판소보다 행정기관이 신속하고 효율적으로 할 수 있다는 지적이 있다.

PART

02

노인복지의 실천 분야

CHAPTER 06

Social Welfare for the Elderly

노인여가문화

1. 노인평생교육

1) 노인평생교육 의의

일반적으로 노인교육이란 평생교육의 일부분으로서 성인교육 가운데 노인을 대상으로 실시하는 교육을 의미하며, 구체적으로는 노인이 느끼고 있는 다양한 학습욕구를 충족시키기 위한 공적 또는 사적 지원체계를 의미한다.

우리나라의 경우 노인교육이 뚜렷한 목표도 아직 없이 산발적으로 이루어지고 있어 노인교육은 거의 유명무실하게 실시되고 있다. 노인교실이 교육인적자원부가 아니라 보건복지부 관리를 받게 되어 있는 제도적인 면만 보더라도 그렇다. 따라서 노인교육의 확산과 일반화에 대비해 그 기본 목표와 방향, 그리고 방법과 운영모델에 대한 적극적인 노력이 시급히 이루어져야 할 것이다. 노인교육을 평생교육과 연결하여 제도적으로 이미 확립하여 실시하고 있는 선진국들의 예를 연구하여 비판적으로 수용하면서 국가와 사회의 관심과 지원 속에 체계적인 노인교육의 틀과 구도를 잡아야 하는 것이다.

2) 노인의 평생교육 중요점

노인교육이 아직까지 우리나라에서는 중요하게 실시되고 있지 않지만 노인교육의 중요성에 대한 새로운 인식이 높아지고 있다. 노인교육의 중요성을 살펴보면 다음과 같다.

(1) 정체성의 확립

노인교육은 노인이 직면하고 있는 정체감의 위기를 극복할 수 있도록 한다. 노인 정년 후에 직면하는 문제 중에 가장 심하게 나타나는 것이 정체감의 위기이다. 즉 소득의 상실과 역할의 상실 등으로 자아정체감의 위기가 발생할 때, 노인교육을 통하여 새로운 경험을 한다면 노인의 자아개념을 확립하는 데 중요한 역할을 할 것이다.

(2) 노인욕구의 충족

노년기에 접어들면 다양한 욕구들이 발생하는데, 이러한 욕구를 해결하지 못하면 노인문제로 연결된다. 그럼으로 적절한 노인교육을 통하여 노인욕구를 해결하면 노인문제의 발생도 예방할 수 있을 것이다. 노인들의 욕구는 사회구성원으로 인정받고 싶은 욕구, 성취감의 욕구, 동기부여의 욕구, 가족관계 유지의 욕구 등 다양한 욕구가 존재하고 있는데, 이러한 욕구들은 노인교육을 통하여 어느 정도 해결할 수 있을 것이다.

(3) 노인권리와 의무의 실현

지금까지의 노인들은 사회에서 불필요하고 비생산적인 요인으로 많이 접근을 하였다. 그러나 노인교육을 통하여 노인들도 생산적이고 사회참여 구성원으로서의 역할을 유지할 수 있을 것이다.

3) 노인평생교육 참여율

2020년 통계청 고령자통계 조사에 의한 평생교육에 참여한 65~79세 2019년 고령층은 32.5%로 전년보다 0.2%p 감소하였다. 고령층의 유형별 평생교육 참여 현황을 보면, 형식교육(공식적으로 졸업장이나 학위를 취득할 수 있는 교육) 참여 비중은 0.1%로 전년과 같은 수준이고, 비형식교육(학교 교육 밖에서 이루어지는 모든 구조화된 학습활동) 참여 비중은 32.4%로 전년보다 0.2%p 감소하였다. 직업과 관련된 목적의 비형식교육을 받은 고령층 인원은 4.9%로 전년 대비 0.6%p 감소하였다. 노인평생교육 참여율 조사결과는 향후 노인 평생교육 프로그램 개발 및 수립 시 많은 참고가 된다(그림 6-1).

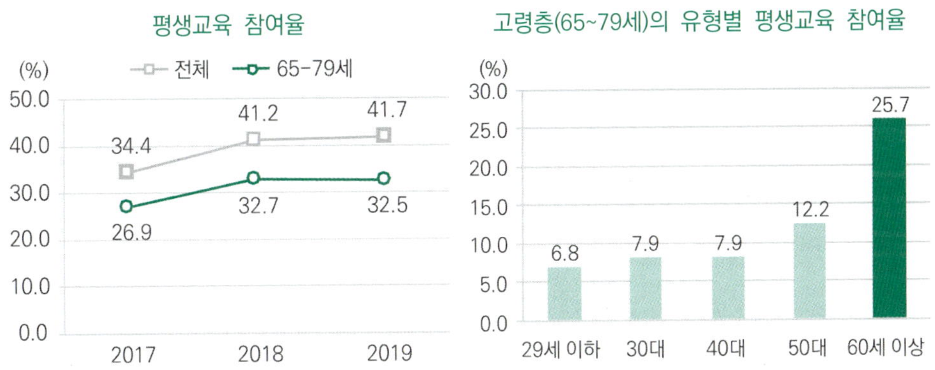

출처: 통계청(2020). 고령자통계.

그림 6-1 고령층 평생교육 참여율 및 유형별

4) 노인평생교육 현황

(1) 노인평생교육 시행기관

평생교육기관의 구체적인 현황은 학교(대학교 등) 부설, 사업장(기업 등) 부설, 시민사회단체 부설, 지식 · 인력개발 형태와 시 · 도 평생교육진흥원, 평생학습관 등의 형태가 있다. 대부분의 평생교육 프로그램을 제공하는 기관은 원격 형태(949개소), 언론기관 부설(707개소), 지식·인력개발 형태(579개소), 시민사회단체 부설(51개소)의 순으로 나타났다. 원격 형태의 평생교육의 경우 인터넷과 각종 통신장비가 보급되면서 가장 일반화되고 앞으로 비대면 교육에 활성화될 것이다(한국교육개발원 교육통계서비스, 2018).

(2) 노인평생교육 프로그램의 종류

노인교육 프로그램은 크게 세 가지 영역으로 구분된다. 가장 대표적인 것이 여가, 취미교육 등의 생활교육이라 할 수 있다. 생활교육은 교양교육 및 여가·취미생활 등에 대한 교육을 중심으로 형성되어 있다. 그리고 평생교육의 핵심적 기

표 6-1 영역별 노인교육 프로그램

영역	구분	프로그램
생활교육	교양	어학, 한글, 역사, 동양고전, 윤리, 종교, 서예, 컴퓨터, 시사, 전통문화, 시민생활 등
	여가 및 취미	요가, 체조, 댄스, 단전호흡, 게이트볼, 배드민턴, 탁구, 가요, 민요, 고전무용, 탈춤, 에어로빅, 장고, 가야금, 사군자, 시조, 등산, 관광, 여행, 스포츠마사지, 요리, 화초재배, 꽃꽂이, 영화관람, 비디오 시청, 연극, 소풍 등
	건강 및 안전	위생, 질병예방과 치료, 영양섭취, 식이요법, 수지침, 교통안전, 범죄대책, 죽음대비
	인간관계	고부관계, 부모교육, 손자녀관계, 대인관계, 자기표현훈련
	생활정보	노인문제, 노인복지, 생활법률, 외국 노인의 생활
	사회활동	고아원 및 양로원 방문, 폐품 재활용, 교통정리, 사연보호
직업교육	동아리활동	국악, 율동, 음악, 합창, 서예, 등산, 종교, 봉사
	퇴직대비	건강관리, 퇴직생활설계, 퇴직생활사례
	재산관리	용돈관리, 연금과 재산관리
지도자교육	재취업	직업의식, 재취업사례
	일반, 전문과정	노후의 삶, 노인심리, 정신건강, 노인과 사회, 생활의학, 노인과 법률, 노인복지, 노인여가와 레크리에이션, 노인상담, 노인복지시설운영론, 자원봉사자 등

출처: 박현식, 조성희, 김욱, 김정현(2015).

능으로 제시될 수 있는 것은 직업교육과 지도자 교육이라 하겠다. 직업교육은 동아리 활동, 퇴직대비, 재산관리 등의 실질적 기술을 연마하게 하며, 지도자교육은 재취업과 관련되어 일을 할 수 있는 능력을 전문적으로 양성할 수 있다.

5) 노인교육의 활성화 방안

(1) 노인의 정보화교육 필요성

노인의 정보화교육은 단순히 정보를 받는 것에 국한되는 것이 아닌 자신의 생각을 전자기기를 매개로 하여 타인에게 전달하는 방법 정보를 취득할 수 있는 다양한 전자기기에 대한 사용법을 가르치는 제반 형태의 교육을 지칭한다. 그 대표적인 범주가 인터넷 사용에 대한 교육이라 할 수 있다.

인터넷은 정보의 보고라 할 정도로 다방면의 지식을 획득할 수 있는 영역이다. 높은 인터넷 사용률은 이견의 여지가 없는 개념이니 차치하도록 하더라도, 고령층의 인터넷 사용률이 급증하고 있다는 것에 주목해야 된다. 2012년 14.5%에 불과하던 고령자의 인터넷 사용률이 2017년에는 45.7%로 급증했다는 것을 알 수 있다(그림 6-2).

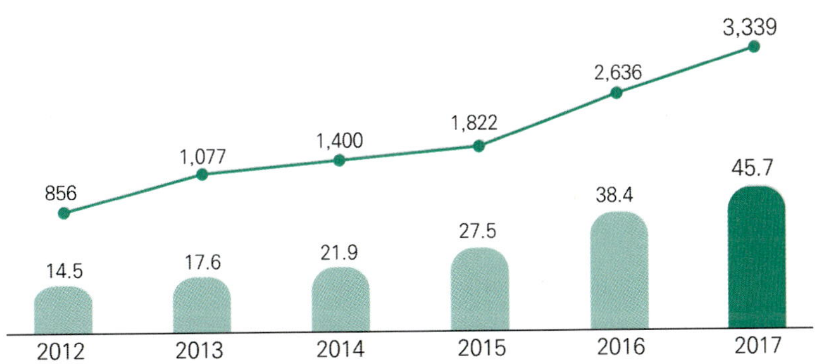

출처: 과학기술정보통신부(2017).

그림 6-2 고령자 인터넷 이용률

이러한 고령층의 인터넷을 비롯한 정보화 기기의 사용은 비단 인터넷에만 국한되지 않는다. 고령층은 인터넷뿐만 아니라 스마트폰과 같은 모바일 기기의 사용률이 매우 많이 증대되었음을 일상생활에서도 느낄 수 있다.

고령층에게 있어 정보교육이 왜 중요한 것인지를 정리해 보면 다음과 같다. 첫째, 정보화 기기의 사용법을 습득한다는 것은 다양한 정보를 습득할 수 있는 채널을 보유함을 의미한다. 둘째, 인터넷 뱅킹, 인터넷 마켓 등을 활용함으로써 손쉽게 장보기와 은행업무와 같은 일상생활을 수행할 수 있다. 이것은 거동이 상대적으로 불편한 노인들에게 매우 유용한 기능이라 하겠다. 셋째, 워드작성 프로그램과 포토샵, 파워포인트의 기능을 학습함으로써 자신의 관념과 가치를 콘텐츠화시킬 수도 있다. 그리고 이러한 콘텐츠를 통해 SNS상으로 자신과 생각을 공유할 수 있는 사회구성원들과도 교류할 수 있다. 마땅한 사회적 네트워크를 형성하기 어려운 고령층에게 SNS와 같은 온라인상의 사회적 네트워크는 매우 유용한 사회자본으로 기능할 수도 있을 것이다(오봉옥 외, 2019).

(2) 다양한 프로그램의 개발

노인교육에 대한 행정부처의 혼란과 정책의 부재는 노인교육시설이나 프로그램에 대한 재정적 지원 부족으로 이어질 수밖에 없다. 노인교육은 노인복지회관, 노인교실 등에서 정부 지원을 받아 운영되지만, 대부분이 운영비와 인건비로 사용되어 노인교육 프로그램을 위한 지원은 거의 이뤄지지 못하고 있는 실정이다. 이렇다보니, 대부분의 노인교육을 실시하고 있는 노인복지회관, 노인교실, 노인학교 등은 다양한 교육 프로그램 개발이 이루어지지 못해 노인교육의 양적·질적 성장을 저해하는 요인이 되고 있다.

(3) 노인교육 전담 부처 및 전문가 의무화

노인교육의 가장 심각한 문제는 노인교육을 담당하고 있는 부처가 확정되지 않아 노인교육에 대한 정책 자체가 없다는 점이다. 그래서 지금까지의 노인교육은 해당 부처의 혼란과 노인교육의 정책 부재로 인해 그 역할을 제대로 수행하지 못하였다. 즉, 정부의 노인교육과 관련된 정책 추진은 교육부에서 진행되었고, 대부분의 노인교육이 이루어지고 있는 노인복지회관, 노인교실, 노인학교 등의 대부분은 보건복지부에서 운영하고 있다.

대부분의 노년교육이 이뤄지고 있는 위의 시설들은 대부분 노인여가복지시설로 분류되어 있어 성격상 시설과 서비스에만 주력할 뿐 노인교육의 특성에 맞는 프로그램 개발과 지원이 거의 이뤄지지 못해 노인교육에 대한 해당 부처의 혼란과 정책부재는 노인교육기관에 대한 행정적, 재정적 지원을 어렵게 해 노인교육기관에 전문가 양성 및 배치를 어렵게 하고 있다. 이는 노인교육기관 실무자의 전문성 결여로 노인교육의 전문가도 의무화할 필요가 있다.

(4) 노인교육 재취업 장려

노인교육을 통하여 노인들의 사회참여를 확대하고, 노년기의 자립과 자활능력을 강화시키기 위해 노인을 잠재적 인적자원으로의 가치로 제고시켜야 할 것이다. 노인부양에 대한 사회적 책임의 무게를 덜고, 고령화로 인한 생산성 저하를 막기 위해서는 우선 퇴직 전 노후준비교육과 은퇴 후 교육의 연계 시스템 정착이 요구된다.

이를 위해서는 노인교육에 대한 기업의 참여와 지원이 필요하다. 또한 퇴직 후 사회참여로 확대하기 위해서는 다양한 재취업 기회 제공과 정년 연장 등의 노력과 더불어 현재 점차 확대되고 있는 사회적 일자리와 노인자원봉사 활성화를 통한 노인 인적자원의 사회적 가치 창출 방안 마련이 요구된다.

2. 노인여가활동

1) 노인여가의 개념과 필요성

(1) 노인여가의 개념

여가(Leisure)의 어원은 라틴어의 'Licere'(리케레)로 일이나 일상적인 가사책임으로부터 자유로우며, 건강의 회복, 휴식, 취미, 오락, 문화적·예술적 추구 등에 활용할 수 있는 시간, 즉 '자유로운 시간'을 실질적으로 점유하는 활동을 나타내는 말이다(고영복, 2000). 그리스 시대에는 정치, 중지, 평화와 평온, 자유로운 토론을 의미하는 스콜레로 사용되었으며, 로마 시대에는 아무것도 하지 않는 소극적 행위를 의미하는 오티움이었다(유성호 외, 2002). 현대에 여가를 의미하는 레저는 14세기 초 중세에 처음 나타난 옛 프랑스어 leisir를 통하여 "허가된, 여유가 있는"의 뜻을 가진 라틴어 licere에서 나온 것이다. 레저란 노동이나 직무로부터 일시적으로 면제되어 갖게 되는 자유시간을 말하는 영어를 그대로 옮겨 쓰는 외래어이다. 이 말은 노동과 직무뿐만 아니라 일체의 용무(用務)나 책임으로부터 해방되어 개인이 자기 뜻대로 이용할 수 있는 시간을 의미하기도 하는데 자유시간 또는 자유시간을 갖게 된 데서 오는 자유로움이나 좋은 기회를 의미하기도 한다(이종복 외, 2018).

노인여가의 개념은 레크리에이션의 속성이 강조된 개념인 심신의 피로회복과 재생산을 위한 재충전의 의미를 가지는 젊은이의 여가와 달리, 삶에서 기쁨, 즐거움, 보람을 느낌으로써 인생을 의미 있게 영위하고 마무리하는 속성을 가지고 있다고 볼 수 있다(김동배, 1999). 즉, 노인의 여가는 사회적 역할 상실에 따른 고독감 해소, 자아존중과 정체성 유지, 생활만족감 증진, 신체적 및 정신적 자신감 증진, 자기가치성과 자기유용성 확대, 자립성 향상이 이루어지고, 특히 재미있고 즐거운 삶을 얻을 수 있도록 계획되어져야 할 것이라고 한다.

Kaplan은 노년기의 여가활동은 여가시간을 만족스러운 방법으로 사용하려는 욕구, 개인으로 인정받고 싶은 욕구, 정상적인 동반자 관계를 즐기려는 욕구, 자기표현과 성취감의 기회를 가지려는 욕구, 건강을 유지하고 보호하려는 욕구, 적절한 정신적 자극을 가지려는 욕구, 영적인 만족감을 얻으려는 욕구, 영적인 만족감을 가지려는 욕구, 적절한 주거 조건과 가족관계를 가지려는 욕구, 사회적으로 유용한 서비스를 제공하려는 욕구, 자신이 지역사회의 한 부분으로 느껴지고 싶은 욕구 등을 충족시킴으로써 노인의 삶의 질에 지대한 영향력을 지닌다고 주장하였다(장인협, 최성재, 1987).

이향숙과 신원우(2016)는 여가란 양질의 노동력을 창출하기 위한 휴식과 재충전, 능력과 지식적인 향상, 창조력 발휘, 자기 개발, 사회적 성취 등의 의미를 지니는 폭넓은 개념으로 확대되었다. 또한 사람들마다 여가에 대한 의미와 정의를 다양하게 해석하거나 이해하려는 경향이 높다. 여가란 원래 일을 하다가 쉴 수 있는 틈이라고 정의할 수 있는데, 일반적으로 노인들은 여유시간이 많으므로 노인들이 당면하고 있는 여가 개념과는 차이가 난다. 노인들의 여가는 다른 계층과는 달리 정년 후 또는 노년기에 생기는 많은 시간을 어떻게 보내느냐가 중요한 문제이다. 그럼으로 노인의 여가활동은 인간활동에서 생기는 긴장을 해소한다는 본질적인 의미에서의 여가와 동시에 즐거움과 새로운 경험을 유지할 수 있는 여가활동이라는 측면을 지니고 있다.

(2) 노인여가의 필요성

현대사회의 사회구조가 산업화로 다양화되어 감에 따라 노인은 강제적 또는 자발적으로 노동과 사회참여의 기회에서 이탈하게 되었다. 또한 가정에서도 핵가족화 현상으로 인하여 가정에서의 역할마저도 상실되어 노인의 역할은 점차 축소되고, 경제적인 문제와 더불어 정신적·심리적 문제가 매우 중요시되고 있다. 또한 노인의 여가활동은 여가시간은 많아지지만 활동범위는 좁아지고 움직이는 활동보다 앉아서 하는 활동이 증가되고 또한 '가정 외적' 활동보다 '가정 내적' 활동이 증가되는 경향이 있다.

따라서 노년기의 여가생활을 통해 보다 적극적이고 긍정적이며 가치 있는 삶으로 발전시켜 나갈 수 있어야 한다. 노인은 누구나 여가를 즐길 기회를 부여받을 권리가 있으며 국가와 사회는 노인들의 여가생활이 보다 안정되고 즐거울 수 있도록 관심과 노력이 필요하다. 노인에게 인생의 보람을 느끼고 사회적인 면에서도 보탬이 될 수 있는 노인여가활동을 개발하고 지원하는 것은 이제 우리 사회의 우선 과제이며, 노인의 욕구를 충족시켜 주기 위하 노인여가에 대한 연구와 개발 필요성이 매우 절실한 시점이라 하겠다.

노인세대의 관점에서 노인의 여가활동은 다음과 같이 몇 가지 중요한 기능을 가지는 것으로 분석된다. 첫째, 취미생활과 오락 등을 통하여 무료감을 해소한다. 둘째, 공동 작업을 통하여 경제적 소득을 제공한다. 셋째, 친구 · 동호인과의 집단생활에서 서로 격려하며, 생활위험에 대처할 자원을 확보할 수 있다. 넷째, 보건, 의료 면에서 건강체조, 스포츠댄스, 요가, 에어로빅, 게이트볼, 등산 등을 통하여 평상시 노인의 건강관리에 큰 도움이 되게 한다. 다섯째, 사회심리적으로 소외감과 무력감을 갖는 노인에게 소풍, 야유회, 회식, 노인교실, 상담 등을 통하여 삶에 대한 애착과 자신감을 갖게 한다. 여섯째, 가정적으로나 사회적으로는 역할의 상실감과 박탈감에 빠진 노인에게 환경보호, 청소년선도, 예절 가르치기, 교통정리, 방범활동, 문화재 보호활동 등의 자원봉사활동 등을 통하여 소속감, 성취감, 사회적 존재감, 공헌의식을 갖게 한다. 일곱째, 정신적으로는 다양한 여가프로그램을 통하여 일상생활 속에서의 압박감과 긴장감을 해소하고 적절히 정신적 자극을 받게 함으로써 정신건강 면에 많은 도움이 될 수 있다. 여덟째, 인생주기에서 자아실현의 마지막 기회를 부여한다. 아홉째, 생애 동안 축적된 삶의 지혜를 전수하고 전통문화를 계승 · 발전케 하며, 지역사회 내에서 건실한 공동체 형성에 기여할 수 있다. 이는 노인이 지역사회에서 일상생활 중에 여가활동을 활용해서 얻을 수 있는 긍정적 측면을 제시한 것으로 볼 수 있다(현외성, 2010).

2) 노인여가활동의 유형

(1) 노인의 일상생활 기준 유형

노인의 여가활동은 각자의 성격이나 과거의 습관에 따라 다를 수 있는데, 일상생활을 기준으로 분류하면 다음과 같다(김동진, 2007; 김용길, 2012; 최인근, 2007).

표 6-2 노인여가활동 유형(일상생활 기준)

형태	내용
건강과 관련된 스포츠 활동형	신체적 건강뿐만 아니라 스포츠를 통해서 자아실현, 자신감 유지, 사회성 유지의 목적이 있다. 체조, 등산, 배드민턴, 게이트볼, 에어로빅, 수영, 골프, 자전거, 산책 등이 이에 해당한다.
오락 및 사교활동형	바둑, 장기, 화투놀이, 윷놀이, 경로당 및 노인복지센터 참여, 친구들과의 대화 등이 이에 해당된다.
봉사 및 종교활동형	봉사활동 및 교회, 성당, 사찰 등 종교활동을 통하여 심리적 안정과 노인의 여가문화 형성에 기여하고 있다. 특히 교통봉사(쓰레기 줍기, 교통 정리) 및 시설봉사, 가정봉사(말벗, 청소, 가정방문, 도시락 배달) 등 봉사활동에 참여하면서 노인들의 사회적 접촉 및 기여할 수 있는 기회가 증가하는 추세이다.
취미 및 교양활동형	TV시청 및 라디오 청취, 노래 부르기, 서예, 낚시, 독서, 악기연주, 여행, 장기, 어학(한글, 영어회화, 일본어, 중국어), 컴퓨터 교육, 고전무용 및 민요, 산악회 등이 이에 해당된다. 현재 우리나라 노인이 가장 많이 즐기는 여가활동이다.
관람 및 감상활동형	박물관, 공원, 동물원 및 식물원 관람, 감상활동(음악, 미술, 연극, 영화, 비디오), 전시회 및 유적지 답사 등이 이에 해당된다.

출처: 김동진(2007); 김용길(2012); 최인근(2007).

(2) 노인의 생활주기상 유형

다카하시 몬지(高橋紋土)는 좀 더 구체적인 수준에서 노년기에 나타나는 생활 주기상의 변화를 고려하여 노인여가활동 유형을 단독충실형, 우인교유형, 가족충실형, 사회참여형, 독서형 등 다섯 가지 형태로 분류하였다. 이를 구체적으로 살펴보면 다음과 같다(김윤재 외, 2016; 최순남, 2002).

표 6-3 **노인여가활동 유형(생활주기상 변화)**

형태	내용
단독 충실형	단독충실형은 미술, 음악 감상, 서예, 다도(茶道), 사진 촬영, 우표나 골동품 수집 등으로 시간을 보내는 유형이다. 이 유형은 비교적 내성적이고 차분한 성격으로 집에서 홀로 생활을 하는 성격의 소유자에게서 많이 찾아볼 수 있으며, 대부분 혼자 여가생활을 영위한다. 또한 외출하고 싶지만 갈 만한 곳이 없거나 고령으로 인해 외출을 할 수 없어서 자택에 머무르는 경우가 많다.
우인 교류형	우인교류형은 사교적인 성격으로 친구 또는 지인들과 함께 어울리는 일에 많은 시간을 보내면서 즐기는 유형이다. 이 유형은 혼자 지내는 것을 싫어하며 지인이나 동료들과 어울려 식사 · 대화 · 게임 등을 함께 즐기는 것을 인생의 즐거움으로 생각한다. 특히 남의 일을 돕는 데 적극적으로 참여한다.
가족 충실형	가족충실형은 가옥 수리 및 꾸미기, 정원 정리, 가구를 이동하여 실내 구조의 인테리어나 분위기에 변화를 주며, 주변 환경의 미화 작업 등으로 시간을 보내는 유형이다. 이 유형은 주로 가정 내에서 가족과의 교유 및 가족 동반, 소풍, 전람회, 음악회, 운동경기 등을 관람하며 가족과 시간을 보내는 것을 즐긴다.
사회 참여형	사회참여형은 지역사회를 위한 사회활동 참여에 자신의 가치를 부여한다. 노인학교, 동창회, 향우회, 친목회, 봉사활동, 정치활동 등 각종 사회교육기관 및 단체에 참여하는 것을 좋아하는 유형이며, 주로 가정 밖에서 여가를 보낸다.
독서형	독서형은 독서 및 독서를 바탕으로 글쓰는 것을 인생의 가치로 생각하며 책, 신문, 잡지, 기사 스크랩 등의 활동에 적극적이다. 그러나 이 유형의 활동은 가끔 다른 사람들과 어울리기는 하지만 대부분 다른 사람과 어울려 행해지는 것이 아니고 혼자서 이루어진다는 데 특징이 있다.

출처: 김윤재 외(2016); 최순남(2002).

3) 노인여가복지시설의 현황

(1) 노인여가복지시설의 목적

노인여가복지시설은 비교적 건강한 노인을 대상으로 노후 생활을 보람 있게 보낼 수 있도록 각종 여가와 취미활동 서비스를 제공하는 이용시설이라 할 수 있다.2007년 8월에는 노인복지회관이 노인복지관으로 명칭이 변경되면서 역할과 개념이 재정립된 바 있다. 2011년 6월에는 노인복지시설로서의 기능과 역할이 미약한 노인휴양소를 폐지하여 노인여가복지시설은 노인복지관, 경로당, 노인교실로 정리되었다(노인복지법 제36조). 노인복지법 시행규칙 제24조에서 노인여가복지시설 이용대상자는 노인복지관 및 노인교실은 60세 이상이 이용할 수 있는데, 이용대상자의 배우자는 60세 미만인 때에도 이용대상자와 함께 이용할 수 있고, 경로당은 65세 이상이면 이용할 수 있도록 되어 있다.

표 6-4 여가복지시설의 종류와 목적(노인복지법 제36조)

구분	목적
노인 복지관	노인의 교양 · 취미생활 및 사회참여활동 등에 대한 각종 정보와 서비스를 제공하고, 건강 증진 및 질병예방과 소득보장 · 재가복지, 그 밖에 노인의 복지증진에 필요한 서비스를 제공함을 목적으로 하는 시설
경로당	지역노인들이 자율적으로 친목도모 · 취미활동 · 공동작업장 운영 및 각종 정보교환과 기타 여가활동을 할 수 있도록 하는 장소를 제공함을 목적으로 하는 시설
노인교실	노인들에 대하여 사회활동 참여욕구를 충족시키기 위하여 건전한 취미생활 · 노인건강유지 · 소득보장 기타 일상생활과 관련된 학습 프로그램을 제공함을 목적으로 하는 시설

(2) 여가복지시설의 현황

표 6-5 연도별 노인여가복지시설 현황 (단위: 개소)

구분	2019	2018	2016	2014	2012
노인복지관	391	385	350	344	300
경로당	66,737	66,286	65,044	63,960	62,442
노인교실	1,285	1,342	1,393	1,361	1,335
합계	68,413	68,013	66,787	65,665	64,077

출처: 보건복지부(2019). 「노인복지시설현황」.

가. 노인복지관

노인복지관은 2019년 기준 전국 391개소로 주로 일반노인들과 저소득층을 위한 서비스 프로그램이 주를 이루고 있으며 지역사회 노인들에게 여가를 선용할 수 있는 기회를 제공하고 사회적 관계를 증진시키며 건강증진에 기여할 수 있도록 노인에 대하여 각종 상담, 프로그램, 건강증진, 교양, 오락을 접할 수 있다(장동일, 2003). 최근에는 증가하는 노인인구와 수요를 충족시키기 위해 노인복지관보다는 규모가 작지만 기능은 유사한 노인문화센터를 개설하는 지방자치단체가 있으며, 지속적인 증가 추세에 있다.

나. 경로당

1978년 주택건설촉진법 시행규칙 개정 시 주택단지 내 설치를 의무화하는 근린시설로 경로당이 규정된 이후 해마다 계속 증가해 왔는데 2019년도 기준 전국에 설치된 경로당은 총 66,737개소로 경로당은 노인여가시설 중 거의 대부분을 차지하고 있지만 그 기능과 역할은 미비하였다. 단순한 오락이나 일시적인 여흥을 즐기는 것이 대부분이었으며 큰 의미 없이 시간을 보내는 곳으로 여겨져 노인의 여가를 위한 장소는 있으나 프로그램이 미흡한 실정이었다.

이에 정부에서도 노인복지관 필수사업으로 경로당 여가문화보급사업(경로당활성화사업)을 지정하여 여가문화 프로그램을 보급토록 하였으며 지역 내 공공/의료기관, 민간기관, 종교단체 등의 연결로 그 영역이 점차 확대되고 있다. 2019년 기준으로 노인여가복지시설에서 경로당이 66,737개소로 가장 높은 비율을 차지하고 있는 것을 알 수 있다.

다. 노인교실

1972년 종로 태화관의 서울 평생교육원을 시작으로 급속히 증가하였으며, 현재 정부에 등록된 노인교실은 2019년 기준 전국에 1,285개소로 미등록된 노인교실을 감안할 때 더욱 많은 수의 노인교실이 운영되고 있을 것으로 추정된다. 노인교실의 운영주체는 주로 대한노인회 등 노인단체, 종교/사회단체, 혹은 개인으로 나눌 수 있는데, 이 중 대한노인회 산하 노인교실이 가장 높은 비율을 차지하고 있다.

교과 영역별 교육내용을 보면, 교양 및 상식, 취미학습, 건강관리와 안전 등이 주를 이루고 있으며 지역별 차이는 시 지역에의 산업시찰, 봉사활동 등이, 군지역에는 영농교육, 양봉 등의 교과목이 들어 있는 점이다. 노인교실은 정형화된 교육과정이 없고 학교마다 특상에 맞게 프로그램을 마련하고 있다. 교육 프로그램은 강사의 사정에 따라 달라지는 경우가 많으며, 교육 프로그램이 없는 곳도 있다.

4) 노년기 여가의 활성화 방안

(1) 신 노년층 유입에 따른 양질의 프로그램 개발

신 노년층인 베이비붐세대의 노년층 유입 등 노인인구수의 가파른 증가추이는 지속될 전망이다. 베이비붐세대의 특징은 고학력, 고소득(연금 등), IT문화친숙, 여가문화와 사회참여 욕구가 적극적이고 다양한 점 등으로 기존 세대와 양·질적으로 차이를 보이는 세대로서, 이러한 변화는 '신노년층'의 욕구를 진화된 척도에 따라 정확히 파악하고 프로그램을 개발하며 그에 따른 시설과 장비, 시스템을 구비하는 노력이 필요하다. 노인여가서비스의 질적 향상을 위한 차별화된 프로그램 개발 및 진행을 효율적으로 운영하기 위한 다양한 정책과 제도적인 기초가 마련되어야 한다.

(2) 다양한 재정 확보방안 및 국가의 정책적 지원

노인여가복지시설의 특성상 정부보조금과 사업수익으로 운영되므로 다양한 여가활동과 서비스를 제공하기 위해서는 후원금, 법인전입금, 지역연계 등의 자체 노력과 더불어 무엇보다 중앙정부와 지자체의 재정 확보와 지원이 우선되어야 할 것이다. 경로당의 경우는 2012년 「노인복지법」 개정을 통해 국가 또는 지방자치단체가 양곡구입비, 냉/난방비를 전부 또는 일부 보조하거나 전기요금·전기통신요금·도시가스요금·수도요금의 공과금을 감면해 주는 조항을 신설하였다.

이는 국가사업으로 실시되던 경로당 운영·관리사업은 2005년부터 지방이양사업으로 선정되어 지자체가 부담하게 되었다. 이후, 지자체별 재정자립도와 여건에 따라 지원내역에 차이가 발생하였고, 농어촌 지역의 경우 자체회비로 운영하는 사례가 발생되는 등의 문제가 발생되어 정부 차원의 재정 확보와 지원이 가능하게 된 경우이다. 이처럼 재정 확보와 관련된 부처와의 긴밀한 협조와 의견 제시를 통해 제도화, 정책화하는 노력이 필요하다.

(3) 소규모 노인여가복지시설 지역적 확대

초고령사회로 진입하는 2025년에는 노인인구가 천만 명 이상이 되고, 매년 노인인구가 빠르게 증가된다. 노인의 긴 여가시간을 보내려면 노인여가복지시설은 현재의 노인인구와 앞으로 증가될 노인인구의 수요를 충족시키기에는 매우 부족한 것이 현실이다. 지역에 따라 여가복지시설과의 접근성이 취약하고, 원활한 이용에 한계가 발생되며, 지자체의 역량에 따라 시설의 양적인 차이가 발생될 가능성이 높다.

노인복지관의 경우 이러한 현상을 해결하기 위해 단계적으로 노인문화센터 등의 소규모 노인여가복지시설을 지역적 거점으로서 추가적으로 확대해 가고 있다. 증가하는 노인인구 추이와 농어촌 등의 지역적 특성과 면적, 노인인구수를 고려한 시설 확충과 적절한 지역적 안배가 필요하다.

(4) 노인여가복지시설 법적 · 제도적 근거 마련

여가복지시설로서 기능을 다하기 위한 지원과 확보를 위해 제도적 근거를 마련하는 것 또한 매우 중요한 일일 것이다. 노인교실의 경우 노인복지법 제36조에 '노인교실'로만 언급되어 있어 여가문화서비스의 복시 영역과 노인평생교육의 교육 영역의 사각지대에 놓어 있어 법적 근거가 미비한 실정이다.

그로 인해 정부의 보조를 받지 못한 노인학교는 프로그램 미흡과 전문 강사 부족으로 비현실적인 노인평생교육이 진행되고 있다. 프로그램 개선/개발의 자체 노력은 물론이거니와 그 전에 관련 주무부처와 관련 법령을 설정하고 지원에 대한 법적 근거를 마련하는 것이 필요해 보인다.

(5) 노인여가복지시설 상호협력 및 네트워크 구축

노인의 욕구를 파악하고 전문적인 서비스 연결 시도에서 노인에 대한 전문적 지식과 사회복지 영역에서의 접근과 서비스 제공이 전제되어야 한다. 이러한 특성상 노인의 여가활동 지원에 대한 연구와 보급, 공유, 협력과 관련하여 노인복지관 및 사회복지실천 전문가들이 전초기지 역할을 다해야 할 것이다. 또한 동일한 종류의 노인여가복지시설 간의 긴밀한 협력 및 네트워크 구축을 통해 운영지침, 정보교환, 프로그램 개발, 공식적·비공식적 자원조직 등에 관한 사항을 논의해 나가야 한다.

미국, 영국, 스웨덴, 일본 등 선진국의 노인여가활동은 프로그램과 서비스 차원이 아니라 국가의 제도적 차원에서 공공기관 중심으로 활성화되어 있다. 또한 교육, 보건, 문화, 복지 등 사회 전 영역으로 확대되고 있음을 고려할 때 향후 우리나라의 노인여가 프로그램도 길어지는 노년기의 행복한 삶과 만족을 위해 노인복지시설로 한정시키지 말고 사회통합 차원으로 확대해 나가야 한다.

3. 노인자원봉사

1) 자원봉사의 개념과 필요성

(1) 자원봉사의 개념

자원봉사는 원래 라틴어의 볼런타스(voluntas)에서 유래되었으며, 이것은 인간의 자유의지라는 뜻으로 자발성의 의미를 강하게 내포하고 있다. 즉 마음속 깊이 우러나오는 의사를 가지고 의무감이 아닌 자발적으로 행동하는 활동을 의미한다(김범수, 2015; 김윤재 외, 2016). 2005년 제정된 「자원봉사활동기본법」 제3조의 1호에서는 "자원봉사활동이란 개인 또는 단체가 지역사회·국가 및 인류사회를 위하여 대가 없이 자발적으로 시간과 노력을 제공하는 행위를 말한다"라고 정의하고 있다.

이러한 자원봉사는 타인과 제도의 강요에 의한 것이 아니라 자신의 자유의지를 바탕으로 자발적인 행동을 실천하는 것이다.

Manser와 Cass(1971)는 자원봉사활동을 개인이 스스로 선택한 조직이나 기관을 통하여 활동하고 실험하며, 새로운 목표를 달성하려는 과정에서 공익을 증진 또는 촉진시키기 위해 사적이고 자발적으로 참여하는 활동으로 정의하고 있다.

한국자원봉사협의회(2003)에 따르면 "자원봉사는 사회문제의 예방 및 해결 또는 국가의 공익사업을 수행하고 있는 공사의 공식조직에 자발적으로 참여하여 영리적 보상을 받지 않고서도 인간존중의 정신과 민주주의 원칙에 입각하여 낯선 타인들을 상대로 필요한 서비스를 제공함으로써 사회의 공동선을 고양시키고 동시에 이타심의 구현을 통해 자기 실현을 성취하고자 하는 활동이다"라고 정의한다.

미국 사회사업가협회(1995)에서는 '개인, 집단, 지역사회에서 발생하는 다양한 문제를 예방, 통제, 개선하기 위하여 여러 조직이나 기관에서 아무런 보수 없이 자발적으로 수행하는 활동'이라고 규정하고 있다. 이상과 같이 여러 정의를 종합해 볼 때, 자원봉사란 '물질적 보상이나 대가를 요구하지 않고 개인의 자원을 제공하거나 능력을 활용함으로써 타인의 삶의 질을 향상시키고 사회의 발전을 추구하려는 자발적인 활동'이라고 할 수 있다.

Darvill과 Munday(1984)는 자신의 친족인 아닌 사람들을 위해 무보수로 자발적인 서비스를 제공하는 것으로서 친구들이나 이웃을 통한 활동이 아니라 공식적이고 특정한 조직을 통해 수행하는 서비스라고 정의하고 있다.

자원봉사에 대한 개념은 시대적 변화나 사회문화적 배경 및 학자에 따라 조금씩 다르게 정의되고 있다. 그러나 일반적으로 노인의 자원봉사는 노인이 여가활동을 통하여 자기 표현과 성취감의 기회를 가지고 이를 통해 지역사회 구성원으로서 유익한 봉사를 하여 적절한 생활유지와 만족감을 얻는 자발적 활동이라고 할 수 있다.

(2) 자원봉사의 필요성

자원봉사활동의 참여는 노인 개개인에게 퇴직으로 인해 상실되었던 사회적 지위와 역할을 보충해 주고, 사회 일선에서 물러나 자칫하면 상실되기 쉬운 자신의 사회적 가치성을 유지하거나 회복할 수 있게 해주어 아직도 자신이 사회에 유용하고 주요한 존재가 되고 있다는 가치를 갖게 해주며 또한 소외감을 극복하게 해주는 등 노년기의 생활을 더욱 풍요하게 하며 생의 만족감을 높이는 데 기여한다고 하였다.

또한 노인의 자원봉사활동에의 참여는 사회복지에 큰 공헌을 하고 나아가서는 사회의 개선과 발전에 큰 기여를 하게 되어 비노인층이 노인을 보는 인상을 긍정적으로 변화시킬 수 있다는 것이다.

자원봉사활동에의 참여로 노인이 아닌 다른 사람들이 노인을 보는 인상을 새롭게 하는 데 도움이 되는 것은 물론, 노인 스스로 노인을 보는 인상도 새롭게 긍정적으로 만든다. 이상 노년기에 주어진 여가시간의 일부 또는 전부를 자원복지활동에 참여하여 보내는 것이 자기 자신과 사회에 어떤 긍정적인 영향을 주며 매우 바람직한 활동이라 할 수 있다.

노인자원봉사활동의 긍정적 측면들은 노인들의 여가 활용의 기회를 제공하며 현실적으로 존재하는 노인문제를 예방하고 해결할 수 있다는 점에서 그 필요성이 제기된다. 자원봉사활동에 참여하는 노인들은 자원봉사를 하지 않는 노인보다 삶의 질과 인생의 만족도가 높았으며, 특히 자원봉사는 노인들에게 신체적·정신적 건강에 도움을 주고 새로운 경험을 얻을 수 있게 한다. 이에 노인자원봉사활동의 필요성을 살펴보면 다음과 같다(고명석 외, 2018; 김범수, 2015; 원석조, 2017).

가. 개인적 측면

노인에게 생산적인 노화를 위한 기회를 제공하고 퇴직 등으로 인하여 상실한 사회적 지위와 역할을 정립해 줄 수 있다. 이를 통해 긍정적인 자아개념을 유지함으로써 자아성장 기회가 부여되고, 긍정적인 삶의 태도를 갖게 해준다. 노인의 경우 자녀의 분가, 배우자 또는 친구의 사망, 퇴직으로 인한 역할의 변화, 주체로서 상실감 및 삶의 불안감 등 다양한 어려움이 있다.

이런 다양한 사회 · 심리적 욕구를 모두 충족할 수는 없지만, 자원봉사의 경험은 신체 및 정신건강에 도움을 주며 심신의 문제를 효과적으로 해결할 수 있는 특성을 지닌다. 가족과의 밀접한 유대관계를 형성하고 자원봉사활동을 통해 이들로부터 존중받는 어른으로서 자신의 존재를 인정받을 수 있는 기회를 갖게 된다. 새로운 업무와 사람을 만날 기회가 제공되면서 한정된 책임은 있으나 자유로운 입장에서 이웃과 더불어 살아야 한다는 기본 가치관 아래 삶의 보람과 성취감을 얻을 수 있다.

나. 사회적 측면

노인의 잠재적 생산력은 매우 중요한 사회 · 경제적 자원 중 하나이다. 노인의 자원봉사활동 참여는 사회생활에 필요한 개인적 능력과 기술의 향상을 통해 사회적 연대감 및 사회통합의 촉진과 같은 긍정적 효과를 지닌다. 즉 노인의 자원봉사활동 참여는 사회복지 비용 절감 효과와 더불어 미래 사회발전에 큰 기여를 하게 될 것이다.

축적된 지식을 활용하고 다양한 경험을 통해 변화하는 사회를 직접 체험할 수 있다. 또한 지역사회 속에서 새로운 사회적 관계망을 유지하고 확대시켜 주며 노후생활을 더욱 풍요롭게 할 수 있다. 노인에 대한 사회적 인식 전환과 노인 자신에게는 바람직한 노인 이미지가 정립될 수 있다. 또한 노인에 대한 사회의 부정적 편견을 없애고 노인차별주의 의식을 약화시킬 수 있다.

2) 노인자원봉사 동기

노인자원봉사에서 노인들의 자원봉사 이유, 즉 동기를 파악하는 것은 자원봉사 관리를 위해 매우 중요하다. 동기란 목표지향적인 행동을 유발하도록 지시하고 유인하며 격려함으로써 행동을 촉진시키도록 자극하고 고무하는 내적 상태라고 말할 수 있다. 이와 같은 동기는 인간 행동의 에너지, 방향 및 지속성을 설명해 주는 개념으로서 이해할 수 있다(김영호 외, 2007).

노인들의 봉사참여동기는 '목적지향적 동기'와 '수단지향적 동기', 그리고 '종교지향적 동기'로 나눌 수 있다(이금룡, 1999). '목적지향적 동기'란 봉사활동에 참여하는 자체가 목적인 경우이다. 다시 말하면, 봉사활동 안에서 본질적이고 내재적인 의미를 실현하고 추구하는 것이다. '수단지향적 동기'는 봉사활동 자체가 목적이 아니라 다른 목적을 위한 수단을 제공해 주기 때문에 봉사활동에 참여하는 경우이다. '종교지향적 동기'는 종교적인 신념이나 가르침에 의한 동기를 의미한다.

표 6-6 **자원봉사 동기 유형**

동기 유형	
목적지향성	보람 추구(순수한 사회봉사. 나보다 불우한 사람을 도와주기 위해 참여)
	가치 추구(사회적으로 가치 있는 일. 사회적 발전에 일익을 담당하기 위해 참여)
	재미 추구(여가시간 활용. 봉사하는 것이 즐거워서. 사교를 위해 참여)
수단지향성	자아실현(자기개발을 위해, 자신의 지식과 기술을 활용하기 위해 참여)
	사회적 보상(새로운 직장을 얻기 위해, 봉사경력이 필요해서 참여)
	경제적 부담(세금을 줄이기 위해, 봉사활동비를 받기 위해서 참여)
종교지향성	종교적 신념(종교적 동기로 참여)

출처: 이금룡(1999).

3) 노인자원봉사활동 현황

(1) 노인자원봉사 참여율

통계청(2020)의 「사회조사」 자원봉사 참여율을 살펴보면, 2019년 65세 이상 고령자의 자원봉사 참여율은 6.5%로 10년 전보다 1.2%p 증가하였다. 고령자의 자원봉사 참여율은 전 연령대 참여율(16.1%)보다는 9.6%p 낮은 수준이다.

표 6-7 자원봉사 참여율 (단위: %)

구분	2019	2009
65세 이상	6.5	5.3

출처: 통계청(2020).
참고: 지난 1년간 자원봉사활동에 참여한 적이 있는 인구의 비중.

(2) 자원봉사 활동 분야별 참여율

현재 자원봉사활동을 하는 경우 어떤 기관을 통해 자원봉사활동을 하는지 살펴보면, 분야별 참여 비중은 복지기관 형태(아동, 청소년, 노인, 장애인, 재소자 등)가 54.0%로 가장 높다. 종교단체(환경보전, 범죄예방 등)가 31.7%, 관공서(기타 일반인을 위한 봉사)로 10.0% 순으로 참여하고 있다.

표 6-8 자원봉사 활동기관별 참여율(복수응답) (단위: %)

구분	복지기관	종교단체	관공서	공익단체	교육기관	지역사회
60세 이상	54.0	31.7	10.0	8.3	4.0	5.3

출처: 통계청(2020).

(3) 자원봉사 참여의 개인적 동기

자원봉사 참여의 주요 동기를 요인별로 살펴보면, 사회문제 해결이 88.6%로 가장 높다. 또한 다양한 경험 81.2%, 여가시간 활용 및 시민의 의무와 책임이 79.9% 등의 순으로 나타났다.

표 6-9 사원봉사 참여의 개인적 동기 (단위: %)

구분	사회문제 해결	다양한 경험	여가시간 활용	시민의 의무 · 책임
60세 이상	88.6	81.2	79.9	79.9

출처: 행정안전부(2017).

4) 노인자원봉사의 활성화 방안

노인자원봉사활동은 노인의 유휴인력을 노인 자신과 사회발전을 위하여 보다 적극적으로 활용함으로써 노인의 위상을 전환시키고자 하는 적극적인 노력과 노인들을 보다 많이 자원봉사활동 영역으로 유입하기 위해서 다양한 노인자원봉사 프로그램의 개발이 필요하다. 그리고 국가적 차원에서 지원을 하여 활성화되어야 한다.

(1) 노인자원봉사자 및 관리자 프로그램의 개발

현재 실시되고 있는 노인자원봉사의 프로그램은 주로 일반적인 자원봉사의 프로그램이다. 즉 자원봉사활동을 하면서 느끼는 어려운 점 중에 가장 문제가 되는 것이 프로그램의 부족이다. 노인들은 신체적·정신적으로 다른 계층에 비하여 다른 특성이 나타나고 있음으로 노인들이 부담을 가지지 않고 자원봉사활동을 할 수 있는 프로그램이 개발되어야 할 것이다. 노인 특성에 적합한 노인자원봉사의 프로그램은 많은 노인들의 자원봉사활동을 유도할 것이고, 지속적인 자원봉사활동이 이루어질 것이다.

노인자원봉사활동은 자원봉사자와 대상자의 당면한 욕구충족뿐만 아니라 상호간의 협력관계 유지 및 제도 변혁이나 창조를 향한 활동으로 이루어져야 한다. 따라서 이러한 자원봉사활동이 이루어지려면 관리자는 노인에 대한 이해와 노인의 인생설계, 노인의 특성에 맞는 자원봉사활동 탐색, 노인자원봉사활동에 대한 유의사항 등에 대한 지식이 선행되어야 하므로, 이를 내용으로 한 교육프로그램의 개발이 우선되어야 할 것이다(김동배, 2008).

(2) 노인자원봉사 관리 평가 도입 및 전담 행정부서 구축

일반적으로 자원봉사활동의 관리과정은 홍보와 모집 그리고 교육과 훈련, 배치, 평가 등으로 분류할 수 있다. 이러한 관리과정에서 본다면 우리의 경우에는 노인자원봉사활동의 역사가 짧고 기관이 부족하여 체계적인 관리과정이 미흡하다. 그러므로 자원봉사활동을 하고 싶은 노인들도 적절한 기술과 훈련이 부족하여 체계적인 자원봉사활동을 실시하지 못하고 있는 실정이다.

그러므로 이에 대한 교육과 훈련과 적절한 배치를 통한 지속적인 평가가 이루어져야만이 효율적으로 노인자원봉사활동이 활성화될 것이고 전문적인 자원봉사활동이 될 것이다. 이것은 또한 노인들의 자원봉사활동이 단순한 자원봉사활동이 아니고 평생교육으로서의 재교육과 자신의 적극적인 노인생활과도 밀접한 관계를 지니고 있다.

행정부서의 지원은 주로 재정지원 등 간접적인 지원을 위주로 하여 노인자원봉사활동 관련 기관의 자율성을 최대한으로 보장해 주어야 할 것이다. 그리고 노인자원봉사활동을 지원하는 중앙행정부서와 연계하여 노인의 자원봉사활동을 추진할 수 있는 민간조직을 결집하되 새로운 기관의 설립보다는 기존의 노인 관련 기관을 활용함으로써 혼란과 자원의 낭비를 막아야 할 것이다.

(3) 노인자원봉사활동을 위한 법적·제도적 지원

노인자원봉사활동은 공익적 차원에서 다루어져야 하며, 법적·제도적 지원을 통해 일정 부문의 사회적 보상이 필요하다. 자원봉사에 적극적으로 참여하는 노인들은 자원봉사가 취업으로 연계되기를 바라고 있다(한국임상사회사업학회, 2017). 이러한 문제를 해결하기 위한 방안을 살펴보면 다음과 같다.

자원봉사활동의 지원보장을 위한 법적·제도적 장치의 마련을 위해 기존의 자원봉사활동기본법을 현실에 맞게 개정할 필요가 있다. 신분 인정, 각종 포상제도, 자원봉사자 저축제도, 자원봉사경력의 인정, 세금감면 혜택, 노인복지서비스 이용 우선권 부여 등의 사회적 보상체계는 아직 미흡한 부분이 많이 있다(변용만 외, 2011). 노인의 특성에 적절한 사회적 혜택이 주어질 수 있도록 자원봉사보험제도 및 봉사활동 마일리지 적립 또는 세제상의 혜택 등 사회적 보상체계를 재정립할 필요가 있다. 즉, 노인들의 자원봉사활동에 대한 동기부여 및 활성화를 위해서 법적·제도적 근거를 조속히 마련해야 할 것이다.

CHAPTER

07

Social Welfare for the Elderly

노인경제활동

1. 노인경제활동의 의미

노인의 경제활동 의미는 단순히 경제적 여건의 개선에만 중점이 있는 것은 아니다. 노인의 경제활동 욕구를 충족시킴으로써 경제적 여건의 개선과 아울러 사회적 참여로 인한 심리적 고독감이나 박탈감을 완화 또는 해소할 수 있고, 노후생활의 안정과 삶의 질 개선에 기여할 수 있다. 노동시장에서 탈락하게 된 노인은 소득 감소 또는 상실로 인한 경제적 고통뿐만 아니라 역할 상실, 지위 같은 사회심리적 문제도 함께 겪게 된다. 즉, 경제활동을 하지 못하는 노인은 적극적인 사회참여를 하지 못하게 되고 생활의 장이 축소되어 생활 만족도나 안녕감이 낮아지게 된다(권중돈, 2012).

노후의 경제활동은 사회참여를 통한 능력 발휘라는 기능과 소득창출이라는 기능을 동시에 갖고 있다. 특히 노후 소득보장제도의 구축이 늦은 우리나라의 경우 노인에게 있어 경제활동은 매우 중요하다. 경제활동을 통하여 창출된 근로소득이 부족한 노후 소득을 보충할 수 있는 중요한 수단이 되기 때문이다. 이와 같이 일이란 무엇인가에 대한 개념정의는 학자에 따라 다양하다. 광의로서의 일의 개념은 모든 종류의 생산적인 활동과 동일한 의미로 사용되는 데 비해 협의의 일의 개념은 좀 더 육체적인 유급의 산업노동인 노동으로 국한되기도 한다. 우리나라에서는 일과 노동의 의미는 엄밀히 구분하지 않고 유급의 노동만을 일로 간주하는 경향이 있지만, 일반적으로 일이란 '자신과 사회에 필요한 재화와 서비스를 만들어내는 제반 생산적 활동'을 의미하는 것으로 받아들여지고 있다(이영희, 1992).

즉, 일이란 정신적이고 육체적인 경제적인 활동뿐만 아니라 비공식적 도움이나 무급의 자원봉사 형태로 사회에 생산적 기여를 하는 생산적 활동까지를 모두 포함하는 넓은 의미의 개념이라 할 수 있다(정상수 외, 2018).

노인의 경제활동 참여는 단순히 경제적 여건의 개선에만 중점이 있는 것은 아니다. 노인의 경제활동 욕구를 충족시킴으로써 경제적 여건의 개선과 아울러 사회적 참여로 인한 심리적 고독감이나 박탈감을 완화 또는 해소할 수 있고, 노후생활의 안정과 삶의 질 개선에 기여할 수 있다.

또한, 국가사회적으로 볼 때에도, 숙련된 노인들의 유휴 노동력을 활용함으로써 노동생산성 향상에도 기여할 수 있다. 국가적 차원에서도 노인고용을 촉진하기 위한 제도적 장치를 마련하여 노인의 경제활동 참여욕구의 충족을 위한 노력은 전반적인 노인복지에 있어서 매우 중요한 기반이 되는 분야이다.

1) 노인의 경제활동 현황

(1) 노인의 경제활동 참여율

보건복지부와 통계청(2020), 경제활동인구조사에서는 2019년 고령자 65세 이상의 노인인구 중에서 경제활동에 참여하는 취업사 고용률이 32.9%로 나타났다. 2010년 65세 이상 노인의 경제활동에 참여하는 취업자 고용률은 29%로 10년 전과 유사하지만, 현재 노인 취업자 수는 10년 전에 비해 985천 명 정도가 증가한 것으로 나타났다.

표 7-1 **고령자(65세 이상)의 경제활동 현황** (단위: 천명, %)

	고령층인구	경제활동인구	취업자	고용률[1]
2010	5,361	1,590	1,553	29.0
2015	6,534	2,034	1,985	30.4
2016	6,767	2,116	2,068	30.6
2017	7,071	2,228	2,166	30.6
2018	7,386	2,381	2,311	31.3
2019	7,713	2,622	2,538	32.9

출처: 통계청(2020).
참고 1) 고용률=고령자(65세 이상) 취업자 수÷고령자(65세 이상) 인구×100

(2) 노인의 경제활동 직종별 고용률

경제활동에 참여하고 있는 32.9%의 노인을 대상으로 종사 및 직종 등 제 특성을 분석한 결과인 〈표 7-2〉를 보면, 현재 경제활동에 참여하고 있는 노인 가운데 대부분 단순노무종사자로 비율 35.8%로 매우 높은 수준이다. 그 밖에 농림어업종사자가(24.6%), 서비스 · 판매 종사자(17.7%), 기능 · 기계조작 종사자(13.5%) 순임을 보여준다.

표 7-2 **고령자(65세 이상)의 직업별[1] 고용률** (단위: 천명, %)

	취업자	소계	관리자 · 전문가	사무 종사자	서비스 · 판매 종사자	농림어업 숙련종사자	기능 · 기계조작 종사자	단순노무 종사자
2015	1,985	100.0	4.9	2.5	16.0	28.7	12.4	35.5
2016	2,068	100.0	4.5	2.6	16.8	26.8	12.8	36.5
2017	2,166	100.0	4.8	2.5	17.0	25.9	12.7	37.0
2018	2,311	100.0	5.1	3.0	17.0	26.0	13.2	35.7
2019	2,538	100.0	5.5	3.0	17.7	24.6	13.5	35.8

출처: 통계청(2020).
주 1) 한국표준직업분류 7차 개정(2018년) 기준임

가구소득 수준과 종사직종 간에 체계적인 연관성이 명확하게 보이는 것은 아니지만 소득수준이 높을수록 관리자 및 전문가 종사자의 비율이 높고 가구 소득 수준이 낮을수록 농립어업숙련종사자, 단순노무 종사자의 비율이 높게 나타나고 있다.

(3) 노인의 경제활동 지위 형태

노인 취업자 중 근로형태 지위의 경우, 전체노인의 42.8%가 자영업자의 지위를 가지고 있으며 그 밖에 농림어업(25.6%), 도소매 · 음식숙박업(14.6%) 순으로 나타났다(보건복지부, 통계청, 2020).

(4) 노인의 경제활동 의사

건강한 노인의 욕구는 경제적인 문제 등 여러 가지 형태가 있겠지만, 2017년 고령층 중 장래에 일하기를 원하는 비율은 62.4%로 전년 61.2%보다 1.2%p 증가하였다. 근로 희망 사유는 생활비에 보탬이 가장 많았고, 그 다음은 일하는 즐거움이었으며, 생활비에 보탠다는 이유는 전년에 비해 0.3%p 증가하였다. 성별로 보면, 남자가 74.8%였으며, 여자는 51.2%로 남자가 장래에 일하기를 더 원하는 것으로 나타났다(한국보건사회연구원, 2018).

(5) 노인의 경제활동 선택기준

2017년 고령층(55~79세)의 장래 근로희망자들의 일자리 선택기준은 '일의 양과 시간대가 26.3%로 가장 높았고, 다음은 임금수준이 25%, 계속 근로 가능성은 16.6% 등의 순으로 나타났다. 일자리 선택 시 과거에 비해 임금수준보다 일의 양과 시간대를 더 고려하는 것으로 나타났으며, 이 중 남자는 임금수준, 여자는 일의 양과 시간대를 우선적으로 선호하여 차이를 보이고 있다. 학력이 높을수록 임금수준보다 일의 내용을 더 중요시하는 것으로 보여주고 있다(통계청, 2017).

2) 노인의 경제활동을 위한 지원 방안

(1) 정책적 지원

고령사회를 대비한 노인의 고용촉진정책은 현실적으로 각 기업들이 노인고용을 지속적으로 유지해야만 그 목적을 달성할 수 있다. 정년 이후에도 양질의 노동력 활용을 전제로 하는 계속적인 경제활동이 가능할 수 있도록 하기 위해서는 이들이 가지고 있는 노동능력에 대한 적정한 평가와 자격기준 설정, 이들이 가진 경험 및 지혜가 젊은층에게 전수될 수 있는 기회를 마련하며 이러한 방안들을 구체적으로 실행시키고 시장에서 바로 활용될 수 있게 하는 적극적인 협력관계가 필요하다.

이것은 제도적 마련과 함께 정책적 지원으로 연계하여 구상해 볼 수 있을 것이다. 즉 시장 스스로가 필요로 하는 수요창출을 스스로 하게 하여 노인들이 바로 흡수할 수 있는 방안을 모색해야 할 것이며 이러한 면에서 국가의 정책적 지원이 필요할 것이다.

(2) 관련 법제화

노동부의 「고령자고용촉진법」과 보건복지부의 「노인복지법」의 개정이 필요하다. 현행 「고령자고용촉진법」은 의무사항이 아닌 권장사항으로 되어 있어 고령자의 실제적인 취업에 도움이 되지 못하는 실정이다. 따라서 자치단체의 조례를 개정하여 공동기관의 일정 부분을 반드시 고령자로 채용하게 하거나 기업에서 일정 부분을 고령자로 고용할 수 있도록 하는 등의 노력으로 많은 수의 고령자가 취업을 할 수 있을 것이다.

한편 「노인복지법」에는 현재 65세 이상의 고령자 고용에 대한 부분은 제시하지 않고 있으며 노인복지사업지침에 노인취업알선사업의 지원을 명시하고 있다. 그러나 「고령자고용촉진법」의 적용을 받기 어려운 65세 이상의 취업에 대해서는 반드시 명문화해야 할 것이다.

(3) 정년연장

우리나라의 기업은 정년을 55세로 하고 있는 기업이 압도적으로 많은데 이것은 고령자의 취업 기회 확대를 도모하는 데 큰 장애요인이 되고 있다. 기대수명이 83세를 넘어서고 있는 오늘날 55세라는 연령은 신체적 · 정신적 능력이 크게 쇠퇴한 연령이라고 할 수 없다. 선진국에서는 1960년대 이후 사업구조 변화에 따른 고용정책의 영향과 평균수명의 연장 등으로 정년제가 폐지되었거나 대폭적인 연장을 실시하고 있다. 미국에서는 1978년 정년제 폐지에 관한 법안이 의회에서 통과되었으며 영국, 독일, 프랑스도 정년은 65세부터 70세까지 연장하는 움직임이 전개되고 있다.현재 우리나라도 일반직 공무원은 1987년부터 정년연장을 부분적으로 실시하고 있으며 일반기업에서도 직종에 따라 55세 정년제를 60세 또는 65세 이상으로 적극 연장 · 조정하는 것이 바람직하다.

2. 노인일자리사업

1) 노인일자리사업 개념

노인일자리란 생계를 꾸려나갈 수 있는 수단으로서의 직업, 즉 직업을 삼아 일하는 곳, 일터, 직장을 의미한다. 노인의 능력과 적성에 맞는 사회적 일자리를 창출 · 제공하는 것은 노인들의 건강하고 활기찬 노후 생활을 위해 필요하다. 우리나라의 노인고용정책으로 추진되고 있는 정책 중 노인일자리사업은 사회적 일자리의 개념과 함께 도입되었다.

노인일자리 사업의 공식명칭은 '노인일자리 및 사회활동 지원사업'이며 노년기 근로를 통하여 보충적 소득을 보장하는 동시에 건강증진, 사회참여 증진 등을 통해 건강한 노년생활을 영위하는 것을 그 목적으로 하고 있다. 즉 소득보장을 주 목적으로 하며 근로를 통한 건강증진 및 사회관계 증진 등 삶의 질 향상을 부가적인 목적으로 하고 있음을 알 수 있다(오봉옥 외, 2019).

따라서 노인인력 활용에 의한 우리 경제의 지속 가능성 유지를 위한 고려가 요구된다. 노인이 활기차고 건강한 노후생활을 영위할 수 있도록 다양한 일자리·사회활동을 지원하여 적극적 사회참여 및 건강증진 등으로 노인문제 예방 및 사회적 비용을 절감하며, 노인인력활용에 대한 사회적 인식개선 및 민간참여 도모를 통한 은퇴 전후 준비 및 노인생애교육 등 노인인력 교육연계를 통한 노인복지 향상에 기여해야 된다.

2) 노인일자리사업의 법적 근거

보건복지부에서 추진하고 있는 노인일자리사업은 사회적 참여의 성격을 지니고 있다. 노년기의 일의 기능은 경제적인 이유뿐만 아니라 사회적·정서적·심리적 기능과 같은 다양한 기능을 수행한다.

「노인복지법」 제23조에 "국가 또는 지방자치단체는 노인의 사회참여 확대를 위하여 노인의 지역봉사 활동기회를 넓히고, 노인에게 적합한 직종의 개발과 그 보급을 위한 시책을 강구하며 근로능력이 있는 노인에게 일할 기회를 우선적으로 제공하도록 노력하여야 한다"라고 되어 있다.

또한 제23조의2에 따라 국가 또는 지방자치단체는 노인의 능력과 적성에 맞는 일자리의 개발·보급과 교육·훈련 등을 전담할 기관을 설치·운영하거나 그 운영의 전부 또는 일부를 법인·단체 등에 위탁할 수 있다. 「저출산·고령사회기본법」 제11조에 따라 "국가 및 지방자치단체는 일할 의욕과 근로능력이 있는 고령자가 최대한 일할 수 있는 환경을 조성하여야 한다"라고 규정되어 있으며 노인일자리사업 운영에 법적인 근거를 가진다.

3) 노인일자리사업의 필요성

그동안 노인들의 도시 거주가 증가하였으며 교육수준 및 소득 향상으로 인해 노인의 특성도 변화되었고 노인집단도 다양화되었다. 이를 위해 노인일자리정책의 양적·질적 변화가 필요하게 되었다. 앞서 밝힌 바와 같이 노년기의 일이란 개인 차원에서는 생활비 및 용돈 등의 경제적인 소득원 확보, 자아정체감 부여, 사회적 관계망 유지, 신체 및 정신적 건강 유지, 소일거리 또는 여가활용 기회까지 제공해 주는 것(권중돈, 2011)으로 정리할 수 있다.

그동안 정부정책은 대부분 직접 일자리사업의 비중이 높아, 민간 취업 희망자를 비보조금 일자리로 유도할 수 있는 취업알선·직업훈련 서비스 등 고용서비스 제공이 부족했다. 특히 양적인 측면 위주로 확대되어 보수 등 근로 여건 및 활동 내용 개선에는 미흡한 것이 현실이었다. 이를 반영하듯 만 60세 이상자의 취업률은 41.1%로 높지만, 비임금근로자 비중이 높고(52.8%), 임금근로자의 68%는 비정규직으로 고용지위가 불안정한 것으로 나타났다(제2차 노인일자리종합계획연구, 2017).

다시 말해 우리나라 노인일자리는 저소득 고령 노인 대상 일자리 중심으로 확대되어 취업 직종도 농림어업이나 단순노무직이 많고, 생애 주된 일자리에서 얻은 전문지식과 경험을 활용하기보다는 하향 취업이 대부분이었다.

향후 5년간(2018~2022)은 노인인구(만 65세 이상)가 약 2백만 명 정도로 추가로 증가할 것으로 예상되고 있다(보건복지부, 2017). 이제는 베이비붐세대나 근로능력·의사가 있는 노인에게 적합한 일자리 제공이 필요한 시점이다. 노인에게 취업 기회를 확대하는 것은 노인인력의 활용과 더불어 부족한 노동인력에 대한 보완책으로 필요할 것으로 보인다(이서연, 2009). 특히 고령사회로 진입하면서 노인들은 빈곤에 노출될 확률이 높기 때문에 경제활동을 지원하여 노후의 소득보장을 할 수 있도록 도와주는 것이 필요하다.

이러한 점에서 노인일자리사업은 긍정적으로 진행되어야 함에는 틀림이 없다. 사회적인 차원에서도 고령화사회에서 국가생산력을 유지하기 위해서는 가용인력을 최대한 활용하는 것이 필요한 실정이다(오봉옥 외, 2019).

노인인력을 최대한 활용하지 않으면 국가의 사회적 비용이 커질 수 있다는 것을 예측할 수 있다(변재관, 2006). 이러한 노인의 경제활동은 개인적으로 생활의 안정을 찾을 수 있으며 사회적으로는 자아정체감을 유지할 수 있게 해준다. 또한 사회적으로 우수한 노동력을 재원으로 활용할 수 있기 때문에 노동시장에서의 긍정적인 변화를 가져올 수 있을 것으로 기대한다.

4) 노인일자리사업의 유형

노인일자리사업의 유형에는 노인사회활동과 노인일자리로 나뉘어진다. 노인사회활동에는 세부적으로 공익활동과 재능나눔활동이 있다. 노인일자리사업에는 시장형 사업단, 인력파견형 사업단, 시니어인턴십, 고령자친화기업, 기업연계형이 있다.

표 7-3 노인일자리사업 유형

<table>
<tr><th colspan="2">구분</th><th colspan="2">유형</th><th>예산지원</th><th>활동성격</th></tr>
<tr><td rowspan="7">노인일자리 및 사회활동 지원사업</td><td rowspan="2">노인사회활동</td><td colspan="2">공익활동</td><td>자치단체경상보조</td><td rowspan="2">자원봉사</td></tr>
<tr><td colspan="2">재능나눔활동</td><td>민간경상보조</td></tr>
<tr><td rowspan="5">노인일자리</td><td rowspan="5">시장형</td><td>시장형 사업단</td><td>자치단체경상보조</td><td rowspan="5">근로</td></tr>
<tr><td>인력파견형 사업단</td><td>자치단체경상보조</td></tr>
<tr><td>시니어인턴십</td><td>민간경상보조</td></tr>
<tr><td>고령자친화기업</td><td>민간경상보조</td></tr>
<tr><td>기업연계형</td><td>민간경상보조</td></tr>
</table>

출처: 보건복지부(2017).

(1) 공익활동형

공익활동은 노인이 자기 만족과 성취감 향상 및 지역사회 공익 증진을 위해 자발적으로 참여하는 봉사활동을 말한다. 공익형에는 노노케어, 취약계층 지원, 공공시설봉사, 경륜전수활동 등으로 구분되어 있다.

표 7-4 공익형 사업 종류

유형	세부활동	내용
노노케어	노노케어	취약노인가구를 방문하여 일상생활을 안정적으로 유지할 수 있도록 안부 확인, 말벗활동 및 생활실태 점검 등 수행
취약계층지원	장애인 봉사	지역 내 장애인 가정 및 장애인 보호시설, 학교 내 특수학급 등 대상자를 보조하고 지원
	다문화 가정봉사	지역 내 다문화가정의 가족상담 및 정서지원을 통한 정착지원
	한부모 가족봉사	지역 내 한 부모가족 아동의 보호 및 교육 등 다양한 서비스 제공
	청소년 선도봉사	지역 내 청소년 비행우발지역에서 선도 및 상담 지원
	생활시설 이용자 지원	지역 내 재가복지시설, 장애인 및 아동생활시설 등 취약계층을 이용자에 대한 지원
공공시설봉사	보육시설봉사	보육교사 보조, 생활지도 및 강의 등 지원
	지역아동센터	지역아동센터 아동의 방과 후 교육, 귀가 및 급식 등 다양한 지역
	도서관	국·공립 및 초·중·고등학교 내 도서관 관리지원
	공원, 놀이터, 공공시설	공원, 놀이터 및 공고이설 등 관리지원
	문화재시설	지역 내 문화재 보호, 훼손방지 및 관람편의 제공지원
	공공의료 및 복지시설	보건소, 복지기관 및 경로당 등 관리지원
	지역사회환경 개선	지역 내 주거환경 및 생태환경 등 정화 업무
	주정차질서계도	주차 혼잡지역의 질서유지 및 계도
	노인일자리, 사회활동 모니터링	지역 내 노인일자리 및 사회활동지원 현장 모니터링
	기타	기타 분류 안 된 공공서비스 활동
경륜전수활동	건강체조 취미생활지도	체육(건강) 및 각종 취미 관련 경륜전수 활동
	문화공연활동	복지소외지역 또는 각종 생활시설 등 문화 소외 대상자에게 다양한 문화 제공활동
	체험활동지원	지역 내 숲체험 및 문화체험을 위한 각종 해설지원 등
	경륜전수활동	유아 및 초등학생 대상 경륜 전수 활동

출처: 보건복지부(2017).

(2) 재능나눔활동

재능나눔활동은 재능을 보유한 노인에게 재능나눔활동 기회를 부여하여 사회참여를 통한 노후 성취감 제고, 건강 및 대인관계 개선을 유도하는 것을 말한다. 재능나눔활동의 유형에는 노인안전예방, 상담, 안내, 학습, 지도, 문화예술 등이 있다. 기초연금미수급자인 소득상위층 노인을 우대하여 선발하며 공익활동과 재능나눔활동은 자원봉사의 성격을 지니고 있다.

표 7-5 재능나눔활동 사업내용

유형	사업내용	근무시간 및 활동비
노인안전 예방활동	노인이용시설(경로당), 지역 내 취약시설 모니터링	• 6개월간 • 월 10시간(총 4회) • 10만 원 내외
상담활동	노인고충과 관련된 상담, 학대, 인권예방 홍보	
학습활동	어린이집, 지역아동센터 등과 연계한 다양한 학습지도, 어르신 대상 문해교육지도 등	
문예활동	음악회, 댄스, 미술 등 노인 재능을 뽐내는 공연	
기타 활동	활동유형에 포함하지 않은 다양한 재능나눔	

출처: 보건복지부(2017).

(3) 시장형 사업단

시장형 사업단은 참여자 인건비를 일부 보충지원하고 추가 사업 수익으로 연중 운영하는 노인일자리사업이다. 다시 말해 노인에게 적합한 업종 중 소규모 매장 및 전문 직종 사업단 등을 공동으로 운영하여 일자리를 창출하는 사업으로, 일정기간 사업비 또는 참여자 인건비 일부를 보충지원하고 추가 사업 수익으로 연중 운영하는 노인일자리를 말한다.

여기에는 공동작업형, 제조판매형, 전문서비스형으로 구분되어 있다. 소득수준과 관계없이 만 60세 이상 노인을 대상으로 선발한다.

표 7-6 시장형 사업단 사업내용

구분	세부유형	사업내용	근무시간 및 급여
공동작업형	공동작업장 운영사업	기업과 연계하여 제품 혹은 반제품을 생산 · 조달하는 사업 예) 쇼핑백 제작, 제품 포장 등	• 운영기간: 연중참여 원칙
	지역영농사업	유 · 휴경지를 활용하여 농산물 등을 공동으로 경작하고 판매하는 사업 예) 콩, 고사리 등 재배	
	기타 공동작업형 사업	이외 기타 공동작업사업 예) 짚풀공예, 수공예품 등 공동 제작	

구분	세부유형	사업내용	근무시간 및 급여
제조 판매형	식품 제조 및 판매사업	식재료를 활용하여 식품 등을 제조하여 판매하는 사업 예) 참기름, 장류, 스낵류 등 제조 및 판매	• 근무시간: 근로계약서상 정한 시간에 따름 • 급여: 지자체 직접 수행이 아닌 경우 최소 월 21만 원 이상 최저 임금 등 고용관계 법령 준수
	공산품 제작 및 판매 사업	일정한 시설을 갖추고 규격에 맞춘 공산품을 제작하여 판매하는 사업 예) 천연비누, 양초 등 제작 및 판매	
	매장운영사업	소규모 매장 및 점포를 운영하는 사업 예) 카페, 음식점, 매점(마트) 등 운영	
	아파트택배 사업	아파트단지 내 택배물품을 배송 · 집하하는 사업	
	지하철택배 사업	지하철을 이용하여 각종 수하물 및 서류 등을 배달하는 사업	
	기타 제조 및 판매사업	기타 서비스 제공 및 제조판매 사업 예) 환경정화, 이미용, 수선, 공원관리, 재활용사업 등	
전문 서비스형	노인일자리 및 사회활동지원 모니터링	지역 내 노인일자리 및 사회활동지권 현장 모니터링 등	
	주정차질서 계도	주차 혼잡지역의 질서유지 및 제도	
	초등학교 급식도우미	초등학생을 대상으로 급식 및 식사예절지도 등을 지원	
	CCTV 상시관제	학교 내 · 외부에 설치된 카메라(CCTV)를 모니터링 후 문제 발생 시 학교 측에 구두보고 및 조치 요청	
	스쿨존 교통지원	지역 내 초 · 중 · 고등학교 주변 교통정리 및 교통안전 인식 확산(캠페인), 학교주변 순찰 및 안전지도	
	폐현수막 재활용	폐현수막 수거 및 재활용 사업	
	자전거 보관관리 및 수리지원	자전거전용도로 내 전용보관소 등 관리 및 수리지원 활동	
	지역사회 환경계선	지역 내 주거환경 및 생태환경 등 정화업무	
	기타 전문 서비스형 사업	기타 분류되지 않은 전문 서비스 제공 사업	

출처: 보건복지부(2017).

(4) 인력파견형 사업단

인력파견형 사업단이란 수요처의 요구에 의해 일정 교육을 수료하거나 관련된 업무능력이 있는 자를 해당 수요처로 연계하여 근무기간에 대한 일정 임금을 지급받을 수 있는 일자리를 말한다. 소득과 무관하게 만 60세 이상의 노인을 대상으로 참여자를 선발한다.

표 7-7 **인력파견형 사업단 종류**

유형	세부유형	사업내용	근무시간 및 급여
관리사무 종사자	경영, 영업, 판매 및 관련 관리자	행정 및 경영, 회계, 영업 및 판매 관련 관리자, 운송, 기타 고객서비스 관리자	• 운영기간: 연중 • 근무시간 및 급여: 근로계약서상 정한 시간 및 급여기준에 따름
	기타 사무직	상담, 여행 · 안내, 통계 관련 사무원, 고객상담 및 기타 사무원	
공공 · 전문직 종사자	교육 관련 종사자	교육강사, 보조교사, 보육교사	
	기타 전문직	시험감독관, 리서치, 설문, 번역, 문화방송, 출판 관련 종사자	
서비스 종사자	예식 및 보건 · 의료 서비스	예식, 혼례 및 장례종사자, 산후조리, 요양, 간병 등 보건 · 의료 관련 서비스 종사자	
	운송 및 여가 서비스	택시, 버스, 기타 자동차운전원, 운송서비스 종사자	
	조리 및 음식 서비스	패스트푸드원, 주방 · 식당보조원, 음식배달원 등 서비스 종사자	
	배달원	택배원, 우편집배원, 배달원	
판매 종사자	계산원 및 매표원	매장계산원 및 요금정산원, 매표원, 복권판매원	
	판매원, 판매 단순직	주유원, 상점판매원, 상품대여원, 기타 판매 관련 단순 종사원	
농림어업숙련 종사자	농림 어업 작물 재배 종사자	곡식, 채소 및 특용잘물, 과수, 원예작물 재배업, 조경원 조림 및 벌목원, 임산물 채취, 양식원 및 기타 관련 종사원	
기능원 및 관련 기능 종사자	식품가공 관련 종사자	정육원, 김치 및 밑반찬 제조 종사원, 기타 식품가공 종사원	
	기타 기능 관련직	섬유 · 의복, 가죽 관련 기능직, 목재 · 기구 · 악기, 금속성형, 전기 · 전자 관련 기능직, 공예 및 귀금속 세공원, 배관공 등	
생산 · 제조 단순 노무직	생산 · 제조	식료품 제조, 곡물가공품 제조, 떡, 빵 및 과자류 제조, 도시락 및 식사	

유형	세부유형	사업내용	근무시간 및 급여
		용 조리식품 제조, 탁주 및 발효주 제조업 등	
	단순노무직	청소원 및 환경미화원, 경비원, 가사 및 육아도우미, 주차관리원 및 안내원, 재활용품 수거원, 세차, 세탁, 검침, 골프장도우미, 학교 병원급식 도우미, 농어촌일손도우미, 기타 단순 종사원	
	기타	육류, 수산물 가공 및 저장, 과실 및 채소가공, 소분	

출처: 보건복지부(2017).

(5) 시니어인턴십

시니어인턴십이란 만 60세 이상의 노인에게 일할 기회를 제공함으로써 노인의 직업능력 강화 및 재취업 기회를 촉진시킨다. 노인의 직업능력 강화 및 재취업 기회를 촉진함과 동시에 노인에 대한 긍정적 인식 확산을 도모하기 위한 일자리 유형이다.

(6) 고령친화기업

고령자친화기업이란 고령자가 경쟁력을 가질 수 있는 적합한 직종에서 다수의 고령자를 고용(최소 30명 이상)하는 기업 설립을 지원한다. 세부사업으로는 시장형 사업단발전형, 모기업 연계형, 시니어 직능형(구 시니어직능클럽)이 있다. 다른 일자리 유형과 달리 참여자가 아닌 운영기관에 대해 지원이 이루어진다.

(7) 기업연계형

기업연계형이란 기업이 적합한 노인일자리를 창출하고 유지하는 데 필요한 직무 모델을 개발하고 설비 구입 및 설치를 하며 4대 보험료 등 간접비용을 지원한다. 노인일자리(시장형 사업단, 인력파견형 사업단, 시니어인턴십, 고령자친화기업, 기업연계형)는 근로의 성격을 지니고 있다.

3. 노인고용촉진 방안

1) 노인고용촉진

노인고용이란 60세 이상의 어르신들의 활기찬 노년생활을 보장하고 그들을 사회적으로 활용하기 위하여 노동시장의 안과 밖에서 제공되거나 만들어지는 일자리라고 할 수 있다(양철호, 2004). 고령화사회로 인해 노인들 사이에서도 일자리에 대한 경쟁이 심해져서 그 비율의 증가 자체가 노인들의 경제활동 참가율을 낮추는 효과가 발생되었다. 이러한 사회적인 현상으로 인해 일자리에 대한 경쟁이 심화되기 때문에 대부분의 노인들은 은퇴를 선택할 가능성이 크다는 것이다.

그러나 은퇴 후의 긴 생애는 생각보다 만족스럽지 않을 경우가 많다. 노인의 경제활동은 기본적인 생활의 안정감 및 자립감을 확보해 줄 수 있으며 이는 개인의 자아실현을 위해서도 필요하다. 궁극적으로는 노후의 경제활동으로 인한 소득보장은 개인의 가치 확인 및 삶의 의미를 설명해 줄 수 있는 계기가 될 수 있으며 안정적이고 긍정적인 노년기를 위해서도 노인의 일자리는 제 기능을 해야 할 것이다.

2) 고령자 고용연장 지원 강화

기존에 정년을 연장하거나 정년 퇴직자를 재고용하는 사업주를 지원하는 고령자고용연장지원금이 있는데 이를 통해 노인의 고용을 유지 및 촉진시킬 수 있다. 고령자고용지원금은 고용기간이 1년 이상인 60세 이상 고령자를 일정 수준 이상 고용하는 경우 사업주에게 지원금을 지급하는 제도이다.

2018년도 현재 지급대상 근로자 1명당 분기 24만 원이 지원되며 2019년에는 27만 원, 2020년까지 30만 원이 지속적으로 지원될 예정이다(보건복지부, 2018). 이처럼 고용노동부는 사업주에 대한 고용연장 지원금제도 개선을 통해 기업 인센

티브 확대와 고비용 임금체계 개선을 위해 일과 성과 중심의 임금체계에 대한 공감대 조성으로 기업의 자율적 고용연장 여건을 조성하고 있다(고용노동부, 2012).

3) 임금피크제 확산

임금피크제란 근로자의 고용을 연장하는 대신에 임금이나 근로시간을 줄이는 제도로, 근로자는 고용연장을 사업주는 고령근로자의 인건비 부담을 줄일 수 있는 제도이다. 임금피크제는 기업의 인건비 부담을 점진적으로 해소할 수 있고 개인도 고용에 대한 안정감을 도모할 수 있다는 긍정적인 면이 있다. 이를 위해서는 직무분석과 피크임금 시점 및 임금감액비율 결정기준에 대한 객관성과 신뢰성을 구비해야 한다.

고용노동부는 임금피크제 확산을 위해 중소기업 임금 감액요건 완화와 사업주 지원금은 고용연장기간이 길수록 지원기간을 우대(1~3년 1년, 3년 이상 2년)하는 등 산업, 직종, 연령구조 등 다양한 여건을 고려한 기업별 특성에 맞는 임금피크제를 도입·지원하고 있다. 우리나라 임금피크제는 현재 300인 이상 사업장에서 2015년도에 27.2%에서 2016년 기준으로 46.8%가 도입해서 실시하고 있으며, 7.1%가 추후 도입 예정이다(고용노동부, 2017).

CHAPTER 08

Social Welfare for the Elderly

노인사례관리

1. 사례관리의 이해

1) 사례관리의 개념

사례관리란 복합적인 욕구를 가진 클라이언트의 욕구를 충족시키기 위한 지역사회의 자원을 활용하고 연계하여 클라이언트의 사회적 기능 향상 및 삶의 질 향상을 목적으로 하는 통합적 실천방법으로 정의할 수 있다(한국사례관리학회 편, 2012). 사례관리란 다양하고 복합적이며 장기적인 욕구와 문제를 가진 클라이언트를 대상으로 사례관리자가 클라이언트의 욕구를 충족시키고 문제를 해결하며 사회적 기능을 향상시키기 위해서 클라이언트와 사회자원과의 연결과 점검을 통하여 클라이언트에 대한 서비스를 개별적 · 연속적으로 관리하는 대인서비스의 실천 방법이다(이근홍, 2020).

'사례관리'라는 용어는 사정의 과정, 케어에 대한 계획 및 검토 등을 포함한다. 사례관리는 지역사회의 케어서비스와 가정 밀접한 관련이 있으며, 정신보건 분야의 케어 프로그램이나 케이스워크와 같은 사회복지의 다른 모델들과 개념적으로 크게 다르지 않다. 노인복지는 계약방식이나 비용 산출과 관련된 독립적인 서비스 공급자들로부터 재가보호나 주간보호와 같은 서비스들을 위탁해야 하는 점 역시 '케어관리'라는 용어가 포함되어 있기 때문이다(Barian et al., 2005).

사례관리라는 용어는 임상적 개입의 의미가 강한 사례와 행정적 의미가 강한 관리의 합성어이다. 이러한 사례관리는 요양보호, 케어관리, 케어조정, 서비스조정 등의 용어와 혼용되기도 한다.

그리고 미국의 경우에는 사례관리가 정신장애인의 치료를 중심으로 발전한 반면 영국에서는 노인이나 장애인에 대한 대인서비스나 케어를 중심으로 발전하였기 때문에 미국의 경우에는 사례관리, 그리고 영국과 스코틀랜드 등에서는 케어관리라는 용어를 사용하고 있다. 우리나라의 경우 노인장기요양보험제도에서는 케어관리의 성격이 강하긴 하지만, 사례관리라는 용어가 보편적으로 사용되고 있다(권중돈, 2013).

이러한 사례관리는 사회복지사뿐만 아니라 간호사, 의사 등 보건전문가, 그리고 사례에 협력하기 위한 다른 전문가들을 포함하며, 사회복지는 이를 바탕으로 보호의 연속성에서 가장 중요한 역할을 맡는다(Matthias, 2003).

사례관리란 클라이언트를 중심으로 다양한 욕구와 복잡한 문제를 지닌 클라이언트에게 사례관리를 하는 담당자, 즉, 케어매니저가 그들의 욕구와 문제를 효과적으로 제공받을 수 있도록 공식 및 비공식 보호체계에 연결하여 통합, 조정, 관리하는 개별적 서비스를 지원하는 것이다.

2) 사례관리의 필요성

사례관리 필요성은 탈시설화 영향으로 지역사회에 기반을 둔 서비스 제공의 필요성을 가지게 되었다. 탈시설화는 1960년대 서구의 선진 복지국가에서 정신보건과 발달장애 분야에서의 시설 생활자의 개인의 인권, 자율성 및 사생활 침해로 탈시설화 운동에서 유래된 것으로서, 탈시설화는 인도주의와 자신의 가족에게 되돌아감으로써 시설보호에서 지역사회 보호로 전환되는 것이다.

우리나라의 사회복지 환경은 급변하는 사회 속에서 노인인구의 급속한 증가와 가족기능의 변화를 경험하면서 사회복지서비스의 필요성이 강화되며 공공성이 확대되고 있다. 사회복지실천의 환경에서 클라이언트의 욕구를 해소하고 문제를 해결할 수 있는 사례관리에 대한 필요성을 정리하면 다음과 같다.

첫째, 노인 부양자의 부양부담이 가중되며 가족의 기능이 약화됨으로써 노인에게 적절한 사회적 보호를 제공해야 되고, 지역사회 내에서 만족스러운 생활을 영위할 수 있도록 하는 것이 노인의 삶의 질을 높이는 것이다.

둘째, 클라이언트가 필요로 하는 서비스를 지속적으로 제공해야 한다. 이들이 지닌 다양하고 복합적인 욕구와 문제를 해결하는데 필요한 서비스를 포괄적이고 종합적이며 지속적인 서비스 제공이 필요하다.

셋째, 노인인구 고령화와 함께 노인성 질병을 가진 노인, 중증질환이나 장애노인 등의 의존성 노인이 증가하게 됨에 따라 이들이 지닌 다양하고 복합적인 욕구와 문제를 해결하는데 적극적으로 사례를 발굴하고 지역사회 내에 서비스 연계와 조정 · 통합이 필요하다.

넷째, 노인의 급속한 증가로 노인성 질병을 가진 노인이 크게 증가되면 장기요양보호에 따르는 사회비용이 증가하기 때문에 클라이언트에 대한 서비스 전달에서 비용을 절감하고 서비스의 효율성을 높여 비용효율성을 개선하고자 하는데 필요성이 대두되고 있다.

다섯째, 고령화에 따른 의료· 돌봄 수요 급증에 대응하기 어렵고 병원·시설 중심 서비스만으로는 개인의 삶의 질 저하로 이루어 질 수 있다. 향후 재가 · 의료 · 지역사회 중심으로 사회서비스 제공 시 커뮤니티케어를 실시해야 되며 포괄적인 사례관리를 해야 된다.

커뮤니티케어(Community Care)란?

돌봄(Care)을 필요로하는 주민들이 자택이나 그룹홈 등 지역사회(Community)에 거주하면서 개개인의 욕구에 맞는 복지급여와 서비스를 누리고, 지역사회와 함께 어울려 살아가며 자아실현과 활동을 할 수 있도록 하려는 사회서비스 체계를 의미한다.

사례관리의 대상은 노인뿐만 아니라 노인의 가족에 대한 개입을 함께 해야 되며 환경적 맥락에서 클라이언트를 이해하고, 이용시설과 생활시설 등 다양한 실천영역에서 적용된다. 또한 클라이언트의 다양한 욕구와 문제에 효과적이며 효율적으로 대응하기 때문에 사례관리 서비스가 필요하다.

2. 사례관리의 구성

사례관리란 다양하고 복합적이며 장기적인 욕구와 문제를 가진 클라이언트를 대상으로 사례관리자가 클라이언트의 욕구를 충족시키고 문제를 해결하며 사회적 기능을 향상시키기 위해서 클라이언트와 사회자원과의 연결과 점검을 통하여 클라이언트에 대한 서비스를 개별적·연속적으로 관리하는 대인서비스의 실천방법이라고 할 수 있다. 사례관리는 ① 클라이언트, ② 사례관리전문가, ③ 사회자원 등으로 아래 내용과 같다(이근홍, 2020).

1) 클라이언트

사례관리의 클라이언트는 대개 노인성 질병을 가진 노인·장애인·학대받는 아동·소년소녀가정아동 등 위기에 처한 복합문제 가족 등에서 많이 나타난다. 사례관리의 클라이언트는 복합적이며 장기적인 욕구와 문제를 가지고 있으면서 사회적 기능상의 심각한 문제로 인하여 자신의 욕구를 충족시키거나 문제를 해결하지 못하여 정상적인 인간다운 삶을 영위하지 못하는 사람들이다.

노인의 급속한 증가로 노인들은 노인성 질병을 가지거나 신체적 장애로 그들의 특성상 대부분 복합적이며 장기적인 욕구와 문제를 가지고 있으면서도 일상생활 기능수준의 저하, 정보와 인식능력의 부족, 의존성의 증가, 사회 경제적 역할 상실, 소득의 감소, 자기보호능력의 상실 등으로 인하여 자신들의 욕구를 충족시키거나 문제를 해결하지 못하는 경우가 많다. 그 결과 노인들은 사례관리의 주요 대상이 된다.

2) 사례관리전문가

사례관리자는 클라이언트의 욕구충족, 문제해결 및 사회적 기능 향상을 위해 클라이언트와 필요한 사회자원서비스를 연결하고 점검을 통해 서비스의 연속성을 제공하는 전문가이다. 사례관리자는 사례관리의 목적을 달성하기 위해 다양한 역할을 수행하며, 대개 사례발견자, 사정자, 계획자, 중개자, 조정자, 점검자, 평가자, 옹호자, 문제해결자 등의 역할을 수행한다. 그 외에도 사례관리자는 사례발견자, 자원개발자, 분쟁조정자, 상담자, 자문가, 교육자, 서비스조직가, 지도감독자, 경계범주자 등의 역할을 수행한다. 사례관리자는 대개 사회복지학이나 간호학을 전공하고 학사학위 이상을 받은 사람들이다(Quinn, 1993).

또한 재가 · 의료 · 지역사회 커뮤니티 케어로 사례관리를 할 때는 다양한 전문가들과의 협력을 통하여 클라이언트에 대한, 서비스계획의 수립, 평가 등을 보다 전문적으로 수행할 수 있도록 하기 위해 팀을 구성할 수 있다.

사례관리팀은 사회복지사, 간호사, 의사, 법률가, 심리학자, 정신의학자, 작업치료사, 언어치료사, 물리치료사, 영양사 등의 전문가들로 구성하며 케어매니저을 선정할 수 있다. 사례관리팀은 사례회의를 통해 전문가들이 상호 협력하여 클라이언트와 관련된 사정, 서비스계획 평가 등을 실시한다.

3) 사회자원

사회자원은 사례관리의 가장 중요한 구성요소이며, 클라이언트의 복합적이고 장기저인 욕구를 충족시키고 문제를 해결하는 기반이다. 사회자원이란 인간의 사회적 욕구를 충족시키기 위해서 동원되는 시설, 설비, 자금이나 물자 또는 개인이나 집단의 지식과 기능 등을 총칭하는 것이다(仲村優一 外, 1982). 사회자원은 자발적이며 비조직적이고 상호부조적인 측면에서 서비스를 제공하는 비공식 지원체계와 공식적인 기구나 조직을 통하여 체계적으로 서비스를 제공하는 공식 지원체계로 나눌 수 있다.

3. 노인사례관리의 실천과정

노인사례관리의 과정은 학자에 따라 다소 차이가 있다. 일반적으로 사회복지 실천 과정과 유사하다. 사례관리의 한 가지 특징은 점검과 주기적인 재사정을 강조한다는 점이다. 이는 클라이언트의 욕구가 변해 간다는 데 중점을 두어야 한다. 사례관리의 단계별 과정을 살펴보면 다음과 같다(노혁, 2013).

1) 접수

사례관리의 접수는 클라이언트를 발견하고 확인하여 계약하는 사례관리 첫 단계이다. 접수는 사례발견, 아웃리치, 의뢰 및 계약의 주로 네 가지 형태로 전개된다.

(1) 사례발견

사례관리서비스가 필요한 클라이언트는 한 명의 서비스 제공자가 아니라 여러 명의 서비스 제공자의 도움을 필요로 하는 다양한 문제를 가지고 있으며, 대개 낙인감, 자기노출의 두려움, 자포자기, 무기력, 동기 부족, 무능력, 신체장애, 정신장애 등으로 인하여 필요한 서비스 접근이 어렵기 때문에 사례관리자는 적절한 사례발견 전략을 선택해야 한다.

(2) 아웃리치

아웃리치는 자신의 욕구를 충족시킬 수 있는 서비스와 자원의 정보에 대한 접근이 어렵거나, 그러한 것들을 자발적으로 구하려는 동기가 부족한 잠재적 클라이언트로 하여금 서비스에 대한 접근성을 향상시키기 위해 서비스 기관에서 활용하는 방법이다. 즉, 그것은 서비스가 필요한 클라이언트를 확인하고, 서비스의 제공과 급여를 그들에게 권유하며, 그들로 하여금 이용 가능한 서비스를 활용할 수 있도록 원조하는 방법이다(Toseland, 1981).

(3) 의뢰

의뢰는 필요한 서비스를 제공할 수 있는 기관, 자원 또는 전문가에게 클라이언트를 직접 연결시켜 주는 방법이다. 이것은 클라이언트의 욕구와 그들에게 유용한 서비스를 확인하고, 그러한 서비스에 클라이언트가 참여할 수 있는 기회를 제공하며, 클라이언트와 서비스의 연결이 잘 이루어졌는가를 확인하는 것을 포함한다. 의뢰에서 클라이언트와 서비스의 연결은 신중하게 다루어져야 한다. 의심, 오해 등과 같은 클라이언트가 가질 수 있는 부정적인 감정을 끌어냄으로써 클라이언트의 의뢰에 대한 준비를 확인한다.

(4) 계약

계약은 클라이언트가 사례관리서비스를 제공받기 원하여 사례관리자와 함께 서비스 제공에 동의하는 서식에 서명하는 것을 말한다. 계약은 사례관리자와 클라이언트 사이에 신뢰감을 형성하고 상호 간의 역할을 명료화하며, 서비스에 대한 클라이언트의 기대치를 파악하고 협상하는 것이다.

2) 사정

사정은 클라이언트의 욕구에 초점을 맞추고 욕구에 상호관계성을 가진 가족들의 역량과 강점, 단점 그리고 공식적 · 비공식적 지원망의 역량 등을 동시에 명확히 하고 조사 분석하여 종합적으로 검토하는 과정이다. 사정은 사례관리에서 매우 중요한 단계인데, 이 과정을 통해 서비스의 수준과 성격에 관한 결정이 내려지며 서비스 전달의 양과 질에 대한 계획이 수립되기 때문이다.

사례관리실천에서의 주요 사정과정의 요소는 다음과 같다.

가. 클라이언트의 욕구 및 문제 사정
나. 욕구에 대응하고 반응하는 클라이언트의 능력 사정
다. 클라이언트를 둘러싼 사회적 지원체계 사정
라. 공식적 · 비공식적 지원체계에 대한 사정
마. 지원체계 활용하는 데 있어 장애의 결합 등

사정과정의 중요한 것은 사정은 사례관리의 초기 단계로 끝나는 것이 아니라 사례관리자가 사례를 관리하는 동안 지속적으로 이루어지는 과정이라는 점이다.

표 8-1 영역별 사정 내용

사정 영역	주요 사정 내용
기본 인적사항	• 노인 클라이언트의 성명, 주소, 생년월일, 결혼 상태 • 손자녀 등 포함), 기본적인 지지체계, 교육, 직업경력, 종교, 취미 등
신체적 건강 상태	• 의사로부터 진단받은 질병명, 노인 스스로 인지하고 있는 질병명, 기본적인 신체기능 상태(청각, 시각, 미각 등 오감 기능 수준, 걷기 앉았다 일어서기 등의 신체적 움직임 정도), 일상생활 기능 수준 등
심리적 기능 상태	• 성격, 지능, 기억력, 인지장애 여부(치매, 섬망 등)
정서 상태	• 우울, 불안이나 걱정 자살사고, 죽음에 대한 두려움 등
사회적 기능 상태	• 생활방식, 사회적 고립이나 소외 상태, 도구적 혹은 정서적 지원 상태 등
경제 상태	• 월 평균 수입과 지출금액, 정기적인 수입원과 불규칙한 수입원, 일상생활 유지를 위한 정기적인 지출 내용과 노인이 반드시 지출해야 한다고 생각하는 지출 내용 등
생활환경 상태	• 노인의 건강 및 기능 상태에 적합한 생활환경 상태 점검(거주 공간의 햇빛 들기나 환기 수준, 엘리베이터 유무, 보일러 상태, 화장실 위치 등)
전문가로서의 통찰	• 잠재적 위기, 노인 클라이언트의 심리사회적 상태에 대한 느낌, 노인 클라이언트의 사례관리자에 대한 신뢰감 등

출처: 한국사례관리학회 편(2012).

3) 계획

계획은 사정단계에서 확인된 클라이언트의 문제해결과 욕구충족을 위해 클라이언트, 사례관리자, 관련된 지원체계의 협상을 발달시켜 가는 과정이다. 이 과정에서 클라이언트에 대한 장·단기 목표를 구분하고, 우선순위를 설정하며, 목표달성을 위한 가장 적절한 해결방안을 모색하기 위해 클라이언트에 대한 개별적인 서비스 계획을 구체화한다. 계획은 사정과 서비스 전달을 이어주는 중요한 역할을 한다. 또한 욕구는 가설적인 것이어서 사례관리 과정에서 변화할 수 있으므로 계획은 충분히 융통성 있게 세워져야 한다(Challis & Davies, 1986).

사례관리실천에서의 주요 계획과정의 요소는 다음과 같다.

가. 클라이언트 욕구와 실행 가능한 목표 설정
나. 세부적인 하위목표에 대한 우선순위 결정
다. 클라이언트에게 필요한 서비스와 자원 연결 및 사회적 지지망의 결정
라. 서비스계획의 수립 및 우선순위에 따른 시간 활용 등
마. 클라이언트의 삶의 변화를 파악하고 지속적으로 변화를 계획하여야 한다.

사례관리 계획과정에서 가장 중요한 요소는 클라이언트의 확인된 욕구와 결과목표 달성을 위해 구체적이고 실현 가능성 있게 한다. 노인의 경우에는 다양한 사항이 발생할 수 있으니 세부적인 목표를 설정 시 이를 고려하여 필요한 자원 및 사회적 지지망, 관련기관 등을 사정하여 클라이언트의 욕구와 이용 가능한 자원들을 연결시키는 서비스계획이 수립되어야 한다.

한국사례관리학회 편(2012)에 의한 서비스 계획의 실천원칙은 다음과 같다. ① 모든 서비스 계획은 포괄적인 사정을 기반으로 세운다. ② 서비스 제공 과정에 클라이언트 개인과 비공식적인 자원들이 참여할 수 있도록 한다. ③ 서비스 계획은 클라이언트의 욕구, 문제를해결하고 클라이언트와 함께 세운 목표에 직접적으로 연관된 내용으로 세운다. ④ 서비스 계획은 서비스마다 일정을 정하여 체계적으로 수행하도록 계획한다. ⑤ 서비스 계획 시에는 공식적인 자원과 비공식적 자원을 모

두를 포함하도록 한다. ⑥ 서비스 계획 시에는 비용과 서비스 계획의 결과가 현실적으로 적절한 수준에서의 수행될 수 있는지를 염두에 두면서 진행하도록 한다.

사례관리 계획 과정에서 가장 중요한 요소는 클라이언트의 확인된 욕구와 결과목표 달성을 위해 구체적이고 실현 가능성 있게 한다. 노인의 경우에는 다양한 사항이 발생할 수 있으니 세부적인 목표를 설정 시 이를 고려하여 필요한 자원 및 사회적 지지망, 관련기관 등을 사정하여 클라이언트의 욕구와 이용 가능한 자원들을 연결시키는 서비스계획이 수립되어야 한다.

4) 실행

실행은 서비스 계획을 완전하게 수행하는 단계로 클라이언트에게 필요한 서비스를 연결하고 개입을 통해 서비스 제공과 활용에서의 장애를 극복하며 적절한 서비스를 배열, 정리하는 과정이다. 실행은 사례관리실천의 성공 여부를 결정하는 중요한 단계로 서비스 계획 전반적 부분의 단계적 수행으로 적절한 서비스를 배치하는 과정이다.

실행과정에서 사례관리자는 직접적 서비스 개입과 간접적 서비스 개입으로 구분하여 실행한다. 직접적 서비스는 상담, 클라이언트의 문제해결, 위기 개입 시 대처해야 한다. 간접적 서비스는 클라이언트의 필요한 서비스의 연결, 서비스의 이행 점검, 서비스의 갈등과 분쟁 시 조정이 필요하다.

노인사례관리에서의 간접적 서비스 형태는 아래와 같이 구체적으로 정리하였다(박경일 외, 2004). ① 집안 청소, 식사준비 및 취사, 세탁, 청소 등을 제공하는 가사서비스 ② 안마, 병간호 및 수발, 병원 안내 및 동행, 통원 시 차량지원, 병원 수속 대행, 보건소 안내, 약품 구입, 체온 측정, 신체운동, 집안 소독 등을 제공하는 간병서비스 ③ 지역의료기관이나 보건기관과 연계, 결연을 맺고 정기 또는 수시로 방문하여 링거 투약, 혈압 측정, 질병 상담 및 치료 등의 도움을 제공하는 의료서비스 ④ 탁아, 직업보도, 기능훈련, 취업알선 등 자립능력을 배양할 수 있도록 도움을 제공하는 자립지원서비스 ⑤ 대상자의 가족이나 이웃, 친지 등을 포함한 지역주민을 대상으로 재가보호 서비스 제공 요령 및 방법 등을 교육하는 주민교육서비스 ⑥ 서비스 대상자에 대한 생활용품 및 용돈 등 재정적 알선 및 지원을 제공하는 결연서비스 ⑦ 기타 사회복지관 내 시설활용 서비스 등이다.

간접적 서비스 개입은 클라이언트에게 필요한 자원체계를 연계하는 것이며 클라이언트에게 유용하고 필요한 자원체계를 연계하는 것이다.

5) 점검 및 재사정

점검은 서비스 계획이 적절하게 이루어지고 있는가를 검토하는 일이다. 이를 통해서 클라이언트에 대한 서비스 목표성취 정도를 검토하고, 서비스 자원의 산출을 파악한다. 클라이언트가 서비스를 받는 중간에 새로운 욕구가 생겼다면 계획의 변화가 이루어졌는지도 검토한다. 사례관리는 단순히 클라이언트가 요구한 욕구를 충족하도록 사회자원과 연결시키는 데서 한 걸음 나아가 서비스 계획이 클라이언트의 욕구에 따라 적절히 제공되고 있는지 지속적으로 점검해 나가야 한다.

재사정은 욕구 변화와 자원체계상에 부적절성이 보이는 경우에 다시 사정하는 활동이다. 장기적인 보호를 제공해야 하는 경우, 지속적인 재사정이 필수적으로 요구된다. 클라이언트의 상태, 기능, 진전, 장애 그리고 결과를 일정한 시간간격을 두고 주기적으로 재사정하여야 한다(이원숙, 2014).

점검 및 재사정시 가장 중요한 점은 클라이언트가 서비스를 받는 중간에 새로운 욕구가 생겼다면 계획의 변화가 이루어졌는지도 검토한다. 사례관리는 단순히 클라이언트가 요구한 욕구를 충족하도록 사회자원과 연결시키는 데서 한 걸음 나아가 서비스 계획이 클라이언트의 욕구에 따라 적절히 제공되고 있느냐라는 측면을 지속적으로 점검해 나가야 한다.

6) 평가 및 종결

결과 평가는 목표가 얼마나 달성되었는지를 결정하는 것에 초점을 둔다. 장기간 서비스를 필요로 하는 대상자에게는 생활 상태나 능력의 향상 정도를 적절한 기간을 두고 평가할 수 있다.

종결은 사례관리 과정을 통하여 사례의 목표가 얼마나 달성되었는지를 결정하는 것에 중점을 둔다. 사례관리 중 클라이언트의 복합적인 사유로 인하여 사례관리 서비스를 계속적으로 할 수 없을 경우나, 클라이언트의 의사 및 가족에 변화에 따라 서비스가 종결될 수 있다. 지속적인 도움이 요구되는 노인사례관리의 종결(전혜성 외, 2018)은 다음과 같다.

복합적인 욕구와 취약성을 가진 노인 대상자에게 사례관리서비스를 종결하는 것은 쉽지 않다. 따라서 사례관리자는 종결 단계에서 체계적인 종결평가를 수행한 후 사후관리로 연계할지, 재사정 후 사례관리를 지속할지를 결정한다. 종결평가에서는 대상노인 및 가족, 서비스 제공자들의 의견을 반영하여, 목표달성 정도, 제공된 서비스의 질과 양, 전달방법, 서비스의 체계성 등에 대해 종합적으로 효과성과 효율성을 판단한다.

일반적으로 평가와 종결 단계에서는 면접법, 대상자 자기보고식 척도법, 관찰법, 표준화된 척도 등이 다양하게 적용될 수 있지만 대상자가 고령의 노인인 경우에는 면접법 및 관찰법 등을 통한 노인의 주관적 평가가 매우 중요한 판단 근거가 될 수 있다.

4. 노인사례관리자의 역할

사례관리자들은 사회복지사, 간호사, 의사 등의 개별 전문직에서 각자 그들의 기본적인 지식과 기술을 바탕으로 노인, 장애인, 아동·청소년층을 대상으로 사례관리 기법을 적용하여 클라이언트의 보건과 복지서비스를 향상시키는 다양한 역할을 하게 된다. 케스타(Cesta) 등은 13가지의 사례관리자 역할을 제시하였는데(Cesta, Tahan, & Fink, 1998), 세부적으로 보면 다음에서와 같다.

1) 임상전문가

사례관리자는 임상 경험과 지식이 풍부하고 임상실천에서 우수한 역할을 수행하게 된다. 그들은 환자케어와 치료에서 다른 직원들에게 역할모델이 되기도 하며, 환자와 가족욕구의 사정에서 임상적 유능함을 보여주게 된다.

2) 자문가

사례관리자는 기관운영 및 제도, 정책과 절차, 그리고 케어실천에 대한 지식과 경험이 풍부하기 때문에 의사, 간호사, 그리고 다른 사례관리자들과 다학제적 팀원들에게 때로 자문을 한다. 또한 팀원들이 어려움에 처할 때 자문을 통하여 임상과 행정적 문제를 해결하는 데 도움을 주고 때로는 외부기관의 전화자문에도 임한다.

3) 조정자 및 촉진자

사례관리자는 환자케어 활동을 조정하고 촉진하고 검사와 절차를 종료하는 데 하루의 상당시간을 투자한다. 그들은 또한 검사와 절차가 신속하게 진행되게 한다. 이러한 역할은 환자가 병원에 지체해야 하는 시간을 줄여주고 환자케어 활동에서의 전체적인 지연을 줄이는 데 중요한 기능이다.

4) 관리자

사례관리자는 환자케어에서 바람직한 결과를 가져올 수 있도록 하는데 필요한 자원이용을 통하여 관리자로서의 역할을 한다. 그들은 팀에서 선도적으로 행동하여 모든 환자케어 활동이 팀성원 각자에 의해 이루어질 수 있도록 하는 것을 가능하게 보장한다. 그들의 주요 책임 중의 하나는 질 높은 케어가 이루어질 수 있도록 환자케어의 과정에서 직접 지도감독을 하는 것이다.

5) 교육자

사례관리자는 환자와 가족을 교육하여 그들의 보건의료에 대한 욕구가 입원기간 동안 정해진 시간 내에 충족될 수 있도록 하게한다. 그들이 직접 환자를 교육하거나 간호사나 다른 팀원이 교육을 수행하는 방식도 지도감독을 한다. 따라서 사례관리자는 사례관리와 관련된 보수교육을 실시하며 환자와 가족에 대한 교육자료를 개발하고 환자교육계획과 운영에도 참여하게 된다.

6) 협상자 및 중개자

절차가 제 시간에 종료되게 하는 능력이 뛰어나다. 그러기 위해서는 보건의료팀 환자와 가족과의 가능한 최상의 치료계획을 협상하고 상호 중개하게 된다. 아울러 가정간호를 포함한 가정방문서비스 등의 환자가 병원 퇴원 이후에 필요한 지역사회서비스를 연결하기 위해서 지역 내의 보건의료기관과 협상하는 기능을 한다.

7) 옹호자

사례관리자들은 환자와 가족 그리고 보건의료팀 사이를 연계하는 역할을 한다. 입원과 동시에 사례관리자는 환자와 가족과의 원만한 관계를 통하여 신뢰를 형성하여 원만하게 케어계획이 실천되도록 한다. 그들은 환자와 가족에게 케어계획의 검사와 절차, 그리고 상태를 지속적으로 알게 하여, 케어가 촉진되고, 조정이 되는 것을 옹호하는 기능을 한다.

8) 성과와 질 관리자

사례관리자는 환자 케어의 질과 성과를 점검하는 중요한 역할을 한다. 성과와 사례관리 질의 향상과 연결되는 것이기 때문에 중요한 평가과정이기도 하다. 또한 해당 환자와 케어제공기관이 가졌던 케어목표가 어느 정도 달성되었는가를 사정하기 때문이다. 따라서 사례관리자는 필요로 할 경우 보건의료팀원들과 환자케어의 성과에 대한 논의를 하게 된다.

9) 조사 및 연구자

사례관리자에게 요구되는 조사와 연구는 학력이 석사학위 정도를 가진 사례관리 기관에서 일하는 사례관리자들의 역할의 하나이다. 이 역할에서 사례관리자는 해당 기관의 연구위원회의 실행위원으로 참여하여 보조금 및 연구비를 얻기 위한 제안서를 작성하고, 연구 자료를 수집하며 환자케어 활동을 조사하고 평가하는 기능을 하게 된다.

10) 위험관리자

사례관리자는 직접적 환자케어 활동에 가까이 위치하고 있거나 관여하기 때문에 법적 위험이 고려되는 환자케어 문제를 규명하는 중요한 위치에 있다. 환자의 인권과 권리가 확장·강조되면 사례관리자의 위험관리자로서의 기능은 더욱 중요하게 된다.

11) 변화매개자

사례관리자는 환자나 서비스제공 기관의 변화를 매개하는 기능을 하게 된다.

그들은 새로운 사례관리모델을 실천하는 동안에 기관이 필요로 하는 가장 중요한 변화매개자로서의 역할을 하게 된다. 따라서 사례관리자는 사례관리가 변화되는 과정에서나 변화된 이후에 모든 직원에게 사례관리자에서의 풍부한 지식을 바탕으로 역할 모델과 전문가로서 기능을 한다.

12) 전인적 케어제공자

사례관리자는 환자를 전인적 체계로 이해하고 케어를 제공한다. 그들은 환자들이 병원에 입원하게 된 주 호소문제와 질환에 상관없이 어떤 실재 혹은 잠재적인 보건문제를 가지고 있는지에 대하여 환자와 가족을 사정한다. 그들은 환자 상태에 대한 평가과정을 통하여 신체적, 심리적, 그리고 정신적 욕구를 확인하고 이들 욕구들이 케어계획에 확실히 포함되게 한다.

13) 상담자 및 치료자

사례관리자는 환자와 가족에 대한 상담과 치료자로서의 역할을 한다. 사례관리자는 환자의 정서적 그리고 정신적 욕구에 주목하여 지지하고 치료한다. 따라서 그들은 환자에게 정서적 지지를 제공하는 데 많은 노력을 기울이며, 입원에 대하여 환자가 잘 적응할 수 있도록 하는 것과 질병에 대하여 그들이 알고 있는 극복기술과 메커니즘에 관하여 환자와 가족들과 상담하게 된다.

사례관리자의 역할은 클라이언트의 복합적인 욕구와 문제 등을 사회자원을 통하여 조사하여 클라이언트의 욕구를 충족시키고 서비스를 연결하는 것과 서비스의 연속성을 보장하기 위해 점검하는 것이다. 그중 사례관리자의 핵심적인 역할은 조사, 연결, 점검, 계획, 조정, 문제해결, 평가, 옹호 등 사례관리 실천단계에서 가장 중요한 부분이므로 전문가로서 역할이 매우 크다고 할 수 있다.

CHAPTER 09

Social Welfare for the Elderly

노인상담

1. 노인상담의 개념

상담이란 라틴어로 'consulere'이며 이 말뜻은 심사, 숙고, 문의, 조언, 대화 등의 뜻을 포함하고 있다. 노인상담은 상담자가 도움을 필요로 하는 노인에게 원조관계를 형성하여 전문적인 상담서비스를 제공하는 것이며, 노인의 심리정서적인 문제뿐 아니라 질병의 문제, 은퇴 이후의 삶이나 노인 부양 문제 등 경제적 어려움과 관련된 실생활에 당면한 문제들을 원조지원을 통해서 해결해 나가야 된다. 우리나라는 고령사회로 접어들면서 노인인구가 급증하면서 빠르게 진행되는 사회변화와 노인의 경제적 빈곤, 건강, 고독, 무위 등 다양한 문제에 부딪치고 있다.

노인의 문제를 해결하고 노후의 삶의 질을 향상시키는 차원에서 노인상담이란 "도움을 필요로 하는 노인이 상담자와 전문적 원조관계를 형성하여 은퇴문제, 개인 및 가족문제, 경제 및 건강상의 문제를 해결하고 감정, 사고, 행동 측면의 성장을 도모하여 성공적인 노후생활을 영위하기 위해 노력하는 과정"이다(김태현, 2007).

노인 인구 증가와 노인의 수명 길어지면서 다양한 연령층의 노인에 따른 다양한 욕구와 문제의 해결을 위한 노인 전문 상담이 보다 확대되어야 한다. 또한 노인 전문 상담은 도움을 필요로 하는 노인에게 원조관계를 형성하여 전문적인 상담서비스를 제공하며 노인의 다양한 욕구를 해소하고, 심리사회적 적응을 도모하며, 이를 통해 노년기의 부정적 영향을 최소화하고 노후의 삶의 질을 높이는 것이 필요하다고 할 수 있다.

1) 노인상담의 목적

노인상담의 목적은 노년기 발달과업을 근거로 하여 다음과 같이 구체적으로 여덟 가지로 제시하고 있다(Burlingame, 1995). 첫째, 필요한 의료적 · 사회적 · 정서적 지원을 효과적으로 동원하고 이용하도록 원조하는 것이다. 노인상담과정에서 상담자는 필요한 경우 노인의 의료적 검사나 치료 및 필요한 서비스를 받을 수 있도록 도와야 하며, 가족이나 친척, 친구, 이웃 등과 같은 사람들로부터 정서적인 지원을 받을 수 있도록 원조해야 한다.

둘째, 신체적인 강점을 강화하고 건강 약화에 적응하도록 원조하는 것이다. 개인차가 있지만 노년기에는 신체인 기능이나 건강이 약화되고, 이러한 변화로 인해 그동안 가능했던 활동들이 어려워질 수도 있다. 따라서 이러한 변화 가운데서도 정신적으로 건강하고 적절한 자기보호를 유지하기 위해서는 변화나 변화로 인한 상실에 적응하거나 필요한 권리를 주장하도록 도와야 한다.

셋째, 노년기의 신체적 · 재정적 변화와 관련하여 노인의 보호 및 주거시설에 대한 욕구가 충족되도록 원조하는 것이다. 노인이 자신이 살던 정든 집을 떠나 요양원이나 병원과 같은 시설에 들어가야 할 경우에는 시설생활에 대한 정보를 제공하거나 정서적으로 지원하여 위축되지 않도록 배려한다.

넷째, 지역사회에서 새로운 역할을 가질 수 있도록 원조하는 것이다. 노년기에는 지역사회에서 모범을 보일 수 있는 어른의 역할이나 그동안의 직업인 역할을 대체할 수 있는 새로운 역할이 요구된다. 이를 위해 상담자는 노인이 지역사회에 기여할 수 있는 새로운 방법을 찾고 자신이 생산적이고 가치 있는 존재로 느끼며, 외부세계와 교류할 수 있도록 원조해야 한다.

다섯째, 손자녀와 친척 그리고 지역사회와의 관계를 조정하도록 돕는 것이다. 여기서 중요한 점은 성인 자녀와 노부모 역할에 위계질서가 필요하며, 상담자는 매개자로서의 역할을 수행할 수 있다. 하지만 노인이 신체적으로 허약한 경우에는 가족인 다른 사람에게 더욱 의존적이 되도록 노인의 태도를 변화시키는 것이 중요하다.

여섯째, 배우자나 친구 등 중요한 사람들의 상실에 적응하도록 원조하는 것이다. 노년기에는 가족이나 주변 사람과 사별할 가능성이 높아지는데, 친밀한 사람의 죽음에서 오는 슬픔은 남아 있는 사람의 인생에 지속적으로 영향을 미칠 수 있는 중요한 사건이다. 이런 경우 상담자는 노인이 친밀한 사람과의 사별을 현실로 받아들이고 슬픔에서 오는 고통을 극복하도록 원조해야 한다.

일곱째, 은퇴와 재정적인 변화에 대처하도록 원조하는 것이다. 이를 위해 여가를 의미 있게 보낼 수 있는 방법, 부부 관계에서의 적응, 새롭게 찾아오는 소외감을 극복하는 문제 등을 중요하게 다루어야 한다. 또한 상담자는 수입의 감소와 관련하여 필요한 경우 노인의 경제적인 문제에 도움이 될 수 있는 일자리를 연결하는 데에도 관심을 가져야 한다.

여덟째, 노인이 자신의 삶에서 주도권을 갖고 중요한 결정 등을 할 수 있도록 원조하는 것이다. 이를 위해 상담 시 상담자의 역할은 긍정적 역할과 부정적 역할을 통해 상담자의 반응 유무를 확인하며 상담자에게 필요한 정보를 제공하며, 중요한 의사결정에 필요한 대안들을 제시하여야 한다.

2) 노인상담의 영역

(1) 정서적 영역

노인의 정서적 영역은 은퇴를 하면서 사회적 역할이 상실되어 고독하게 노후를 지내며, 또한 가족 내 역할이 상실되고, 가족관계가 멀어지면서 노인을 부양하지 않고 자녀들과의 갈등이 가족 내 지위 하락으로 이루어지며 유산상속이라

든지 재산 분배 문제로 불화가 생기거나 황혼이혼으로 이루어지는 경우도 많다. 이런 경우에 성격변화가 오거나 우울성향, 완고성, 내향성 및 수동성, 조심성, 친근한 사물이나 사람에 대한 애착 증가, 의존성 증가, 유산을 남기려는 성향 등 정서적인 문제가 발생하며 노인상담의 주요 영역이 된다.

(2) 경제적 영역

노인이 되면 소득 감소 또는 상실에 따른 생계 유지와 경제지원 문제가 생긴다. 노인이 직업생활에서 은퇴하여 소득감소로 노후생활을 유지할 만한 재산이나 저축이 없거나, 의료비의 과도한 지출로 인하여 생활이 어렵거나, 자녀들로부터 생활비를 제대로 지원받지 못할 경우 그들의 경제적 어려움은 더욱 가중된다. 빈곤은 노인의 삶의 질을 저하시키고, 생활의 만족도를 낮추고, 빈곤은 노인들이 직면하고 있는 최고 문제 중의 하나이다. 또한 노인상담의 주요한 영역이 된다.

(3) 건강 영역

노인의 대부분이 한 가지 이상의 만성질환을 가지고 있으며, 그 질병이 장기적인 치료를 요하거나 다른 질병들과 복합적으로 발생하기 때문에 치료가 더욱 어렵고 비용도 많이 들게 된다. 그러나 노년기 건강유지 및 질병예방에 관한 상담이나 질병치료 및 의료비 지원 등 노인상담의 중요한 영역이 된다.

(4) 사회참여 영역

노인이 되어 직업에서 은퇴하면 가족 내 역할 부적응에 관한 문제, 노년기 친구 및 이웃관계 문제, 법률 및 복지제도에 대한 정보 상담, 종교활동, 사회단체 및 비공식 모임 참여문제, 은퇴 이후의 사회적 관계 유지 문제 등 여러 가지의 문제들이 닥쳐온다. 이런 문제가 노인상담의 주요 영역이 된다.

노인상담의 영역은 노년기에 당면하는 다양한 문제인 고독, 빈곤, 질병, 소외와 역할 상실 등의 문제를 포함한다.

노인상담의 영역과 주요 내용은 〈표 9-1〉과 같다.

표 9-1 노인상담의 영역과 주요내용

상담영역	주요내용
정서적 영역 (고독)	• 배우자 상실, 자녀와의 애정적 교류 단절 • 노인의 가족 내 지위 하락, 가치관 및 생활양식 변화에 따른 세대 간 갈등 (예: 고부갈등) • 성격 특성의 변화문제: 우울성향, 완고성, 내향성 및 수동성, 조심성, 친근한 사물이나 사람에 대한 애착 증가, 의존성 증가, 유산을 남기려는 성향 등 • 이성교제 또는 노년기 성생활에 관한 문제 • 정서서비스(예 말벗 파견 등)의 문제
경제적 영역 (빈곤과 일)	• 은퇴 전후의 재정관리에 관한 문제 • 소득 감소 또는 상실에 따른 생계유지와 경제지원 문제 • 사회보장제도의 정보 제공 • 유산배분의 문제 • 경제활동 지원(취업알선, 부업알선 등)
건강 영역 (질병과 부양)	• 노년기 건강유지 및 질병예방에 관한 상담 • 질병치료 및 의료비 지원 상담 • 사회복지부양체계 조성 상담 • 가족부양체계 조성 상담 • 부양가족의 부담경감을 위한 지원 상담
사회참여 영역 (소외와 무위)	• 종교활동, 사화단체 및 비공식 모임 참여문제 • 노년기 친구 및 이웃관계 문제 • 가족 내 역할 부적응에 관한 문제 • 은퇴 이후의 사회적 관계 유지 문제 • 법률 및 복지제도에 대한 정보 상담

출처: 권중돈(2000).

2. 노인상담의 기법

1) 회상기법

회상기법은 개인적으로 의미 있는 과거 경험을 생각하거나 그 경험을 현실의 문제와 연관시키는 것으로 말로 진술하는 구술 방법, 글로 적어 내려가는 서술방법, 혹은 혼자서 과거를 되돌아보는 명상법 등이 있다. 이러한 회상기법은 개인상담과 집단상담 모두에서 긍정적인 결과를 보인다. 주요 회상기법으로는 자서전의 저술이나 녹음, 생애 순례 여행, 중요 가족 앨범이나 스크랩북, 일생의 업적정리 등이 있다(이호선, 2012; Charles et al., 1979).

(1) 자서전의 저술이나 녹음

자서전 방법은 내담자가 자신의 삶을 정리·기술하는 기법이다. 자서전 방법에서는 자서전에 기술되는 사건, 경험, 사람들이 중요하다. 또한 여기에 기술되지 않은 것에 대해서도 주의를 기울이는 것이 필요하다. 예를 들어, 성공한 전문직 남성 노인은 자신의 부모에 관해 전혀 언급하지 않은 채 자신의 인생기록을 작성하였다. 상담자가 기록에서 누락한 점에 대해 파고들었을 때 내담자는 어린시절에 학대 받았던 사실을 고백하였다.

(2) 생애 순례 여행

노인들은 과거에 자신이 살았던 집이나 관련된 장소를 방문함으로써 삶을 재조명해 보고 보다 더 깊은 자기 탐색의 기회를 갖게 된다. 잠시 과거의 좋았거나 끔찍했던 기억들을 불러일으키는 장소로 이동하는 것은 노인들이 현실의 맥락 속에서 과거와 화해할 기회를 갖게 하며 이러한 경험 자체가 또 다른 면모의 진실을 대하는 것이다. 현실적으로 이런 것이 불가능하다면 아직도 그곳에서 살고 있는 사람과 접촉하는 것도 좋다.

(3) 가족 앨범이나 스크랩북

때로 노인 내담자들은 자신의 과거에 대한 짧은 대화나 연관된 느낌만으로도 자신의 지난날들을 회고 할 수도 있다. 특히 소외감을 느끼고 있거나 과거의 회한과 미해결 과제로부터 분노를 경험하는 노인 내담자들을 위해 상담자는 내담자의 오래된 가족 앨범이나 스크랩북을 준비할 필요가 있다. 사진이나 추억거리를 함께 나눠 갖는 일은 내담자에게 과거를 회상하게 해주고 중요한 인물이나 사건들을 통해 오래된 감정들을 떠올리게 해준다.

(4) 일생의 업적 정리

노인들은 세상에 기여하였다고 여기는 일을 정리함으로써 세상에 의미 있게 참여했다고 느낀다. 일부 노인들은 한 걸음 더 나아가 자신의 일생을 책, 시집, 음악 작품 등으로 정리하여 발표하기도 한다. 또한 자신의 감정표현이나 속사정을 드러내는 것을 꺼려하는 노인 내담자들에게 이러한 업적들은 내면의 소리를 상대에게 안전하게 전달하는 도구가 되기도 한다.

(5) 민족적 정체감에 대한 관심

노인들은 그들이 속한 민족 집단의 한 구성원으로서 자신이 누렸던 특별한 전통과 경험을 집중적으로 회상함으로써, 자신이 물려받은 유산의 진가를 인정하고 이를 전수할 수 있다. 노인들은 젊은이들에게 자신이 물려받은 유산을 전수하였다는 것만으로도 만족적인 기여를 하였다는 자부심을 갖게 된다.

2) 기타 기법

상담 시 기타기법 역시 내담자의 특성과 문제의 특성에 따라 달리 사용되어야 한다. 상담의 상황은 내담자의 연령과 특징, 학력, 인지력, 정서 상태, 경제 상태 등에 따라 달라진다. 기타 기법으로는 가족조각 기법, 문장완성 기법, 심리극 기법이 있다(정상수 외, 2018).

(1) 가족조각 기법

가족조각 기법은 한마디로 가족관계를 조각 작품으로 나타내는 기법이다. 이것은 전략적 가족치료이론에 쓰이는 한 기법으로 가족들이 어떤 특정한 사건이나 가족 간의 관계, 의사소통 유형을 언어로 설명하는 대신 시각적·공간적으로 묘사하는 기법이다. 가족 안에서 가족들의 감정적인 대립이나 갈등들을 말로만 표현하는 데는 한계가 있기 때문에 가족조각을 통해 관계규정을 시각화해서 묘사하므로 가족구조를 가족들이 사실적으로 인정하며 지각할 수 있다.

여기서 노인은 조각가가 되어 다른 가족원들에게 자세를 취하게 된다. 이때 가족원들은 노인 내담자가 의도하는 방식대로 혹은 가족 간의 관계를 인식하는 바에 따라 하나의 모양을 이루며 위치하게 된다. 이때 노인이 자신에게 가깝다고 생각되는 사람은 가깝게 배치하고, 멀다고 생각하는 사람은 멀게 배치할 수 있다. 대체로 노인들은 손자녀들을 가깝게 배치하고 며느리나 사위 혹은 가족 내 갈등의 중요 대상자는 멀리 배치하는 경향이 있다.

(2) 문장완성 기법

문장완성 기법은 동기조사방법의 하나로 SCT(Sentence Completion Test)라고 약칭된다. 이 기법은 노인들의 가치관, 고민과 해결방식, 여성관, 남성관, 가족관계, 노인 자신도 의식하지 못한 자아상에 대해 간접적인 정보를 제공한다. 방법은 우선 내담자 노인이 '내가 만일~', '나는 ~을 원한다'와 같은 미완성 문장을 보고 떠오르는 것을 쓰도록 하는 것이다.

미완성 문장은 아무런 제약 없이 쓰도록 하고 각 문항에 대해서는 깊이 생각하기보다는 즉각적으로 떠오르는 생각이 더욱 의미 있을 수 있으므로 너무 신중하게 생각하지 않도록 유도한다. 또한 이 자료는 앞으로 더욱 깊은 만남을 갖는 데 도움이 될 것이라고 이야기하며 마무리한다.

(3) 심리극 기법

심리극은 Moreno가 자발성 원리와 역할설을 그 이론적 근거로 연극을 응용하여 개발한 진단적 심리치료 기법이다. 이는 연극적 방법을 사용하여 인격의 구조, 개인관계, 갈등 및 정신적 문제들을 탐색하고 집단치료의 의미도 내포하고 있다. 심리극의 목표는 내담자에 대한 통찰과 내담자의 감정적 문제, 정서적 갈등이나 경험을 극화하여 연기하게 함으로써, 자신의 느낌을 동작으로 자유롭게 표현하게 한다. 이로써 잘못된 편견이나 오해 등을 풀고 적응력을 회복시켜 치료를 돕는다.

이러한 심리극 기법에는 독백, 역할 바꾸기, 거울기법, 마을 상점, 빈 의자 기법 등이 있다. 그리고 이중 자아기법, 복합이중성, 죽음의 장면, 심판의 장면, 등 보이기, 공유 기법 등이 있다.

가. 독백

독백은 말이 없는 노인 혹은 대화 도중에 침묵이 자주 발생하는 경우에 사용하는 기법이다.

나. 역할 바꾸기

역할 바꾸기는 상대하던 두 사람이 서로의 역할을 바꾸어 함으로써 상대방의 눈을 통해 자신의 문제와 갈등을 보게 하는 기법이다.

다. 거울 기법

거울 기법은 자존감이 낮거나 대인관계가 어려운 노인, 비협조적 인 노인, 우울증상이 있는 노인들에게 유용한 기법이다.

라. 마술상점

마술상점은 내담자 내부의 긍정적인 자원을 탐색하고 생의 목표와 가치를 명백히 하는 데 도움이 된다.

마. 빈 의자 기법

빈 의자 기법은 빈 의자를 이용해서 내담자의 상상력을 자극하거나 역할연기를 시도한다.

바. 이중자아 기법

이중자아 기법은 내담자의 심리적 경험을 있는 그대로 혹은 최고조로 묘사함으로써 문제를 평가하고 갈등을 분석하며 상호관계를 자극하고 촉진하는 기법이다.

사. 죽음과 재생의 장면

죽음과 재생의 장면은 주로 자살충동을 느끼는 노인이 죽음을 두려워하는 노인, 가족 간의 갈등이 심한 노인, 의심이 많거나 증오심이 강한 노인 등에게 유용하게 사용된다.

아. 심판의 장면

심판의 장면에서는 내담자가 하느님, 가상의 인물, 철학자, 이상적인 인물들과 만나게 되고, 그 역할을 맡은 보조자아가 삶에 대한 평가, 죄의식, 가치관 등을 공개재판의 형식으로 진행한다.

자. 등보이기

등보이기는 가족관계에서 유난히 독단적이고 교만하거나, 다른 또래 동료들과 어울리지 못하거나, 자주 말썽을 일으키는 노인 혹은 친구가 없거나 우울하거나 다른 노인들에게 배척당하고 있는 노인에게 사용한다.

차. 공유 기법

공유는 타인에 의한 지지, 감정이입, 일반화로 통찰을 얻는 기법으로 여러 사람 앞에서 자신의 깊은 내면, 감추고 싶었던 내용, 수치스럽거나 고통스러웠던 일 등을 내어 놓고 그 내용을 함께 나누는 것이다.

3. 노인상담의 과정

노인상담은 일반적인 상담과 마찬가지로 접근방법에 관계없이 접수 및 관계 형성, 자료수집 및 사정, 개입 및 수립, 평가와 종결이라는 네 단계로 이루어져 있다(조학래 외, 2002; 권중돈, 2004; 권중돈, 2008).

1) 접수 및 관계 형성단계

접수 및 관계 형성단계에서는 클라이언트인 노인의 상담에 대한 초기 불안과 거부감을 해소하고, 상담의 핵심적 요소가 되는 전문적 원조관계를 형성하여야 한다. 접수 및 관계 형성단계에서는 다음과 같은 내용들이 포함된다. 첫째는 친화관계를 형성하는 것이고, 둘째는 내담자인 노인의 문제를 제대로 이해하는 것이며, 셋째는 상담의 구조화, 즉 진행방식에 대해 합의를 이루는 것이다.

접수 및 관계 형성단계의 핵심요소인 친화관계 형성을 위해서 첫 대면에서 상담자는 노인에게 친절하고 호감이 가고 명랑한 느낌을 주며, 적극적인 관심을 보여야 한다. 일반적으로 친화관계를 형성하는 데 필요한 상담자의 자세와 태도로는 ① 끊임없이 노인을 이해하려는 진지한 자세 ② 모든 것을 노인의 입장에서 생각해 보려는 내담자 중심적인 태도 ③ 비난하거나 비판하기보다는 수용하고 존중하는 허용적인 자세 ④ 어떤 가식도 없는 진솔한 태도 ⑤ 노인을 도와주고자 하는 인간적 자세 등이 요구된다.

상담을 하기 위해는 가급적이면 별도의 상담실 갖추고 상담내용의 비밀유지에 대한 설명을 해주어 심리적으로 안정되게 해야 된다. 즉, 상담초기에는 내담자와의 관계형성으로 진행방식이나 절차와 같은 상담의 구조화 대하여 동의를 구하며 상담내용의 비밀보장, 상담기간과 시간, 내담자인 노인의 상담과정에서의 역할 등에 대한 안내가 이루어져야 된다.

2) 자료수집 및 사정단계

자료수집과 사정은 이 단계에서만 이루어지는 것은 아니며 전체 상담과정을 통하여 이루어지지만, 원조관계가 형성된 이후에 본격적인 자료수집과 사정이 이루어진다. 자료수집 및 사정단계에서 노인의 문제를 규정하기 위해서는 노인이 처한 상황과 노인의 강점과 제한점을 모두 파악해야 한다. 문제를 규정할 때는 노인의 문제가 무엇이고 어느 정도 심각하며, 문제로 인해 야기되는 결과나 상황이 어떠한지 자세히 탐색한 다음에 상담과정에서 다룰 문제를 규정하여야 한다.

그리고 노인의 제한점뿐만 아니라 강점과 자원에 대해서 깊이 있는 사정이 이루어져야 한다. 따라서 의도적으로 노인의 행동, 개인적 특성, 자원의 측면에서 노인의 강점을 파악하고 격려해야 하는데, 이러한 강점의 강조는 치료적 효과까지도 갖는다. 이와 같이 노인에 대한 문제 규정과 사정의 결과를 바탕으로 하여 상담의 목표와 개입계획을 수립하여야 한다. 상담의 목표는 구체적이고 명확해야 하고 현실적으로 달성 가능한 것이어야 하며, 문제들의 공통요인을 중심으로 목표와 개입계획을 설정해야 한다.

3) 개입 및 수립단계

개입과정은 문제 해결을 위해 수립한 개입계획을 구체적으로 실천하며, 내담자의 문제 해결을 위해 상담자가 적절한 정보, 이론, 기법 등을 선택하고 적용하는 단계이다. 개입과정에서 적절하고 효과적인 개입을 위해 상담자는 궁극적으로 달성하고자 하는 목표와 관련된 지식, 경험 및 기술을 소유하고 있어야 하며(변용만 외, 2011), 노인의 입장을 고려하여 친절하고 우호적인 분위기를 조성하며, 노인의 변화 동기를 고취시키는 방향으로 문제 해결 노력을 기울여야 한다(권중돈, 2010).

일반적으로 노인의 입장을 고려하지 않는 상담자의 일방적인 지시나 통제, 노인을 배려하지 않는 비우호적인 상담 분위기, 미처 준비도 하지 않은 노인에게 너무 급격한 변화의 압력을 가하는 상담자의 행위 등이 노인의 강한 저항을 불러일으키는 주요 요인이다. 따라서 상담자는 이러한 경우가 발생하지 않도록 조심하면서 노인의 변화 동기를 고취시키는 방향으로 문제 해결 노력을 기울여야 할 것이다.

4) 평가 및 종결단계

종결단계는 개입에 대한 최종 평가와 노인 간의 전문적 원조관계를 종결시킴으로써 끝나게 된다. 먼저 종결 시기를 결정함에 있어서 노인이 처음에 호소했던 문제가 현저히 완화 내지는 해결되었다고 해서 곧바로 상담을 종결해서는 안 된다. 종결은 급격히 이루어지기보다는 일정한 과정을 거쳐 서서히 이루어지는 것이 바람직하다.

PART

03

노인복지정책 및 전망

CHAPTER 10

Social Welfare for the Elderly

노인복지정책

1. 노인복지의 이해

1) 노인복지의 개념

인간의 복지가 생애주기의 관점에서 계속적으로 일관된 과정으로 파악되고 규명되어져야 한다면, 노인복지는 생애주기의 후기 또는 완성기에 처한 인간의 복지라고 할 수 있을 것이다. 노인복지에 있어서 불가결한 생활상의 욕구로서 사회가 들어주지 않으면 안 되는 것으로서 건강증진과 생명연장을 위한 의료나 정신의학적 서비스, 적절한 주택, 정신적 안정과 사회적 유용성을 부여하는 사회, 퇴직 후의 경제적 안정, 만성병 노인의 보호, 노동능력에 알맞은 일을 할 수 있는 기회, 창조적 활동의 기회 및 여가를 적극적으로 이용하기 위한 지도 등을 들고 있다. 그중에서도 의료와 경제적 안정의 요구는 모든 노인에게 있어서 불가결의 요구로 보며, 이와 같은 요구에 대응하는 노인대책을 노인을 위한 사회적 대책이라 부르면서 광범위한 노인복지의 필요성을 지적하고 있다. 즉 노인복지는 사회복지의 한 분야이기 때문에 요약적으로 말하면 노인복지란 노령에 의하여 일어나는 사회생활상의 곤란에 대한 사회복지적 원조라고 말할 수 있다. 즉 사회복지

고유의 관점 내지 원리에 입각한 노인문제 해결의 원조가 아니면 노인복지라 할 수 없다고 하여 사회복지 고유의 관점에서 노인복지의 파악을 시도하고 있다(신섭중, 1999).

노인이 인간다운 삶을 영위하는 데 필요한 서비스를 제공하는 활동은 상당히 다양하다. 그중에서 대표적인 활동으로는 연금보험, 국민기초생활보장, 건강보험, 노인장기요양보험 등과 같이 법과 제도를 통하여 노인에게 필요한 서비스를 제공하는 정책적 활동과 노인사례관리, 노인상담, 노인자원봉사 등과 같이 대인관계를 통하여 서비스를 제공하는 실천적 활동이 있을 수 있다. 이러한 측면에서 보면, 노인복지는 노인의 사회적 욕구인 소득, 건강여가, 주거, 일자리, 신체적 수발 등을 충족시키기 위한 사회적 노력이며, 노인문제인 빈곤, 질병, 고독, 역할 상실, 치매, 학대, 자살 등을 예방하고 해결하기 위한 사회적 대책으로서, 노인이 인간다운 삶을 영위하는 데 필요한 서비스를 제공하는 정책적 활동과 실천적 활동을 포함하는 모든 활동이라 할 수 있을 것이다(이근홍, 2020).

노인복지란 노인의 생활상의 곤란에 대하여 생활의 안정, 심신의 건강유지, 사회적 참여와 역할의 수행 및 취업의 기회와 여가 등에 걸쳐 정책 및 제도와 복지 서비스 등을 통하여 노인이 하나의 독립된 인간으로서의 기본적 욕구와 문화적 생활을 유지할 수 있도록 원조하는 것이라 할 수 있다(김익균 외, 2004). 노인복지에 관한 기존 학자들의 개념을 살펴보면 다음과 같다. 일본의 오카무라시게오와 미우라후미오(岡村重夫, 三浦文夫, 1974)는 노인복지를 고령에 의하여 일어나는 사회생활상의 곤란에 대하여 사회복지적으로 원조하는 것으로 보고 노인의 기본적 욕구에 대응한 일반적 노인정책을 제시하였다. 장인협과 최성재(1987)는 노인복지란 노인이 인간다운 생활을 영위하면서 자기가 속한 가족과 사회에 적응하고 통합될 수 있도록 필요한 자원과 서비스를 제공하는 데 관련된 공적·사적 차원에서의 조직적 제반 활동이라고 정의하고 있다. 노인복지란 노인들이 인간다운 생활을 영위할 수 있도록 제반 사회복지서비스를 제공하고 실천하는 사회적 활동을 말하며, 노인에게 직면한 각종 욕구와 문제를 해결하고 예방하려는 사회적 노력의 총화인 것이다(현외성, 2007). 이와 같이 노인복지에 관한 개념은 학자에 따라 다양한 측면에서 정의될 수 있다.

따라서 노인복지란 노인이 가지고 있는 빈곤, 질병, 고독, 역할상실 등 노인의 4고를 해결하며 생활의 안정, 심신의 건강 유지, 사회적 참여와 역할의 수행 및 취업의 기회와 여가 등에 걸쳐 정책 및 제도와 복지서비스 등을 통하여 노인이 인간으로서의 기본적 욕구와 문화적 생활을 유지할 수 있도록 원조하는 것이라 할 수 있다. 즉, 노인복지의 개념은 보충적인 성격에서 제도적인 성격으로, 선별적 서비스에서 보편적인서비스로, 서비스의 수준은 최저에서 최적으로, 개인적 차원에서 사회적 차원으로, 빈민구제에서 복지사회 구현으로 점차 변화하고 있다.

2) 노인복지의 목적

대한민국「헌법」제34조에 의하면 모든 국민은 인간다운 생활을 할 권리를 지니며, 국가는 노인의 복지 향상을 위한 정책을 실시할 의무를 지닌다. 또한「노인복지법」제2조에서는 노인의 안정된 생활, 자아실현을 위한 욕구 충족과 사회통합의 유지라고 하는 노인복지의 기본 이념을 제시하고 있다. 이러한 헌법과 노인복지법에서 명시한 권리와 기본 이념에서 노인복지의 목적과 목표를 도출해낼 수 있다. 먼저 노인복지의 목적은 헌법에 명시된 바와 같이 노인의 권리와 인간다운 생활을 영위하는 것이며, 자아실현을 위한 욕구 충족, 사회통합의 유지라고 할 수 있다(김기태, 박병현, 최송식, 2007).

노인복지의 첫 번째 목적인 노인의 안정된 생활 유지는 사회복지에서는 국민적 최저수준 이상 또는 최적 수준의 경제생활 보장이라고 할 수 있다. 이때 국민적 최저수준은 한 국가의 경제수준, 정치적 상황 등 다양한 요인에 의하여 달라질 수 있으며, 최저생계비를 책정하는 기준이나 방법에 대한 논란이 있으나 일반적으로는 최저생계비를 기준으로 한 빈곤선을 의미한다. 국가에서 공식적으로 활용하고 있는 인간다운 삶을 보장하는 데 많은 한계가 있다. 따라서 노인들의 인간다운 삶을 보장하려는 노인복지의 목표는 '국민적 최저수준 이상'이라는 소극적 생활보장의 기준보다는 '최적 수준의 생활' 보장이라는 보다 적극적인 생활 보장의 기준을 따르는 것이 타당할 것이다.

노인복지의 두 번째 목적은 자아실현의 욕구충족이다. Maslow(1970)에 따르면 자아실현의 욕구는 생리적 욕구, 안전한 욕구, 소속과 애정에 대한 욕구, 자존감의 욕구라고 하는 인간 생존에 필수적인 기본적 욕구보다 높은 수준의 욕구로서 성장욕구에 해당한다. 따라서 노인복지가 노인의 자아실현의 욕구 충족뿐만 아니라 안전, 소속, 사랑, 자존감 등과 같은 심리사회적 욕구 충족이 전제되어야 한다. 또한 노년기의 신체, 심리. 사회적 발달과업을 성취하여 노후생활에 성공적으로 적응할 수 있도록 충분한 지원이 전제되어야 한다. 이런 점에서 볼 때 노인복지는 노인들이 지닌 기본적인 사회적 욕구의 충족뿐만 아니라 성장에 대한 욕구 충족을 지원하고 다양한 생활 영역에서 야기되는 노인과 그 가족의 문제를 예방·해결하는 것을 목표로 한다고 할 수 있다.

노인복지의 세 번째 목적은 사회통합의 유지이다. 사회통합은 가족, 이웃, 집단, 조직, 지역사회 및 국가에 이르기까지 자신이 속한 사회체계에 심리사회적으로 유대감을 갖고 적응하는 것을 말한다. 노년기에는 가족 내·외부에서의 지위와 역할 상실로 인하여 고독과 사회적 소외를 경험하며, 주류사회의 주변인으로 전락할 가능성이 높아진다. 따라서 노인복지는 노인의 사회적 소외를 완화하고 주류 사회의 구성원으로서의 지위와 역할을 부여하여 노인들이 사회활동에 적극적으로 참여함과 동시에 평생 동안 쌓아온 지혜와 경험을 바탕으로 국가와 사회 발전·기여할 수 있는 기회를 부여할 수 있어야 한다.

3) 노인복지의 원칙

노인복지의 기본적 기준으로서의 노인복지의 원칙에 대하여 사회복지의 이론적 근거, 즉 고유의 관점 내지 원리를 사회복지가 대상으로 하는 생활상의 곤란을 갖는 사회성, 전체성, 주체성, 현실성이라는 본질에서 유래하는 것으로 보았다. 이와 같은 사회복지 고유의 관점 내지 원리를 노인문제 해결에 적용함으로써 노인복지 고유의 의미를 이론적으로 규명하고자, 상술한 바 사회복지 고유원리를 동시에 노인복지의 원리 내지 관점으로 보고 있다. 즉 노인복지의 원리로서 사회적 환경 · 조건이 노인생활의 사회적 측면을 상징하는 노인복지의 사회성의 원리, 노인 개인이 갖는 다수의 사회관계가 전체로서 조화되며 양립할 수 있도록 원조한다는 전체성의 원리, 생활상의 곤란을 갖는 노인 자신의 입장에 서서 생활곤란의 파악과 해결을 원조하는 것으로서 주체성의 원리, 모든 노인의 생활상의 곤란에 대하여 최후적인 특수한 책임을 지는 노인복지는 평균 이하의 능력 및 조건이나 특수한 요구를 갖는 노인이나 일반적 노인정책으로부터 배제된 노인을 위한 서비스를 제공해야 한다는 현실성의 원리 등 4대 원리를 들고 있다.

또한 노인복지의 기본적 원칙에 대하여 존엄성, 독립성, 안정성의 유지, 선택의 자유제공, 충분한 사회참여의 증진, 노령의 부정적 충격의 감소, 개인적 생활의 권장, 정부의 책임인식, 모든 노인에게의 동등지원, 특수집단에 앞서 전 국민의 권리 고려, 변화하는 욕구에의 대응, 새로운 지식의 획득 보급 및 적용의 필요성, 노인복지의 목표 및 목적의 우선순위에 따른 발전 등의 제 원리를 들고 있다. 1982년 5월 8일에 선포된 우리나라의 경로헌장에서는 노인복지의 구현을 위하여 다음과 같은 5개 항목을 규정하고 있다.

첫째, 노인은 가정에서 전통의 미덕을 살려 자손의 극진한 봉양을 받아야 하며 지역사회와 국가는 이를 도와야 한다.

둘째, 노인은 의 · 식 · 주에 있어서 충족되고 안락한 생활을 즐길 수 있어야 한다.

셋째, 노인은 심신의 안정과 건강을 누릴 수 있어야 한다.

넷째, 노인은 자신의 능력에 따라 사회활동에 참여할 수 있어야 한다.

다섯째, 노인은 취미 · 오락을 비롯한 문화생활과 노후생활에 필요한 지식을 얻는 기회를 가져야 한다. 즉 노인복지의 증진을 위하여 가족과 지역사회 및 부양책임에 의한 생활보장, 심신의 건강유지, 사회참여와 문화생활 및 필요한 지식 획득의 기회부여 등의 모든 원칙을 규정 · 선포하고 있다.

이상과 같은 노인복지의 모든 원칙 · 원리를 검토 · 분석하고 산업화에 따른 급속한 사회변동을 감안하여 정책론적인 입장에서 장차 우리나라의 노인복지의 지침으로서 기본적 원칙을 다음과 같은 10대 원칙으로 제시하고자 한다(신섭중, 1999).

가. 의 · 식 · 주 등 기본적인 생활의 보장원칙

나. 심신의 안정 및 건강유지와 의료보장의 원칙

다. 능력에 따른 재취업과 사회참여의 원칙

라. 취미 · 오락 등 문화생활 향유의 원칙

마. 노후생활선택의 자유와 독립 · 자존 및 거택보호의 원칙

바. 급격한 사회변동에 적응할 수 있도록 새로운 지식획득의 기회제공의 원칙

사. 노인양육에 대한 가족과 지역사회 및 국가책임의 원칙

아. 노후생활에 대한 자기책임과 자립자조의 원칙

자. 노인복지정책 수립에 있어서의 현실성과 우선순위의 원칙

차. 인간의 존엄에 상응하는 노후생활보장 원칙

물론 이러한 노인복지의 원칙도 매우 타당하지만, 국제적으로 노인복지의 원칙은 국제연합이 1991년 유엔총회에서 채택한 노인을 위한 유엔 원칙에 가장 잘 반영되어 있다. 이 원칙에 따르면 국가가 노인복지사업을 추진할 때는 노인을 위한 독립, 참여, 보호, 자아실현, 존엄이라는 원칙을 잘 반영하여야 한다.

또한, 국제연합이 처음으로 1982년을 '세계 노인의 해'로 지정하였고, 같은 해 오스트리아 빈에서 노인문제 해결 방안을 강구하기 위한 '제1차 세계 고령화 회의'를 개최하여 '국제행동계획(Vienna Plan)'을 채택하였다.

국제연합에서는 이러한 원칙을 재확인하고 전 세계적으로 진행되고 있는 인구고령화에 보다 효과적으로 대처하기 위하여 2002년 4월 스페인의 마드리드에서 '마드리드 고령화 국제행동계획'을 채택하여 보다 구체적인 과제와 세부목표, 행동지침을 제시하였다. 이 국제행동계획서에서는 '노인과 발전, 노년기까지의 건강과 안녕증진, 능력을 부여하고 지원하는 환경의 확보'라는 세 가지 방향을 설정하여 전 세계 국가에 이를 권고하고 있다. 국제적 노인복지 이념을 세부적으로 살펴보면 다음과 같다.

4) 노인을 위한 국제연합(UN)의 노인복지 이념

(1) 노인을 위한 국제연합 5대 원칙

1991년 국제연합은 총회에서 「노인을 위한 UN 원칙」을 채택하였다. 국제연합은 해당 강령에서 노인복지의 이념을 "독립의 원칙", "참여의 원칙", "보호의 원칙", "자아실현의 원칙", "존엄의 원칙"이라는 총 5개 영역 아래 18개의 원칙을 제시하고 있다. 「노인을 위한 UN 원칙」의 구체적인 내용은 아래와 같다.

가. 독립의 원칙(the independence principles)

독립의 원칙은 노인이 자신의 삶을 자립적으로 운영할 수 있도록 지지하는 것으로 독립의 원칙이 소득창출의 기회 제공, 퇴직의 자기결정, 교육·훈련의 기회 제공, 안전한 환경을 갖춘 가정환경 제공 등의 요인으로 아래는 국제연합에서 제시한 실질적 원칙 6개의 내용이다.

① 소득, 가족과 지역사회의 지원 및 자조를 통하여 적절한 식량, 물, 주거, 의복 및 건강보호에 접근할 수 있어야 한다.
② 일을 할 수 있는 기회를 제공받거나, 다른 소득을 얻을 수 있는 기회에 접근할 수 있어야 한다.
③ 직장에서 언제 어떻게 그만둘 것인지에 대한 결정에 참여할 수 있어야 한다.
④ 적절한 교육과 훈련프로그램에 접근할 수 있어야 한다.
⑤ 개인의 선호와 변화하는 능력에 맞추어 안전하고 적응할 수 있는 환경에서 살 수 있어야 한다.
⑥ 가능한 오랫동안 가정에서 살 수 있어야 한다.

나. 참여의 원칙(the participation principles)

참여의 원칙은 노인이 자신의 경험을 지역사회에서의 활동을 통해 구성원들에게 전수하며, 국가사회 내에서 자신의 의사를 자유롭게 전달할 수 있는 것을 말한다. 즉, 참여의 원칙은 노인의 지역사회활동, 정치적 의사결정을 비롯한 이익활동, 봉사 등에 적극적으로 참여할 수 있도록 지원하는 것을 의미한다. 참여의 원칙의 세부내용인 3개 문항은 아래에 정리되어 있다.

① 사회에 통합되어야 하며, 그들의 복지에 직접 영향을 미치는 정책의 형성과 이행에 적극적으로 참여하고, 그들의 지식과 기술을 젊은 세대와 함께 공유하여야 한다.

② 지역사회 봉사를 위한 기회를 찾고 개발하여야 하며, 그들의 흥미와 능력에 알맞은 자원봉사자로서 봉사할 수 있어야 한다.

③ 노인들을 위한 사회운동과 단체를 형성할 수 있어야 한다.

다. 보호의 원칙(the care principles)

보호는 다른 관점에서 사회적 보호를 의미한다. 보호는 단순히 물리적 안전이나 생명을 지키는 수준에서 탈피하여 사회적 인정 및 공경, 생활에 필요한 서비스를 공급받는 것을 의미한다. 보호의 원칙은 노인학대 및 차별금지 법안, 급여제공 등의 정책이 이에 해당한다고 할 수 있다. 아래는 「노인을 위한 UN 원칙」에서 제시하는 보호의 원칙에 대한 세부 내용이다.

① 각 사회의 문화적 가치체계에 따라 가족과 지역사회의 보살핌과 보호를 받아야 한다.

② 신체적 · 정신적 · 정서적 안녕의 최적 수준을 유지하거나 되찾도록 도와주고 질병을 예방하거나 그 시작을 지연시키는 건강보호에 접근할 수 있어야 한다.

③ 그들의 자율과 보호를 고양시키는 사회적 · 법률적 서비스에 접근할 수 있어야 한다.

④ 인간적이고 안전한 환경에서 보호, 재활, 사회적 · 정신적 격려를 제공하는 적정 수준의 시설보호를 이용할 수 있어야 한다.

⑤ 그들이 보호시설이나 치료시설에서 거주할 때도 그들의 존엄, 신념, 욕구와 사생활을 존중받으며, 자신들의 건강보호와 삶의 질을 결정하는 권리도 존중받는 것을 포함하는 인간의 권리와 기본적 자유를 향유할 수 있어야 한다.

라. 자아실현의 원칙(the self-fulfillment principles)

자아실현은 Maslow의 욕구 5단계에서 가장 상위에 있는 최상위의 가치라고 할 수 있다. 즉, 노년기의 자아실현을 위해서는 잠재능력의 실현을 도와줄 수 있는 교육 기회와 문화·정신적 활동의 기회가 있어야 함을 의미한다. 「노인을 위한 UN원칙」에서 자아실현에 대한 원칙을 소개하면 아래와 같다.

① 자신들의 잠재력을 완전히 발전시키기 위한 기회를 추구하여야 한다.
② 사회의 교육적, 문화적, 정신적 그리고 여가에 관한 자원에 접근할 수 있어야 한다.

마. 존엄의 원칙(the dignity principles)

존엄의 원칙은 고령으로 인해 벌어질 수 있는 착취와 학대 등의 인권침해로부터 보호받을 권리를 의미한다. 고령이라는 것 역시 일종의 인구학적 변인으로 고려한다면, 나이가 듦으로 인해 받을 수 있는 차별, 학대, 착취 등의 제약으로부터 보호받는 것을 존엄이라고 할 수 있을 것이다. 「노인을 위한 UN 원칙」에 소개된 존엄의 원칙을 제시하면 아래와 같다.

① 존엄과 안전 속에서 살 수 있어야 하며, 착취와 육체적·정신적 학대로부터 자유로워야 한다.
② 나이, 성별, 인종이나 민족적인 배경, 장애나 여타 지위에 상관없이 공정하게 대우받아야 하며, 그들의 경제적 기여와 관계없이 평가되어야 한다.

(2) 세계 고령화 회의의 국제행동계획실천을 위한 UN 원칙
(World Assembly on Ageing Principles for International Plan of Action)

가. 1차 세계 고령화 회의의 UN 원칙

1982년 고령화 국제행동계획은 제1차 세계 고령화 회의가 오스트리아 빈에서 열렸으며, 흔히 "비엔나계획" 또는 "국제계획"이라고 불리고 있다. 이 계획은 인구의 고령화를 효과적으로 대처할 수 있도록 정부와 시민사회의 능력을 강화하고 노인들의 잠재적 개발능력과 의존 필요성을 알리는 것을 목적으로 하고 있다.

'제1차 세계 고령화 회의'에서 채택된 국제행동계획의 14가지 항목의 내용을 보면 다음과 같다.

① 발전의 목표는 발전에 따른 이익의 형평성 있는 분배에 있어서 전체 국민이 참여하여 국민의 복지가 증진되어야 한다. 발전과정은 인간의 존엄성을 높이고 사회자원, 권리와 의무를 나눔에 있어서 연령계층 간의 형평성을 확보하여야 한다. 개인은 나이, 성별 혹은 신념과 관계없이 능력에 따라 기여하고 필요에 따라 대우를 받아야 한다. 이러한 관점에서 경제성장, 생산적 고용, 사회정의 및 인간연대성은 발전에 있어서 없어서는 안 될 근본적인 요소이며, 문화적 정체성의 유지와 인식 역시 불가결한 요소이다.

② 노인의 여러 가지 문제점은 평화, 안전, 무기경쟁의 중지 그리고 군사적 목적으로 사용되었던 자원을 경제 · 사회적 발전을 위하여 재분배하는 조건하에서만 진정한 해법을 발견할 수 있을 것이다.

③ 노인의 발전적이고 인도주의 차원에서의 문제점은 독재와 억압, 식민주의, 인종주의, 인종 · 성 · 종교에 근거한 차별, 백인우월주의, 종족말살, 외국 침략과 점령, 그리고 다른 형태의 외국의 지배가 널리 퍼져 있지 아니하고 인권이 존중받는 곳에서 해결책을 발견할 수 있을 것이다.

④ 각 국가는 전통, 사회구조 및 문화적 가치의 맥락 아래 인구학적 추세와 그 변화에 대응하여야 한다. 모든 연령계층은 조화로운 발전을 추구함에 있어서 전통적 요소와 혁신적 요소 사이의 균형을 유지하여야 한다

⑤ 노인의 정신적 · 문화적 · 사회적 · 경제적 기여는 사회에 귀중한 것이며, 더욱더 인식되고 증진되어야 한다. 노인에 대한 지출은 지속적 투자로 간주되어야 한다.

⑥ 다양한 형태와 구조를 가지고 있는 가족은 세대를 이어가는 사회의 기본단위이며, 각 국가의 전통과 관습에 따라 유지 · 강화 · 보호되어야 한다.

⑦ 정부(특히 지방정부), 민간단체, 개인 자원봉사자, 노인협회를 비롯한 자발적 단체는 가정과 지역사회에서 노인을 위한 지원과 보호에 특히 중요한 기여를 할 수 있다. 정부는 이러한 종류의 자발적 활동을 유지하고 장려하여야 한다.
⑧ 사회적 · 경제적 발전에 있어 중요한 목표는 연령에 따른 차별과 비자발적 인종차별을 없애고, 세대 간 연대감과 상호 지원이 장려되는 세대 간 통합이 이루어진 사회를 만드는 것이다.
⑨ 고령화는 전 생애에 걸친 과정이며, 그렇게 인식되어야 한다. 전 인류의 노후준비는 사회정책의 통합적 분야가 되어야 하며, 육체적 · 심리적 · 문화적 · 종교적 · 정신적 · 경제적 요소들과 건강 및 기타 요소들을 포괄하여야 한다.
⑩ 행동계획은 물질적 측면뿐 아니라 정신적 측면에서도 정당하고 성공적인 노후를 달성하기 위하여 사회 · 경제 · 문화 그리고 정신적 추세의 좀 더 광범위한 배경 하에서 고려되어야 한다.
⑪ 고령화는 경험과 지혜의 상징인 동시에 열망에 따라서는 인간에게 그들의 신념과 개인적 성취에 더 접근할 수 있게 한다.
⑫ 노인은 정책에 특히 영향력이 있는 이들을 포함하여 정책의 형성과 실행과정에서 적극적 참여자여야 한다.
⑬ 정부와 민간단체 및 모든 관계자는 노인 중 가장 취약한 계층, 특히 여성과 농촌 출신의 가난한 노인에 대하여 특별히 책임을 져야 한다.
⑭ 고령화에 대한 모든 측면에서의 계속적 연구가 필요하다.

나. 제2차 세계 고령화 회의의 UN 원칙

유엔은 2002 4월 8일부터 12일까지 스페인 마드리드에서 '제2차 세계 고령화 회의'를 개최하고, '마드리드 고령화 국제행동계획'을 마련해 회원국이 세계적인 고령화 현상에 대응해서 관련 정책을 적극적으로 수립 시행토록 권고했다. 1982년 오스트리아 빈 대회 이후 20년 만에 열린 이 회의에는 국제회의에는 전 세계에서 158개국 정부대표뿐만 아니라 EU · 아랍연맹 · OECD · ILO · WHO · NGO 대표 등이 참석하여 '모든 세대가 공존할 수 있는 세상' 건설을 모토로 노령화 대책 마련에 협의하였다. 전체적인 계획은 서문, 행동을 위한 권고, 이행과 후속조치 등으로 구성되었으며, 세부적으로는 132개 문항으로 구성되었다.

이 계획의 핵심에 해당하는 행동을 위한 권고 부분에서 ① 노인과 발전, ② 노년까지의 건강과 안녕 증진, ③ 능력을 부여하고 지원하는 환경조성 등 3가지 '행동계획 및 건의사항'을 채택하고 그 아래 18개 과제를 제시하면서 다음과 같이 개별 행동지침을 권고하고 있다.

① '노인과 개발(발전)'을 위한 행동계획(8가지 과제와 개별 목표)

ㄱ. 사회와 개발(발전)에서의 노인의 적극적 참여 분야에서는 노인의 사회적, 문화적, 경제적, 정치적 공헌의 인정과 모든 수준의 의사결정 과정에서의 노인 참여 목표의 2가지를 제시하고 있다.

ㄴ. 고령노동력 활동분야에서는 일하고자 하는 모든 노인에 대한 고용기회를 제공하는 목표를 제시하고 있다.

ㄷ. 농촌 개발, 이주, 도시화 분야에서는 농어촌지역의 생활조건 및 인프라 개선 목표, 농어촌 지역에서의 노인의 주변화 현상 제거 목표, 노인 거주자의 새 지역사회에의 통합 목표의 3가지를 제시하고 있다.

ㄹ. 지식, 교육 및 훈련에의 접근 분야에서는 계속 교육, 훈련 및 재훈련, 직업 안내 및 알선에서의 기회 균등 목표와 연령에 따른 경험증가의 이점을 고려한 모든 연령의 잠재력과 경험의 충분한 활용 목표의 2가지를 제시하고 있다.

ㅁ. 세대 간 유대 분야에서는 세대 간의 형평성과 상호성을 통한 유대 강화 목표를 제시하고 있다.

ㅂ. 빈곤 타파 분야에서는 노인 빈곤의 감소 목표를 제시하고 있다.

ㅅ. 소득보장, 사회적 보호 그리고 사회보장 및 빈곤 예방 분야에서는 모든 노동자에게 노령연금, 장애연금, 건강보호 급여 등을 포함한 기본적 사회보장이 가능하도록 하는 프로그램의 향상에 관한 목표와 사회·경제적으로 불우한 입장의 노인을 특별 고려하면서 모든 노인에 최소한의 소득보

장을 하는 2가지의 목표를 제시하고 있다.

ㅇ. 긴급 상황 분야에서는 자연재해 및 인위적 재해 시 노인에 대한 음식, 주거, 의료보호 및 기타 서비스 제공의 기회균등 목표와 비상사태 이후의 지역사회 및 사회조직 재건에 있어서 노인의 참여와 기여를 향상하는 목표의 2가지를 제시하고 있다.

② '노령기의 건강과 복리 증진'을 위한 행동계획(6가지 과제와 개별 목표)

ㄱ. 평생을 통한 건강증진과 복리 분야에서는 축적된 질병의 위험요소와 이로 인한 노령기 의존성 감소 목표와 노인의 불량한 건강상태 예방을 위한 정책 개발 목표, 그리고 모든 노인의 음식과 절절한 영양에 대한 접근에 관한 목표 등의 3가지를 제시하고 있다.

ㄴ. 건강보호에 대한 보편적이고 균일한 접근 분야에서는 노인에 대한 보편적이고 균등한 건강보호 접근을 위한 사회적 및 경제적 불평등 제거 목표, 노인의 욕구에 대응한 제1차 건강보호 개발 및 강화 목표, 노인의 욕구에 대응하는 계속적 건강보호 체계 개발 목표, 일차적 보호 및 장기요양보호서비스 개발과 강화에 있어서의 노인 참여 목표 등의 4가지를 제시하고 있다.

ㄷ. 노인과 에이즈 분야에서는 HIV[1]/AIDS의 노인 건강에 대한 영향 평가 목표, HIV/AIDS에 감염된 노인과 노인 수발자에 대한 적절한 정보, 수발훈련, 의료보호 및 사회지지 제공 목표, HIV/AIDS에 감염된 아동의 수발자로서의 노인의 역할 개발과 공헌에 대한 인정 목표의 3가지를 제시하고 있다.

ㄹ. 노인보호자 및 보건건강관련 전문가 교육과 훈련 분야에서는 노인수발에 필요한 전문직과 신체적 건강과 보건에 관련된 전문가들을 교육시키고

1) HIV는 Human Immunodeficiency Virus의 약자로 '인간면역결핍바이러스'를 말한다. 에이즈(AIDS)를 일으키는 원인 병원체이며 인체 내에 들어오면 면역을 담당하는 세포를 찾아내는 면역세포 내에서 증식을 하면서 면역세포를 파괴시키게 된다. HIV는 감염인의 모든 체액에 존재하나 특히 혈액, 정액, 질 분비물, 모유에 많은 양이 있어 주로 성관계나 감염된 혈액의 수혈, 감염된 산모의 임신, 출산을 통해 바이러스가 전파된다.

훈련하는 목표를 제시하고 있다.

ㅁ. 노인의 정신건강 욕구 분야에서는 종합적 정신건강서비스 개발 목표를 제시하고 있다.

ㅂ. 노인과 장애 분야에서는 생애과정을 통한 최대한의 기능 유지와 장애 노인의 충분한 사회참여를 증진시키는 목표를 제시하고 있다.

③ '능력을 부여하고 지원하는 환경 조성'을 위한 행동계획(4가지 과제와 개별 목표)

ㄱ. 주거(주택)와 주거환경 분야에서는 개인의 선호와 가능한 주거의 선택으로 지역사회 내에서의 노화 추진 목표와 노인의 욕구, 특히 장애노인의 욕구를 고려한 노인의 독립적 생활 증진을 위한 주거와 환경 설계의 개선 목표, 그리고 노인을 위한 접근 및 지불 가능한 교통수단 개선 목표의 3가지가 제시되어 있다.

ㄴ. 보호와 노인보호자(수발자) 지지 분야에서는 다양한 서비스를 통한 보호와 서비스의 계속적 체계 수립의 목표와 노인(특히 여성노인)의 수발자로서의 역할지지 목표의 2가지가 제시되어 있다.

ㄷ. 방치, 학대 및 폭력분야에서는 모든 형태의 노인방치, 학대 및 폭력 제거 목표와 노인학대 문제 해결을 위한 지지서비스 개발 목표의 2가지가 제시되어 있다.

ㄹ. 노인(노화)의 이미지 분야에서는 노인의 권위, 지혜, 생산성 및 기타 중요한 공헌에 대한 일반인들의 인식 증진 목표가 제시되어 있다.

④ 행동계획의 이행과 후속 조치를 위한 '행동계획 이행과 후속 조치' 부문에서는 다음과 같이 3가지 분야에서 지침들이 제시되어 있다.

ㄱ. '개별 국가 수준'에서의 행동계획의 이행과 후속 조치를 위한 지침으로는 정부의 주도적 책임, 정부와 민간(NGO, 비영리 및 영리 부분)의 협조 필요, 정부가 노인복지위원회와 같은 기구 설립의 효과성을 유지하는 것 등이 있다.

ㄴ. '국제 수준'에서의 행동계획의 이행과 후속 조치를 위한 지침으로는 국제

적 협력, 상호 경험과 지식의 교환, 책임질 국제기구 활동의 계속, 국제 연구, 국제 지표 개발에 관한 내용이 포함되어 있다.

ㄷ. '감시, 검토 및 갱신'에서의 행동계획의 이행과 후속 조치를 위한 지침으로는 정부의 검토기구 필요성과 국제기구의 감시 활동에 관한 내용 등이 포함되어 있다.

5) 우리나라 노인복지정책의 전개과정

현재의 노인복지정책 확립에 영향을 미치게 된 우리나라의 시기별 노인복지 발달과정을 살펴보면 다음과 같다(박차상 외, 2005).

(1) 해방 이후부터 1950년대까지

이 시기의 우리나라는 해방 이후 남북분단, 미군정에 의한 통치, 좌우익의 이념논쟁, 6·25전쟁 등 혼란스런 시대적 특성으로 인해 노인문제가 전혀 부각되지 못한 시기이다. 따라서 이 시기 우리나라 노인복지의 특징은 보호가 필요한 노인을 대상으로 한 구호사업이라고 할 수 있다. 노인 구호사업도 아동, 여성과 같은 사회적 약자의 개념으로 실시된 것이지 현대적 의미의 노인문제 접근이 이루어진 것은 아니었다. 또한 시대적 특성상 노인인구의 수적 증가나 고령화로 인한 노인문제가 두드러진 시기도 아니었다. 따라서 국가 차원의 사회복지사업은 임시 구호사업이었으며 사회보장제도는 전무한 형편이었다.

(2) 1960년대

1960년대 초 우리 사회의 목표는 경제발전과 생활안정이었다. 그 후 이것은 전 국민의 가치관으로 자리 잡았고 1961년에 들어와서야 생활보호법이 제정, 실시되었다. 이 시기 우리나라 노인복지제도의 특징은 생활보호법상에 근거한 소수를 위한 구빈적인 노인보호단계라고 말할 수 있다. 생활보호법 중 노인복지와 관련된 부분은 부양의무자가 없거나 부양의무자가 있어도 부양능력이 없는 자로서 연령이 65세 이상인 노인을 보호대상자에 포함시킨 부분 뿐이며, 보호수준 또한 미미하여 최저생계비에도 못 미치는 형편이었다.

(3) 1970년대

1970년대는 노인복지제도가 싹튼 시기이다. 국민 생활수준의 향상과 더불어 노인에 대한 관심도 커지고 욕구 수준도 증가하였다. 노인 스스로에 의해 분출된 욕구의 결과로 노인학교라는 제도가 탄생하였다. 노인문제는 차츰 사회문제화되고 빈곤, 주택난, 의료비 부족, 여가시설 부족 등 구체적인 욕구를 노인 스스로 호소하기 시작하였다.

이러한 사회현상이 갖는 중요한 의미는 대중매체와 일반 사회에서 노인복지법 제정을 요구하게 되었다는 점이다. 그러나 여전히 노인을 위한 정책이나 사업은 없었으며 생활보호법에 의한 최소한의 도움이 전부였다. 즉, 공공부조 제도를 통해서 생활보호, 의료보호, 군사원호보상 등이 전부였다. 1977년부터 생활보호사업에서 분리되어 실시된 의료보호 역시 65세 이상의 생활보호대상 노인에게만 제공되었다. 1979년 보건사회부는 노인복지법을 제정하기 위하여 여러 차례의 준비와 검토를 거쳐 노인복지법 초안을 마련하였다.

(4) 1980년대

1980년대는 노인복지제도의 확립 시기이다. 1980년 제5공화국이 출범하면서 내세운 국정지표에는 복지사회의 건설이 포함되어 있다. 이런 정치풍토 속에서 1981년 6월 노인복지법이 제정·공포되었고, 1982년 5월 8일에는 노인복지를 위한 올바른 인식과 정신적 바탕이 되는 경로헌장이 선포되었다. 경로헌장의 주요 내용은 가정에서 자손들의 극진한 봉양, 의식주 충족과 안락한 생활, 심신의 안정과 건강의 향유, 능력에 따른 사회활동 참여, 문화생활과 지식의 취득기회 등이 있다.

노인복지법은 경로헌장에 나타난 노인복지 이념을 구체화한 것이다. 경로우대 제도가 1980년 5월70세 이상 노인을 대상으로 처음 시행되었으며, 1982년 2월부터 65세 이상으로 확대되었다. 1983년에는 노인요양사업을 실시하였고, 의료보호법에 의한 의료보호의 적용 대상도 계속 증가하였다. 이와 더불어 저소득층을 대상으로 무료 건강진단도 실시하게 되었다.

(5) 1990년대

1990년대는 노인복지제도의 발전기이다. 1990년 노인인구의 급증으로 노인문제가 사회문제화되었으며, 사회적으로는 퇴직 노인의 수가 늘어나면서 각종 욕구가 분출되기 시작하였다. 이로 인해 1993년 노인복지법이 2차 개정되었으며 민간기업체나 개인도 유료 노인복지시설을 설치하여 운영토록 하는 계기를 맞이하게 되었다.

유료 서비스 산업인 실버산업이란 용어도 등장하였고, 많은 국민이 관심을 가짐으로써 유망산업으로 떠오르기 시작하였다. 1997년에는 3차 노인복지법 개정으로 재가노인복지사업이 노인복지사업의 한 분야로 자리매김하는 법적 근거를 마련하였다. 재가노인복지사업은 가정봉사원파견사업, 주간보호사업, 단기보호사업, 가정봉사원양성사업으로 나뉘어 실시되고 있다.

이 시기에는 심각하게 대두되고 있는 사회적 질환인 치매노인을 위한 치매센터도 운영되기 시작하였으며, 1999년 4차 노인복지법 개정으로 경로연금 지급대상자 선정기준을 완화하였고, 노인 입소시설도 비용부담에 따라 무료양로시설, 실비양로시설, 유료양로시설, 무료노인요양시설, 실비노인요양시설, 유료노인요양시설, 전문요양시설, 노인복지주택 등으로 다양하게 전문 영역이 나뉘어 발전하였다.

(6) 2000년 이후

인구의 고령화로 급변하는 사회에 탄력적으로 적응하고자 정부는 2007년의 「노인복지법」 개정에 이르기까지 노인복지의 법적·제도적 개선을 지속적으로 추진하였다. 세계적인 추세에 따라 시설복지의 제도화와 재가복지사업을 추진함과 동시에 우리나라에서도 노인학대와 같은 심각한 노인문제를 해결하기 위한 법적 근거도 마련함은 물론, 지역사회 내에서의 재가노인복지 실천을 목표로 노인장기요양보험법에 의한 노인장기요양제도를 도입하였다.

그럼에도 우리나라의 노인복지제도는 강제규정이 아닌 임의규정이나 법 선언적 성격이 강해서 개선의 여지가 많다. 따라서 노인복지의 성숙과 발전을 위해서는 노인 자신은 물론 국가, 국민 모두의 노력이 필요하다.

6) 노인복지법 개정의 주요 내용

「노인복지법」이 1981년 제정된 이후 인구학적, 사회·경제적 및 정치적 요인과 노인복지관련 이익집단의 활동 등으로 2005년까지 10차례에 걸쳐 「노인복지법」이 개정되었다. 2007년에는 2008년 7월에 시행되는 노인장기요양보험제도에 대비하여 「노인복지법」을 2006년 5월에 입법 예고하고, 2008년 3월 일부 개정하였다. 노인복지법 개정의 주요 내용은 다음과 같다.

표 10-1 노인복지법 개정의 주요 내용

구분	개정 내용
전문 개정 (1989. 12. 30.)	• 노인복지대책위원회 설치, 노령수당, 노인복지시설의 범위 확대(실버양로시설, 유로 노인요양시설, 노인복지주택 추가), 재가노인을 위한 가정봉사사업 등의 실시·지원, 노인여가시설을 경로당·노인교실·노인휴양소로 분류 등
일부 개정 (1993. 12. 27.)	• 민간기업제나 개인의 유료 노인복지시설 설치·운영 허용 • 재가복지사업의 종류를 가정 봉사원 파견사업, 주간보호사업, 단기보호사업으로 구분

구분	개정 내용
전문 개정 (1997. 8. 22.)	• 노인의 날(10월 2일)과 경로의 달(10월) 제정 • 노령수당을 경로연금으로 변경
일부 개정 (2004. 1. 29.)	• 노인학대의 방치나 학대받는 노인의 보호를 위한 긴급전화 및 노인보호 전문기관의 설치, 노인학대에 대한 신고의무와 조치사항 규정
일부 개정 (2005. 7. 13.)	• 노인의 능력과 적성에 맞는 일자리의 개발 · 보급과 교육훈련을 전담하는 노인일자리 전담기관의 설치 · 운영
일부 개정 (2007. 4. 25.)	• 노인실태조사(3년주기) 실시, 치매극복의 날(9월 21일) 지정, 치매상담센터 설치 등의 조항 신설
일부 개정 (2007. 4. 25.)	• 기초노령연금법(2007. 4. 25.) 개정으로 경로연금 조항 삭제
일부 개정 (2007. 8. 3.)	• 노인장기요양보험법(2007. 4. 2.) 개정으로 노인복지시설의 무료 · 실비 · 유료 구분 삭제 • 요양보호사 자격제도, 실종노인에 대한 신고의무 조항의 신설
일부 개정 (2010. 1. 25.)	• 요양보호사 자격시험 제도 도입 • 요양보호사 결격사유 및 자격취소 조항 신설 • 요양보호사교육기관 설립을 신고제에서 지정제로 변경
신설 (법률 제14320호) 2016. 12. 2.)	• 노인학대행위자에 대해 노인보호전문기관의 상담 · 교육 심리치료 등의 권고가 있는 경우, 이를 성실히 이행할 의무 부과 • 학대피해노인 전용쉼터 설치 및 위탁 운영근거 마련
신설	• 노인에게 안전사고예방에 필요한 시책을 수립 · 시행해야 된다(2018.12.11.). • 노인일자리지원기관에서 생산한 물품의 우선구매 필요한 조치(2019.1.15.)

2. 소득보장정책

우리나라의 소득보장정책 중 연금보험에는 1960년에 시행된 공무원연금, 1963년에 시행된 군인연금, 1975년에 시행된 사립학교교직원연금 및 1988년부터 시행된 국민연금이 있다.

1) 국민연금

(1) 국민연금의 특성

국민연금은 노령으로 소득상실의 위험에 직면한 노인들에게 일정한 소득을 제공하여 안정된 노후생활을 영위할 수 있게 하는 공적연금제도이다. 국민연금은 1973년 국민연금복지법이 제정되고 1986년에 국민연금법으로 개정하고 1988년부터 시행하기 시작하였다. 국민연금은 1999년 모든 국민을 대상으로 연금을 시행하면서 그동안 보험료율의 인상과 소득대체율의 인하 등을 비롯한 변화가 있어왔으며, 이것은 몇 가지 구조적 특징을 지니고 있다(이근홍, 2006).

첫째, 국민연금은 노후소득의 불안정에 대처하기 위해 전 국민이 공동으로 부담하는 사회연대의 원리에 기초하여 강제가입을 채택한 보편주의 제도이다.

둘째, 국민연금의 급여가 기초연금과 소득비례연금으로 이원화되어 있지 않고 하나로 통합된 단일체계라는 것이다.

셋째, 국민연금이 소득재분배 기능을 통하여 저소득층에게 유리하도록 설계되어 있다. 저소득층의 경우 낮은 소득수준 때문에 고소득층보다 적은 보험료를 납부하지만 소득재분배 기능 때문에 가입기간이 긴 경우 순연금액이 고소득층보다 높아 총연금액이 일정 수준 이상 유지되는 것으로 분석되고 있다(한국개발연구원, 2005). 국민연금이 저소득층에게 유리하게 되어 있다. 하더라도 고소득층의 경우에도 납부한 보험료보다 훨씬 많은 연금을 받기 때문에 불리한 것만은 아니다.

넷째, 국민연금의 재원조달 방식이 가입자가 모든 비용을 부담하는 기여원칙에 따른 적립방식으로 납부된 보험료가 연금으로 지급되기까지 기금으로 운용되는 형태를 띠고 있다.

(2) 적용대상

국민연금은 공무원연금, 사립학교교직원연금 및 국민연금의 가입대상자를 제외한 18세 이상 전 국민들에게 적용되며, 가입자는 사업장가입자, 지역가입자,

임의가입자 및 임의계속가입자로 구분된다.

사업장가입자는 근로자를 상시 고용하는 사업장의 18세 이상 60세 미만의 근로자와 사용자를 말한다. 이것은 1인 이상의 근로자를 사용하는 사업장 또는 주한외국기관으로서 1인 이상의 대한민국 국민인 근로자를 사용하는 사업장에 근무하는 18세 이상 60세 미만의 근로자와 사용자를 말하며, 지역가입자가 사업장에 취업하면 사업장가입자가 된다. 국민연금의 가입자는 2019년 12월 말 기준 22,216천명으로 전 국민의 42.8%를 차지하고 있다. 가입유형별로 보면, 사업장가입자가 14,158천명으로 전체의 63.7%로 나타나고 있고, 지역가입자가 7,232천명으로 32.6%, 임의가입자가 329천명으로 1.5%, 임의계속가입자가 498천명으로 2.2%를 차지하고 있다.

(3) 보험료

국민연금의 보험료는 가입자의 소득을 기준으로 부과된다. 사업장가입자의 경우 근로소득에서 비과세근로소득을 제외한 소득이 기준이 되며, 지역가입자는 농업소득, 임업소득, 어업소득, 사업소득 등이 기준이 된다. 보험료율은 기준소득월액의 9%이며, 시행 초기에 3%로 시작하여 사업장가입자는 1999년부터, 지역가입자는 2005년 이후에 9%로 인상되었다. 보험료의 부과기준은 기준소득월액이며, 하한액과 상한액의 범위에서 사업장가입자는 사용자와 근로자가 각각 4.5%, 지역가입자는 가입자가 신고한 금액을 기준으로 9%를 납부하도록 되어 있다. 2019년 12월 말 기준 기준소득월액의 최저액은 310천 원이고, 최고액은 4,860천 원이며, 그동안 조성된 국민연금기금은 7,366,538억 원으로 국민연금공단에서 관리하고 있다.

(4) 각종 연금보험 비교

국민연금 및 특수직역연금인 공무원연금, 군인연금, 사립학교교직원연금의 도입연도, 관리운영기관, 적용대상, 가입자 수, 연금기금액, 보험료, 급여종류, 노령

(퇴직)연금 수급요건 및 지급방식을 비교하면 〈표 10-2〉와 같다.

표 10-2 **각종 연금보험 비교** (2019년 12월 말 기준)

구분	국민연금	공무원연금	군인연금	사립학교교직원연금
도입연도	1988년	1960년	1963년	1975년
관리운영	보건복지부 (국민연금공단)	행정안전부 (공무원연금공단)	국방부 (인사복지실)	교육부 (사립학교교직원연금공단)
적용대상	18세 이상 60세 미만 전 국민	공무원	하사 이상 직업군인	사립학교교직원
가입자 수	22,216천명	1,195천명	187천명	407천명
연금기금	7,366,538억 원	120,429억 원	-	214,495억 원
보험료	시준소득월액의 9% (사용자 · 근로자 각각 4.5%, 지역가입자 9%)	기준소득월액의 18% (공무원 9%, 국가 9%)	기준소득월액의 14% (군인 7%, 국가 7%)	기준소득월액의 18% (교원은 개인 9%, 학교 법인 5.294%, 국가 3.706%, 직원은 개인 9%, 법인 9%)
급여종류	노령연금, 장애연금, 유족연금, 반환일시금	퇴직급여, 유족급여, 재해보상급여, 퇴직수당, 부조급여	퇴직급여, 유족급여, 재해상보상급여, 퇴직수당	퇴직급여, 유족급여, 장해급여, 퇴직수당, 요양급여, 부조급여
조령(퇴직) 연금 수급요건	가입기간 10년 이상, 2018년 62세~ 2033년 65세	10년 이상 재직, 60세, 2022년 61세~ 2033년 65세	19.5년 이상 복무, 퇴직 시	10년 이상 재직, 60세, 2022년 61세~2033년 65세
지급방식	연금	연금과 일시금 선택 가능		

출처: 이근홍(2021).

2) 국민기초생활보장

국민기초생활보장은 1961년에 제정된 생활보호제도를 2000년에 전면 개정하여 시행된 것으로 저소득층의 국가책임을 더욱 강화한 공공부조의 가장 대표적인 제도이다. 이것은 국가와 지방자치단체가 생활유지 능력이 없거나 생활이 어려운 국민에게 필요한 급여를 제공하여 이들의 최저생활을 보장하고 자활을 조성하는 것을 목적으로 하고 있다.

(1) 수급자 선정

선정기준이 과거 최저생계비를 중심으로 하였던 것을 2015년부터 맞춤형 급여를 도입하면서부터 급여종류별 선정기준과 생계급여 지급액을 정하는 기준 및 부양의무자의 부양능력을 판단하는 기준으로 기준 중위소득이 적용되고 있다. 이것은 최저생계비의 수준이 국민의 경제생활 수준에 비해 매우 비현실적으로 낮고 형식적인 부양의무자의 존재에 따른 수급자의 탈락과 저소득층의 생활고에 따른 자살사건 등 국민기초생활보장 사각지대에 대한 문제를 해결하기 위해 조정된 것이다(양옥남 외, 2016).

2021년 기준 중위소득은 1인 가구 1,827,831원, 2인 가구 3,088,079원, 3인 가구 3,983,950원, 4인 가구 4,876,290원, 5인 가구 5,757,373원, 6인 가구 6,628,603원, 7인 가구 7,497,198원이다. 수급자의 선정은 기준 중위소득을 중심으로 급여종류별로 차이를 두고 있다. 생계급여는 가구의 소득인정액이 기준 중위소득의 30% 이하, 의료급여는 40% 이하, 주거급여는 45% 이하 및 교육급여는 50% 이하를 기준으로 하고 있다.

부양의무자의 기준은 부양의무자가 없는 경우, 부양의무자가 있어도 부양능력이 없는 경우, 부양의무자가 부양능력이 미약한 경우로서 수급권자에 대한 부양비 지원을 전제로 부양능력이 없는 것으로 인정하는 경우, 그리고 부양의무자가 있어도 부양을 받을 수 없는 경우로 정하고 있다. 급여종류별로 보면 생계급여와 의료급여는 부양의무자 기준을 적용하지만, 주거급여와 교육급여는 적용하지 않는다(보건복지부, 2021).

국민기초생활보장 수급자는 2019년에 1,281,759가구 1,881,357명으로 전체 인구의 3.6%에 해당하며, 그중에서 노인세대는 391,096가구로서 전체의 30.5%인 것으로 나타나고 있다(보건복지부, 2020).

(2) 급여의 종류

국민기초생활보장 급여에는 생계급여, 의료급여, 주거급여, 해산급여, 장제급여, 교육급여 및 자활급여가 있다. 여기에서는 생계급여를 살펴본다.

생계급여는 가구의 소득인정액이 생계급여 선정기준 이하로서 생계급여 수급자로 경정된 수급자에게 지급하며, 수급자에게 의복, 음식물, 연료비, 기타 일상생활에 기본적으로 필요한 금전을 지급한다. 2021년 생계급여 기준은 1인 가구 548,349원, 2인 가구 926,424원, 3인 가구 1,195,185원, 4인 가구, 1,462,887원, 5인 가구 1,727,212원, 6인 가구 1,988,581원, 7인 가구 2,249,159원이다. 한편 주소득원의 사망, 질병, 부상, 사고, 사업부도·파산 등으로 갑자기 생계유지가 어려운 가구에게 긴급 생계급여가 제공되며, 급여기준은 기준 중위소득의 15%에 해당하는 금액을 지급한다.

3) 기초연금

기초연금은 일정소득 이하인 65세 이상 노인에게 연금을 지급하여 안정적인 소득기반을 제공함으로써 노인의 생활안정을 지원하고 복지를 증진함을 목적으로 하는 제도이다. 이것은 2014년부터 지급되지 시작하였으며, 가입자가 내는 보험료가 아닌 조세로 재원을 충당하고 있다. 기초연금은 65세 이상 전체 노인을 대상으로 하지 않고 약 70%를 대상으로 한다는 점에서 공공부조와 같은 선별주의 제도로 볼 수는 있지만, 선별주이 제도로만 보기에도 그 성격이 보호하고 보편수의 제도로 보기에도 어려운 점이 있다(원석조, 2017). 우리나라의 기초연금은 모든 노인에게 최저생활을 보장하는 정액급여인 선진 외국의 기초연금과는 차이가 있으며, 사회보험의 성격보다는 공공부조의 성격이 강한 제도라 할 수 있다.

기초연금의 수급자는 65세 이상 노인 중 가구의 소득인정액이 하위 70% 이하인 자이며, 소득인정액은 소득평가액과 재산의 소득환불액을 합산한 금액을 말한다. 2021년 기초연금 수급대상자 선정기준액은 단독가구 1,690천 원, 부부가구 2,704천 원이다. 소득인정액의 산정에서 소득의 범위는 근로소득, 사업소득, 재산소득, 공적이전소득 및 무료임차소득이다. 기초연금은 국민연금을 받지 않고 있거나, 국민연금 월 급여액이 기초연금 기준연금액의 150% 이하이거나, 국민연금의 유족연금이나 장애연금을 받고 있거나, 국민기초생활보장 수급권자이거나, 또는 장애인연금을 받는 노인에게 지급한다. 다만, 단독가구와 부부가구 간의 생활비 차이를 감안하여 부부가 모두 기초연금을 받는 경우에는 각각에 대하여 산정된 기초연금액에서 감액될 수 있으며 소득인정액과 기초연금을 산정액을 합한 금액이 선정기준액 이상인 경우 기초연금액의 일부를 감액하여 지급한다. 기초연금은 2021년에는 월 최대 단독가구 300천원, 부부가구 480천원을 지급하며, 2019년 기초연금의 수급자는 5,345천명으로 전체노인의 66.7%이었다(보건복지부, 2020).

3. 건강보장정책

1) 국민건강보험

국민건강보험은 국민의 질병·부상에 대한 예방 진단·치료·재활과 출산·사망 및 건강증진에 대하여 보험급여를 실시함으로써 국민보건 향상과 사회보장 증진에 이바지하기 위한 사회보험제도이다. 1977년 500인 이상이며, 1989년 도시지역 의료보험을 실시하면서 전 국민 의료보험시대를 맞이하였으며, 2000년부터 국민건강보험제도로 전환되어 실시하고 있다. 국민건강보험은 사회보험제도의 하나로서 다음과 같은 특성을 지니고 있다. 강제성으로 모든 국민이 의무적으로 가입해야 하는 사회보험제도이다. 또한 형평성은 피보험자의 자격이나 부담의 차등에 관계없이 급여는 획일적으로 적용되며 수익자부담 형태로 피보험자 본인이 보험료를 내고 급여를 받는다.

(1) 적용대상

국민건강보험의 적용대상은 국내에 거주하는 국민이며, 의료급여법에 따른 의료급여 수급권자를 제외한 모든 국민은 국민건강보험의 가입자 또는 피부양자가 된다. 가입자는 직장가입자와 지역가입자가 있다. 적용대상은 2019년 12월 말 기준 52,880천 명이며, 그중에서 직장가입자 37,227천 명, 지역가입자 14,164천 명 및 의료급여 수급권자 1,489천 명이다.

(2) 보험료

직장가입자의 보험료는 보수월액의 1천분의 80 범위에서 정하며, 2021년 보험료율은 6.86%이다. 직장가입자의 보험료는 사업장의 근로자와 사용자가 각각 50%씩 분담하며, 공무원은 가입자와 국가가 각각 50%씩 분담하고, 사립학교 교직원은 가입자, 학교법인, 국가가 각각 50%, 30%, 20%씩 분담한다. 국외에서 업무에 종사하고 있는 직장가입자의 보험료율은 정해진 보험료율의 100분의 50으로 한다.

지역가입자의 보험료는 세대 단의로 산정하되 가입자의 소득 · 재산 · 자동차 등을 참작하여 정한 보험료부과점수에 보험료부과점수당 금액을 곱한 금액으로 한다. 지역가입자의 2021년 부과점수당 금액은 201.5원이다.

국민건강보험에서 65세 이상 노인의 진료비는 2019년을 기준으로 전체 진료비 861,110억 원의 41.6%를 차지하고 있으며(국민건강보험공단 · 건강보험심사평가원, 2020), 노인 1인당 연간 진료비는 4,487천원에 이르고 있다(통계청, 2020). 앞으로 노인인구의 증가에 따른 의료비 부담의 지속적 증가는 국민건강보험 재정에 상당한 압박요소로 작용하게 될 것이다.

2) 의료급여

의료급여는 생활이 어려운 저소득층을 대상으로 국민보건의 향상과 사회복지의 증진을 위해 국가가 의료서비스를 제공하는 공공부조제도이다. 의료급여는 1978년 저소득층을 대상으로 의료보호를 실시하면서 시작되었으며, 2001년 의료보호가 의료급여로 명칭이 변경되었다. 의료급여의 적용대상은 1종 수급권자와 2종 수급권자로 구분되어 있다. 의료급여 대상자는 2010년에 1,674천 명이었던 것이 2019년에는 다소 감소하여 1,489천명이며, 1종 수급권자는 1,104천명이고 2종 수급권자는 384천명이다(보건복지부, 2020). 의료급여의 급여비용은 그 전부 또는 일부를 의료급여기금에서 부담하되 의료급여기금에서 일부를 부담하는 경우 그 나머지 비용은 본인이 부담한다. 의료급여 1종 수급권자과 2종 수급권자의 본인부담금이 다르게 적용된다.

의료급여 1종 수급권자는 국민기초생활보장법에 따른 의료급여 수급권자, 행려환자, 재해구호법에 따른 이재민, 「의사상자 등 예우 및 지원에 관한 법률」에 따른 의료급여 대상자, 입양특례법에 따라 국내에 입양된 18세 미만의 아동, 「독립유공자예우에 관한 법률」, 「국가유공자 등 예우 및 지원에 관한 법률」 및 「보훈보상대상자 지원에 관한 법률」의 적용을 받고 있는 사람과 그 가족, 「무형문화재 보전 및 진흥에 관한 법률」에 따라 지정된 국가무형문화재의 보유자와 그 가족, 「북한이탈주민의 보호 및 정착지원에 관한 법률」의 적용을 받고 있는 사람과 그 가족, 「5 · 18민주화운동 관련자 보상 등에 관한 법률」 제8조에 따라 보상금 등을 받은 사람과 그 가족, 「노숙인 등의 복지 및 자립지원에 관한 법률」에 따른 노숙인 등이다. 2종 수급권자는 국민기초생활보장 수급자 중 1종 수급대상이 아닌 기구이다(보건복지부, 2020).

3) 노인장기요양보험제도

노인장기요양보험제도는 2007년 4월 제정된 노인장기요양법에 의거해 2008년 7월부터 시행되고 있다. 전 국민을 대상으로 장기요양보호가 필요한 65세 이상 노인치매 등 노인성질환을 가진 자로서 의료급여 대상자도 포함된다. 고령이나 노인성질병 등으로 인하여 일상생활을 혼자 수행하기 어려운 노인들에게 신체활동 또는 가사지원들의 급여를 사회적 연대원리에 의해 제공하는 사회보험제도이다. 지금까지 가족들이 맡았던 치매 · 중풍 노인의 사적인 간병이 공적 영역으로 넘어간 것이다. 이로써 우리나라는 독일과 일본에 이어 세계에서 세 번째로 실시하는 노인장기요양 관련 사회보험을 갖추게 되었다. 우리나라의 노인장기요양보험제도에 관해서는 뒤에서 자세히 언급하기로 한다. 노인장기요양보험제도는 CHAPTER 11에서 자세하게 다루었다.

4. 주거보장정책

노인복지시설의 설치기준을 살펴보면, 국가 또는 지방자치단체를 비롯하여 사회복지법인, 비영리법인, 민간기업체, 개인 등은 시설소재지 시장 · 군수 · 구청장에게 설치신고 절차를 거치면 노인복지시설의 설치가 가능하다(심의경, 2015). 노인복지시설 중 노인주거복지시설별 입소대상에 대해서는 노인복지법 시행규칙 제14조에 명시되어 있다.

시행규칙에 따르면 양로시설의 이용대상은 '생활보호법에서 규정하고 있는 보호대상자로서 일상생활에 지장이 없는 자'로 제한하고 있으며, 노인복지법에 근거하여 실비양로시설 및 실비노인복지주택의 경우에는 4인 가족 기준 도시근로자 가구당 월평균소득 이하인 가구의 65세 이상 노인을 원칙으로 하되, 부부가 함께 입소하는 경우에는 그 이하의 자도 가능하도록 하고 있다.

1) 노인주거시설의 현황

노인주거복지시설의 유형은 양로시설, 노인공동생활가정, 노인복지주택으로 분류할 수 있다. 노인장기요양보험제도의 시행으로 2020년 기준 양로시설 209개소, 노인복지주택 36개소, 노인공동생활가정 107개소이다. 총 352개소가 설치 운영되고 있다(통계청, 2021).

노인주거시설은 「노인복지법」에 명시된 것으로,2016년 현재 양로시설과 노인공동생활가정, 노인복지주택의 3가지 시설이 해당된다. 보건복지부(2016) 노인보건복지사업안내에 따르면, 양로시설은 노인을 입소시켜 급식과 그 밖에 일상생활에 필요한 편의를 제공하는 입소정원 10명 이상의 시설을 뜻하고, 노인공동생활가정은 노인들에게 가정과 같은 주거여건과 급식, 그 밖에 일상생활에 필요한 편의를 제공하는 입소정원 5~9명 이하의 시설이다.

마지막으로 노인복지주택은 노인에게 주거시설을 분양 또는 임대하여 주거의 편의 · 생활지도 상담 및 안전관리 등 일상생활에 필요한 편의를 제공하는 30세대 이상의 시설을 뜻한다. 일상생활에 지장이 없는 상태의 노인이 이용하는 주거복지시설의 규모를 볼 때, 그 적용 범위는 0.3%에 불과하다. 즉, 대다수의 건강한 노인들은 앞서 언급한 주택 개 · 보수 등 몇 가지 정책들을 제외하고는 별다른 주거지원서비스 없이 자신이 소유한 집에서 혹은 전 · 월세 등 다양한 주거형태로 살아가고 있다는 것이다.

2) 노인주거의 유형

(1) 주거입지에 따른 유형

노인주거의 유형은 위치한 지역 및 장소에 따라 도시형, 도시근교형, 휴양 및 전원형으로 분류된다. 이 세 유형의 입지별 특성 및 주거시설형태, 단점은 〈표 10-3〉과 같다.

표 10-3 **주거입지 유형별**

구분	도시형	도시근교형	휴양 및 전원형
입지별 특성	• 대도시에 입지 • 대중교통의 이용 용이 • 인근생활편의시설 및 문화시성, 커뮤니티 시설 이용 용이 • 기존의 지역사회에 기반 • 사회와의 끊임없는 교류 • 젊은 층과의 융화 및 가족과의 교류 용이	• 도시와 가까운 곳에 입지(도심지까지 1~1.5시간 정도) • 대도시로의 왕래가 가능 • 비교적 저가의 부지 • 자연환경 양호 • 대중교통 이용혜택	• 중소도시에 경관과 자연환경이 양호한 지역에 입지 • 휴양 및 건강을 위한 지역 • 온천, 명승지 등의 관광적 요소를 갖춘 곳에 입지 • 종합적 노인 커뮤니티 고려
주거 시설 형태	• 가족동거의 3대 주택 • 공동숙사 • 노인분리세대의 공동주택	• 노인타운 • 저층 주거시설 • 기타 레저와 건강시설	• 노인촌 • 휴양과 전원풍경의 주거시설 • 각종 편의시설과 문화시설
단점	• 높은 지가로 신규 부지 확보 곤란 및 사업비용의 상승에 따른 이용료 증가 • 교통 혼잡 및 환경오염문제 • 시설 내 생활편의시설 및 문화 서비스 시설 부족 • 열악한 자연환경	• 그린벨트 등 건축제한 • 도시기능의 확산으로 기존의도 상실 가능성이 높음 • 도시와 가까워서 생활서비스 미비	• 도시기능을 기대하기 어려움 • 고립감을 느낄 수 있음 • 토지가격은 낮지만 개발비용이 높음 • 운영상 부담이 높음 • 1차적 의료시설에 의존

출처: 이진혁, 임창복(2005).

(2) 주거형태별 유형

노인의 주거형태로서 단독주거형은 생활할 수 있는 시설이 완비된 형태로 가족 및 부부 단위로 거주한다. 공동주거형은 다수의 노인이 거주하는 유형으로 근린관계 유지가 장점이며, 개별적 프라이버시 침해 위험이라는 단점이 있다.

(3) 사업방식별 유형

사업방식에 따른 유형으로 임대형, 분양형, 회원권형, 종신형(이용권형 · 예탁금형) 등이 있으며 임대형은 입주보증금의 일정액을 지불하고 주거 부분의 거주권을 확보하는 형태이다. 분양형은 주거시설의 구입과 동시에 건물 일정 부분의 소유권을 취득하며 각종 서비스에 대해서는 별도 계약이 필요하다. 회원권형은 종신

이용권과 같으며, 매매할 수 있으나 그 대상이 노인계층에 한정된다. 종신형 중 이용권형은 입주금을 일시에 지불하여 각종 시설의 종신 이용권리를 보장받으며, 예탁금형은 입주자의 종신생활을 보장한다는 점에서 이용권형과 차이가 없으나, 보험에서 나오는 연금, 배당, 보험금의 수혜자가 보증금, 종신연금형태로 이용한다(김근홍, 2005).

5. 사회참여정책

우리나라의 노인들은 핵가족화와 사회보장제도의 미비 등으로 생계위협을 받고 있으며 생계문제와 관련한 취업욕구가 높은 비율을 차지하고 있다. 따라서 국가에서는 고용정책기본법과 노인복지법을 기반으로 하여 노인들의 소득보장을 위한 일자리 창출에 노력하고 있다. 노인들이 가정과 사회의 일원으로 인간답게 살아가기 위해 경제적인 자립을 통한 주체성을 확립할 수 있도록 노동부와 보건복지부는 다양한 고용정책을 제공하고 있는데, 노인의 고용 및 소득보장을 위한 기관에는 노인취업알선센터, 노인공동작업장, 고령자취업알선센터, 고령자인재은행, 시니어클럽, 노인일자리창출사업 등이 있다.

노인을 위한 일자리창출사업은 노인복지법과 저출산고령사회기본법에 의거하여 추진되는 사업이며, 크게 공공분야와 민간분야로 구분할 수 있다. 2008년에는 사업운영의 내실을 기하기 위해 일자리 유형을 새로이 정비하였는데, 공공분야의 사회적 일자리로서는 사회공헌형, 인큐베이터형이 있으며, 민간분야의 사회적 일자리로서는 인력파견형, 자립사업단형이 있다. 사회참여정책은 CHAPTER 7 노인경제활동에서 자세하게 소개하였다.

CHAPTER 11

Social Welfare for the Elderly

노인장기요양보험

1. 노인장기요양보험제도의 이해

1) 노인장기요양보험제도의 개념

노인장기요양보험(Long-term Care Insurance for the Aged)은 고령이나 노인성 질병 등의 사유로 일상생활을 혼자서 수행하기 어려운 노인 등에게 신체활동 또는 가사활동 지원 등의 장기요양급여를 제공하여 노후의 건강증진 및 생활안정을 도모하고 그 가족의 부담을 덜어줌으로써 국민의 삶의 질을 향상하기 위하여 장기요양급여를 사회적 연대원리에 의해 제공하는 사회보험제도이다.

따라서 2008년 7월 1일부터 시행되고 있는 「노인장기요양법」의 제1조(목적)에도 "이 법은 고령이나 노인성 질병 등의 사유로 일상생활을 혼자서 수행하기 어려운 노인 등에게 제공하는 신체활동 또는 가사활동 지원 등의 장기요양급여에 관한 사항을 규정하여 노후의 건강증진 및 생활안정을 도모하고 그 가족의 부담을 덜어줌으로써 국민의 삶의 질을 향상하도록 함을 목적으로 한다."는 규정을 두고 있다.

OECD는 장기요양보호의 개념을 "만성질환 등으로 의존상태에 있는 노인 또는 생활상의 장애를 지닌 노인에게 장기간(6개월 이상)에 걸쳐서 일상생활수행능력을 도와주기 위해 제공되는 모든 형태의 보호서비스"로 정의하고 있다. 구체적으로는 간병 · 수발 등 일상지원서비스, 간호 및 기능훈련 · 재활서비스, 필요한 의료적 서비스, 주택개조 및 복지용구지원서비스 등이다. 그러나 요양보호에 대한 정의는 그 범위와 종류에 따른 차이로 국가 또는 기관마다 조금씩 다르다.

'노인장기요양보험'이란 가족이나 이웃과 같은 비공식적 체계가 아니라 국가의 책임으로 전문기관의 공식적 체계에서 서비스를 제공하는 사회보장을 의미한다. 여기서의 서비스는 건강보호서비스와 사회적 서비스를 포함한다. 건강보호서비스란 신체적 · 정신적 건강의 관리와 재활훈련 등을 말하며 사회적 서비스는 대상자의 일상생활욕구를 해결해 주는 서비스로 거동수발, 목욕서비스와 같은 대인적 보호서비스와 교통지원이나 재산관리와 같은 사회적 지원서비스가 포함된다.

노인장기요양보험제도는 서비스 대상자에게 신체중심형 서비스(배설, 목욕, 식사, 이동) 및 일상가사중심형 서비스(조리, 세탁, 청소 등)와 함께 의료중심형 서비스(요양상의 간호 진료의 보조 또는 요양상의 상담 등) 등을 제공한다. 노인장기요양보험제도는 치매 · 중풍 등의 노인성 질환을 치료함을 목적으로 하는 것이 아니라 치매 · 중풍 등의 노인성 질환, 기타 사유 등으로 인한 장애로 인하여 일상생활상의 불편이나 의존상태에 있는 대상자에게 요양 · 돌봄, 일상생활지원 등의 서비스를 제공함으로써 노인부양가구의 부담을 경감하고 자립생활을 지원하며 노인의 삶의 질을 향상하도록 한다.

2) 노인장기요양보험의 급여대상자

(1) 장기요양급여 대상자

노인장기요양급여대상자는 '65세 이상인 자' 또는 '65세 미만이지만 노인성 질병을 가진 자'로 거동이 불편하거나 치매 등으로 인지가 저하되어 6개월 이상의 기간 동안 혼자서 일상생활을 수행하기 어려운 사람이다.

표 11-1 노인성 질병의 종류

구분	질병명
한국표준 질병사인 분류	가. 알츠하이머병에서의 치매
	나. 혈관성 치매
	다. 달리 분류된 기타 질환에서의 치매
	라. 상세불명의 치매
	마. 알츠하이머병
	바. 자주막하출혈
	사. 뇌내출혈
	아. 기타 비외상성 두 개 내 출혈
	자. 뇌경색증
	차. 출혈 또는 경색증으로 명시되지 않은 뇌졸중
	카. 뇌경색증을 유발하지 않은 뇌전동맥의 폐쇄 및 협착
	타. 뇌경색증을 유발하지 않은 대뇌동맥의 폐쇄 및 협착
	파. 기타 뇌혈관 질환
	하. 달리 분류된 질환에서의 뇌혈관장애
	거. 뇌혈관질환의 후유증
	너. 파킨슨병
	더. 이차성 파킨슨증
	러. 달리 분류된 질환에서 파킨슨증
	머. 기저핵의 기타 퇴행성 질환
	버. 중풍후유증
	서. 진전

1. 질병명 및 코드는 「통계법」 제22조에 따라 고시된 한국표준질병사인 분류에 따른다.
2. 진전은 보건복지부장관이 정하여 고시하는 범위로 한다.

출처: 보건복지부(2020).

(2) 장기요양 신청자격

장기요양인정의 신청자격은 65세 이상의 노인 및 64세 이하로 노인성 질병을 가진 자가 자격대상이다. 신청인은 본인 또는 대리인이 되며, 대리인은 가족, 친족 또는 이해관계인, 사회복지전담공무원(본인이나 가족 등의 동의필요), 시장 · 군수 · 구청장이 지정하는 자가 될 수 있다. 노인장기요양보험의 가입자는 「국민건강보험법」에 적용되는 가입자와 동일하다. 따라서 장기요양급여를 받기 위한 장기요양인정을 신청할 수 있는 자는 일단 장기요양보험료를 납부한 자이어야 한다. 다만 그 피부양자이거나 「의료급여법」에 따른 의료급여 수급권자도 해당이 된다.

(3) 장기요양인정 신청 및 판정 절차

장기요양인정 신청은 1차적으로 국민건강보험공단에 장기요양인정신청서를 접수하면 소정의 교육을 이수한 공단직원(사회복지사, 간호사 등)이 신청인의 거주지를 방문하여 심신 상태를 나타내는 장기요양인정항목에 대하여 조사한다. 방문조사 후 2차적으로 신청서류는 장기요양등급판정을 위한 의사소견서를 첨부하여 공단지사(노인장기요양보험지원센터)에 제출하면 되며, 신청의 종류별(최초신청, 변경신청, 갱신신청, 이의신청)로 다소 차이가 있다.

방문조사 및 의사소견서 제출 결과를 바탕으로 국민건강보험공단의 '장기요양등급판정위원회'에서 이루어지는 장기요양등급판정 기준에 따라 장기요양 급여 대상자가 될 수 있는 것이다. 또한, 지리적 사정 등으로 직접 조사하기 어려운 경우에는 시 · 군 · 구에 조사를 의뢰하거나 공동 조사할 것을 요청할 수 있다.

노인장기요양보험을 이용하고자 하는 자는 다음과 같은 장기요양 인정 절차를 참고하면 된다.

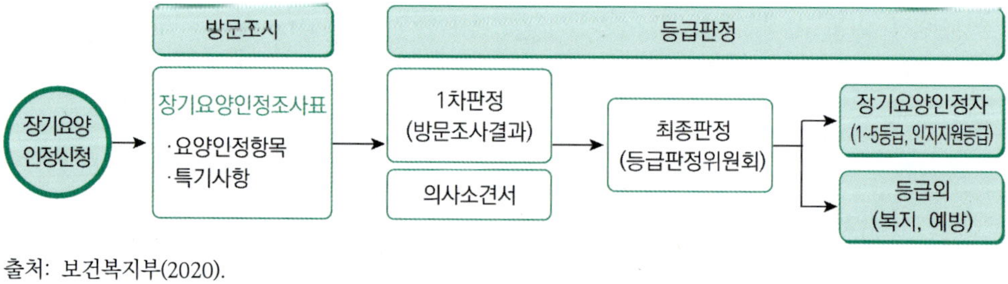

출처: 보건복지부(2020).

그림 11-1 장기요양 인정 절차

(4) 등급판정위원회 판정

장기요양 등급판정 절차는 인정신청을 접수한 후 방문조사를 통하여 장기요양 점수를 산정한 자료를 바탕으로 최종적으로 장기요양등급판정위원회에서 등급 내(1~5등급)와 인지지원등급, 등급 외로 판정하게 되는데, 장기요양등급판정위원회는 시·군·구청장이 위촉한 위원장을 포함하여 15인 이상으로 구성하며, 이 가운데 의사 또는 한의사가 각각 1인 이상이 포함되어야 한다.

신청인이 심신 상태를 나타내는 항목의 조사 결과를 입력하여 「장기요양인정 접수」를 산정한 후 시·군·구 단위로 설치된 등급판정위원회에서는 방문조사 결과, 의사소견서, 특기사항을 기초로 신청인의 기능상태 및 장기요양이 필요한 정도 등을 등급판정 기준에 따라 판정한다. 그리고 장기요양 등급판정항목 중에는 5개 영역의 52개 항목이 장기요양인정점수를 산정하는 데 활용한다. ㄱ. 신체기능영역: 12 ㄴ. 인지기능영역: 7 ㄷ. 간호처치영역: 9 ㄹ. 행동변화 영역: 14 ㅁ. 재활영역: 10

가. 등급판정 기준

공단은 장기요양인정조사표에 따라 작성된 조사결과를 토대로 컴퓨터 판정 프로그램을 통해 장기요양등급을 1차 판정한다. 공단은 조사결과서, 의사소견서 등을 등급판정위원회에 제출한다. 등급판정위원회는 대통령령이 정하는 등급판정 기준에 따라 1차 판정 결과를 심의하여 장기요양인정 여부 및 장기요양등급을 최종 판정한다. 판정은 신청서를 제출한 날로부터 30일 이내에 완료한다. 다만 정밀조사가 필요한 경우 등 부득이한 경우에는 연장할 수 있다.

지표화한 장기요양인정점수를 기준으로 판정한다. 등급판정은 제도 시행 초기에는 3개 등급으로 운영되었으나 2014년 7월부터는 3등급을 다시 세분화하여 3, 4등급으로 나누고, 치매가 있는 노인들의 신체적 활동 특성을 고려하여 5등급을 인정하여 총 5개 등급으로 판정체계를 개편하였다. 그리고 2017년 12월 26일에는 장기요양인지지원등급을 추가하였기 때문에 실제로는 6개 등급으로 볼 수 있다(표 11-2 참고).

나. 판정 결과

등급판정 결과 등에 대해서는 국민건강보험공단에 이의신청 및 재신청이 가능하다. 이의신청은 결과통보를 받은 날로부터 90일 이내 공단에 제출하면 된다.

장기요양등급 판정 결과와 등급별 상태에 대한 예시는 아래와 같다.

표 11-2 장기요양인정 점수에 따른 등급

등급	상태	장기요양 인정 점수
장기요양 1등급	심신의 기능 상태 장애로 일상생활에서 전적으로 다른 사람의 도움이 필요한 자	95점 이상
장기요양 2등급	심신의 기능 상태 장애로 일상생활에서 상당 부분 다른 사람의 도움이 필요한 자	75점 이상 95점 미만
장기요양 3등급	심신의 기능적 상태 장애로 일상생활에서 부분적으로 다른 사람의 도움이 필요한 자	60점 이상 75점 미만
장기요양 4등급	심신의 기능 상태 장애로 일상생활에서 일정 부분 다른 사람의 도움이 필요한 자	51점 이상 60점 미만
장기요양 5등급	치매대상자(노인장기요양보험법 시행령 제2조에 따른 노인성 질병으로 한정함)	45점 이상 51점 미만
인지지원 등급	치매대상자(노인장기요양보험법 시행령 제2조에 따른 노인성 질병으로 한정)	45점 미만

출처: 보건복지부(2020).

참고
• 일상생활 수동동작 ADL(Activities of Daily Living) 평가 항목: 옷 벗고 입기, 세수하기, 양치질하기, 목욕하기, 식사하기, 체위변경하기, 일어나 앉기, 옮겨 앉기, 방 밖으로 나오기, 화장실 사용하기, 대변 조절하기, 소변 조절하기

다. 판정결과 통보

공단은 장기요양등급, 장기요양급여의 종류 및 내용이 담긴 장기요양인정서와 적절한 서비스 내용, 횟수, 비용 등을 담은 표준장기요양 이용계획서를 수급자나 보호자에게 제공한 후 서비스 이용에 대해 교육한다. 장기요양인정 유효기간은 최소 2년 이상으로 한다.

표 11-3 **장기요양인정서**

장기요양 유효기간 원칙	예시
• 유효기간을 갱신할 때 갱신 직전 등급과 같은 등급으로 판정을 받는 경우 - 1등급의 경우: 4년	2017년 7월에 1등급 판정을 받고, 2018년 7월에 다시 1등급 판정을 받은 수급자는 2022년 7월에 등급판정을 받으면 됨
• 유효기간 갱신 시 갱신결과 직전 등급과 같은 등급으로 판정을 받는 경우 - 2등급~4등급의 경우: 3년 - 5등급, 인지지원등급의 경우: 2년	2017년 7월에 2등급(3등급) 판정을 받고, 2018년 7월에 다시 2등급(3등급)을 받은 수급자는 2021년 7월에 등급 판정을 받으면 됨

* 등급판정위원회는 유효기간을 6개월 범위 내에서 가감하여 조정할 수 있음(2017년 개정).
출처: 보건복지부(2020).

(5) 재원

노인장기요양보호서비스의 재원은 사회보험 및 조세 방식으로 국민이 내는 노인장기요양보험료, 국가 및 지자체의 부담, 요양서비스 이용자 본인의 일부부담으로 이루어진다.

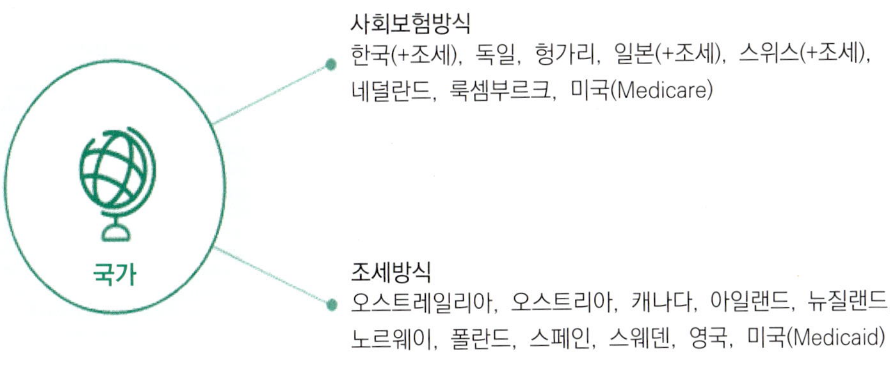

출처: 국민건강보험, 장기요양 홈페이지.

그림 11-2 **외국의 사례(사회보험방식과 조세방식)**

가. 노인장기요양보험료

건강보험료를 내는 사람(직장가입자, 지역가입자)은 장기요양보험료를 내야 하며, 장기요양보험료는 건강보험료액에 장기요양보험료율을 곱하여 산정한다. 노인장기요양보험료 금액은 매월 납부하는 건강보험료액에 노인장기요양보험료율을 곱하여 산정되는데, 2008년 장기요양 시행 초기에 약 3~4%(건강보험료액의 6.55%, 평균 5,709원) 수준에서 결정하였다. 공단은 장기요양보험료와 건강보험료를 통합하여 징수하고, 징수 후 장기요양보험료와 건강보험료는 각각 독립회계로 관리한다.

나. 국가지원

국가는 보험료 예상 수입액의 20%를 국고에서 부담한다. 국가와 지방자치단체는 의료급여수급권자의 장기요양급여비용, 의사소견서 발급비용, 방문간호지시서 발급비용 중 공단이 부담하여야 할 비용 및 관리운영비의 전액을 부담한다.

다. 본인일부부담금

급여 대상자가 시설급여를 이용하면 20%, 재가급여를 이용하면 15%를 본인이 부담한다. 저소득층, 의료급여수급권자 등은 법정 본인부담금의 40~60%를 경감하여 준다. 국민기초생활수급권자는 본인일부부담금을 전액 면제한다(단, 비급여 항목은 전액을 본인이 부담한다).

경감대상자는 「국민기초생활보장법」상 소득인정액이 최저생계비 130% 이하에 해당하는 차상위계층으로 각 호에 해당하는 자, 의료급여수급권자 중 「의료급여법」 제3조 제1항에 해당하는 자 등이다. 국민기초생활보장 수급자와 같은 공공부조 대상자도 포함된다. 다만 이들에 대한 보험료는 정부가 100% 부담하며, 정부의 재정부담은 공공부조자(국고 및 지방비)에 대해서는 수발급여비의 총액을 지원하는 것으로 하고, 건강보험 가입자에 대해서는 현행 건강보험의 국고부담체계와 동일한 대상에 대하여 동일한 수준을 부담하기로 하였다.

경감대상자는 「국민기초생활보장법」상 소득인정액이 최저생계비 130% 이하에 해당하는 차상위계층으로 각 호에 해당하는 자, 의료급여수급권자 중 「의료급여법」 제3조제1항에 해당하는 자 등이다. 국민기초생활보장 수급자와 같은 공공부조 대상자도 포함된다. 다만 이들에 대한 보험료는 정부가 100% 부담하며, 정부의 재정부담은 공공부조자(국고 및 지방비)에 대해서는 수발급여비의 총액을 지원하는 것으로 하고, 건강보험 가입자에 대해서는 현행 건강보험의 국고부담체계와 동일한 대상에 대하여 동일한 수준을 부담하기로 하였다.

(6) 장기요양기관의 비용청구 및 지급

장기요양기관은 수급자에게 재가급여 또는 시설급여를 제공한 경우, 공단에 장기요양급여비용을 청구한다. 공단은 장기요양기관으로부터 재가급여비용 또는 시설급여비용을 청구 받은 경우 이를 심사하여 장기요양에 사용된 공단부담금을 당월 장기요양기관에 지급한다.

장기요양급여의 비용을 지급하기 위하여 요양보호서비스별 특징과 서비스 이용량(자원소모량)에 따른 수가의 차등화가 반영될 수 있는 재가서비스 수가 및 시설서비스 수가체계를 마련하고 있다. 구체적 수가는 등급별·서비스별 일당 혹은 방문당 수가를 책정하는 것으로 한다. 이 수가는 건강보험과 마찬가지로 매년 정부에서 결정하여 고시한다.

장기요양급여비는 요양보호서비스의 사업자인 국민건강보험공단에 청구하면 심사하여 지급한다. 보험료율은 장기요양위원회의 심의를 거쳐 대통령령으로 정한다. 장기요양위원은 위원장, 부위원장 포함 22인으로 구성되며 가입자 대표(근로자단체, 사용자단체, 시민단체, 노인단체, 농어민 및 자영업 단체)와 요양기관 및 의료계, 공익대표(학계, 공무원, 공단추천자 등)로 구성된다.

(7) 서비스 전달체계

국민건강보험공단은 보험료의 징수, 고지, 장기요양인정 접수, 방문조사, 등급판정 통지 표준장기요양이용계획서의 제공, 서비스 모니터링, 서비스 비용의 심사, 지급 등 노인장기요양보험의 전반적인 업무를 담당하고 있으며, 장기요양서비스 사업자는 시설급여, 재가급여 장기요양기관에서 수급자에게 서비스를 제공하고 있다.

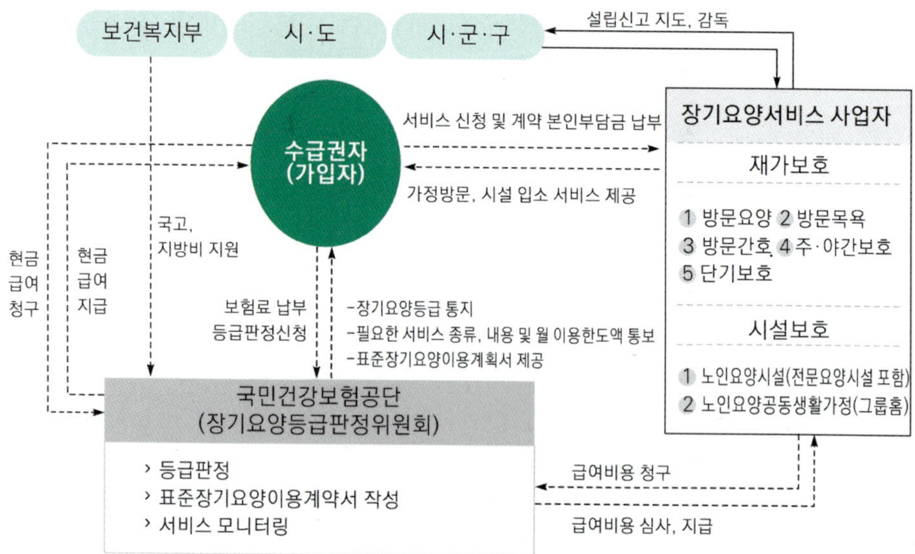

출처: 보건복지부(2020).

그림 11-3 서비스 전달체계

2. 장기요양급여 유형 및 내용

1) 재가급여

가정에서 생활하며 장기요양기관이 운영하는 방문요양, 방문목욕, 방문간호, 주·야간보호, 단기보호 등 신체활동 및 심신기능의 유지·향상을 위한 서비스를 제공받는다.

재가급여서비스 중 방문간호는 의료법 시행규칙 제24조에 따라 기본간호 및 교육, 훈련 및 상담, 일부 검사, 투약, 주사 등을 의사의 처방(방문간호 지시서)에 의하여 제공한다. 요양보호사는 방문간호의 내용은 절대 수행해서는 안 되며, 필요한 경우 방문간호를 이용할 수 있도록 연계해야 한다.

재가급여기관은 「노인복지법」상의 노인복지시설 중에서 '재가노인복지시설'에서 제공하는 4가지 서비스와 '방문간호' 서비스를 의미한다. 노인장기요양보험제도 시행에 맞춰 「노인복지법」을 개정한 2008년 4월 4일 이전에는 가정봉사원파견시설, 주간보호시설, 단기보호시설 등이 해당되었으나 그 이후에는 시설명칭이 변경되어 방문요양서비스, 주・야간보호서비스, 단기보호서비스, 방문목욕서비스 중 어느 하나 이상의 서비스 제공을 목적으로 하는 시설을 말한다.

단, 건강보험의 경우 병・의원 설치신고 시 건강보험요양기관으로 당연 지정이 되지만 기존 노인복지시설은 별도의 지정 행위를 거쳐서 장기요양보험의 요양기관이 될 수 있다. 재가급여시설의 지정은 「노인장기요양보험법」상의 시설기준과 인력 기준을 적용하여 시・군・구청장이 지정한다.

표 11-4 재가급여의 종류

급여의 종류	내용
방문요양	장기요양요원이 수급자의 가정 등을 방문하여 신체활동 및 가사활동 등을 지원
방문목욕	장기요양요원이 목욕설비를 갖춘 장비를 이용하여 수급자의 가정 등을 방문하여 목욕을 제공
방문간호	장기요양요원인 간호사 등이 의사, 한의사 또는 치과의사의 지시서(이하 "방문간호지시서"라 한다)에 따라 수급자의 가정 등을 방문하여 간호, 진료의 보조, 요양에 관한 상담 또는 구강위생 등을 제공
주・야간보호	수급자를 하루 중 일정한 시간 동안 장기요양기관에 보호하여 신체활동 지원 및 심신기능의 유지・향상을 위한 교육・훈련 등을 제공
단기보호	수급자를 보건복지부령으로 정하는 범위 안에서 일정 기간 동안 장기요양기관에 보호하여 신체활동 지원 및 심신기능의 유지・향상을 위한 교육・훈련 등을 제공
기타 재가급여 (현, 복지용구사업소)	수급자의 일상생활・신체활동 지원 및 인지기능의 유지・향상에 필요한 용구를 제공하거나 가정을 방문하여 재활에 관한 지원 등을 제공하는 장기요양급여로서 대통령령으로 정하는 것

출처: 보건복지부(2020).

표 11-5 **재가급여의 장단점**

장점	단점
• 평소에 생활하는 친숙한 환경에서 지낼 수 있다. • 사생활이 존중되고 개인 중심 생활을 할 수 있다.	• 의료, 간호, 요양서비스가 단편적으로 진행되기 쉽다. • 긴급한 상황에 신속하게 대응하기 어렵다.

2) 시설급여

가정에서 생활하지 않고 노인요양시설, 노인요양공동생활가정 등에 입소하여 신체활동 지원 및 심신기능의 유지·향상을 위한 서비스를 제공받는다.

시설급여기관은 의료기관에 속하는 요양병원이 아닌 노인복지시설 중에서 노인의료복지시설을 의미한다. 노인장기요양보험제도 시행에 맞춰 「노인복지법」을 개정한 2008년 4월 4일 이전에는 노인요양시설, 실비노인요양시설, 유료노인요양시설, 노인전문요양시설, 유료노인전문요양시설 등이 해당되었으나 법 개정 이후에는 시설 명칭이 통합 변경되어 노인요양시설, 노인요양공동생활가정으로 당연 지정이 되지만 기존 노인복지시설은 별도의 지정 행위를 거쳐서 장기요양보험의 요양기관이 될 수 있다. 시급여시설은 「노인복지법상에서 규정하는 시설기준과 인력 기준을 적용하여 시·군·구청장이 지정한다.

표 11-6 **시설급여의 종류**

급여 종류	내용
노인요양시설	치매·중풍 등 노인성 질환 등으로 심신에 상당한 장애가 발생하여 도움이 필요한 노인을 입소시켜 급식·요양과 그 밖에 일상생활에 필요한 편의를 제공하는 시설이다(10인 이상, 자가소유).
노인요양 공동생활가정 (그룹홈)	치매·중풍 등 노인성 질환 등으로 심신에 상당한 장애가 발생하여 도움이 필요한 노인에게 가정과 같은 주거 여건과 급식·요양, 그 밖에 일상생활에 필요한 편의를 제공하는 시설이다(5~9인 이내, 임대 가능).

출처: 보건복지부(2020).

표 11-7 **시설급여의 장단점**

장점	단점
• 의료, 간호, 요양서비스를 종합적으로 제공 받을 수 있다.	• 지역사회(가족, 형제, 이웃)와 떨어져 지내며 소외되기 쉽다. • 개인중심의 생활이 어렵다.

3) 특별현금급여

특별현금급여는 장기요양기관이 현저히 부족한 지역(도시 · 벽지)에 거주하는 자, 천재지변 등으로 장기요양기관이 실시하는 장기요양급여를 이용이 어렵다고 인정된 자, 장기요양기관이 아닌 노인요양시설에서 요양을 실시한 자, 신체, 정신, 성격 등의 사유로 가족 등이 장기요양을 받아야 하는 자에게 지급하는 「노인장기요양보험법」상의 가족요양비, 특례요양비, 요양병원간병비 등을 말한다.

(1) 가족요양비

국민건강보험공단은 다음의 어느 하나에 해당하는 수급자가 가족 등으로부터 방문요양에 상당한 장기요양급여를 받은 때 대통령령으로 정하는 기준에 따라 당해 수급자에게 가족요양비를 지급할 수 있다.

가. 도서 · 벽지 등 장기요양기관이 현저히 부족한 지역으로 보건복지부장관이 정하여 고시하는 지역에 거주하는 자

나. 천재지변이나 그 밖에 이와 유사한 사유로 인하여 장기요양기관이 제공하는 장기요양급여를 이용하기가 어렵다고 보건복지부장관이 인정하는 자

다. 신체 · 정신 또는 성격 등 대통령령으로 정하는 사유로 인하여 가족 등으로부터 장기요양을 받아야 하는 자

(2) 특례요양비

국민건강보험공단은 수급자가 장기요양기관이 아닌 노인요양시설 등의 기관 또는 시설에서 재가급여 또는 시설급여에 상당한 장기요양급여를 받은 경우 대통령령으로 정하는 기준에 따라 당해 장기요양급여비용의 일부를 당해 수급자에게 특례요양비로 지급할 수 있다. 이때 장기요양급여가 인정되는 기관 또는 시설의 범위, 특례요양비의 지급절차, 그 밖에 필요한 사항은 보건복지부령으로 정한다.

(3) 요양병원 간병비

국민건강보험공단은 수급자 「의료법」 제3조 제2항 제3호 라목에 따른 요양병원이 입원한 때 대통령령으로 정하는 기준에 따라 장기요양에 사용되는 비용의 일부를 요양병원간병비로 지급할 수 있다. 이에 따른 요양병원 간병비의 지급 절차와 그 밖에 필요한 사항은 보건복지부령으로 정한다.

4) 기타 재가급여(복지용구)

노인장기요양보험급여 복지용구는 심신기능이 저하되어 일상생활을 수행하는데 지장이 있는 대상자에게 일상생활 또는 신체활동을 지원할 때 필요한 용구로서 보건복지부장관이 정하여 고시한다. 기타 재가급여는 수급자의 일상생활 · 신체활동 지원에 필요한 용구를 제공하거나 가정을 방문하여 재활에 관한 지원 등을 제공하는 급여를 말한다. 즉 휠체이, 전동 · 수동침대, 욕창방지매트리스 · 방석, 욕조용 리프트, 이동욕조, 보행기 등을 급여하는 서비스이다. 복지용구의 급여방식 및 급여품목을 보면 다음과 같다.

표 11-8 **복지용구 품목**

구입 품목(11종)	대여 품목(8종)
가. 이동변기	가. 수동휠체어
나. 목욕의자	나. 전동침대
다. 성인용 보행기	다. 수동침대
라. 안전손잡이	라. 이동욕조
마. 미끄럼방지용품(미끄럼방지매트, 미끄럼방지액, 미끄럼방지양말)	마. 목욕리프트
바. 간이변기(간이대변기 · 소변기)	바. 배회감지기
사. 지팡이	사. 경사로
아. 욕창예방방석	아. 욕창예방 매트리스(겸)
자. 자세변환용구	
차. 요실금팬티	
카. 욕창예방 매트리스(겸)	

출처: 보건복지부(2020).

3. 장기요양서비스 이용 지원

장기요양서비스를 이용하고자 하는 노인이나 그 가족은 먼저 국민건강보험공단의 해당 양식에 따라 장기요양인정 신청을 해야 한다. 그러면 국민건강보험공단은 인정조사 등을 통해 등급을 판정하고, 등급판정을 받은 대상자는 아래 그림과 같이 장기요양서비스를 이용할 수 있다.

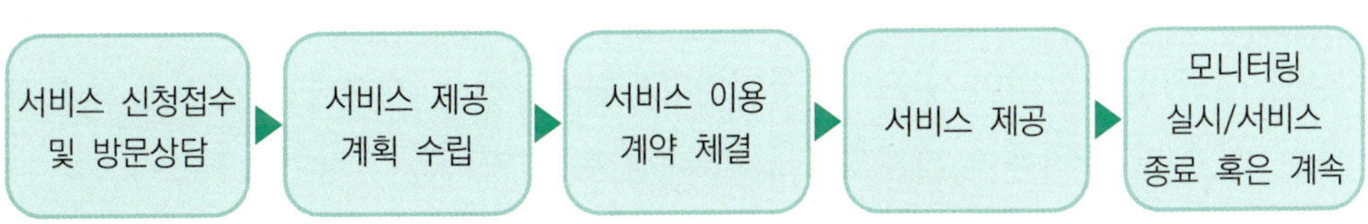

출처: 보건복지부(2020).

그림 11-4 **장기요양서비스 이용 절차**

1) 서비스 신청 및 상담

대상자가 장기요양서비스를 이용하기 위해서는 먼저 장기요양기관을 방문하거나 전화로 상담을 받는다. 장기요양기관은 대상자 또는 가족이 장기요양서비스를 신청하면 상담을 통해 해당 기관 서비스를 제공할 수 있는지를 판단한다. 장기요양서비스를 이용하고자 할 때는 장기요양인정서와 표준장기요양이용계획서가 필요하다.

(1) 장기요양인정서

국민건강보험공단은 등급판정을 받은 대상자에게 장기요양인정서를 발급한다. 장기요양인정서에는 대상자의 기본인적사항과 장기요양등급, 유효기간, 이용할 수 있는 급여의 종류와 내용, 대상자가 장기요양서비스를 제공받을 때 필요한 안내 사항 등이 포함되어 있다. 장기요양서비스를 받으려면 대상자와 그 가족이 기관에 제출해야 한다.

(2) 개인별 장기요양이용계획서

표준장기요양이용계획서의 역할은 두 가지이다. 하나는 대상자 및 가족들이 적절한 장기요양서비스를 이용할 수 있도록 안내하는 역할이고, 또 하나는 장기요양기관이 대상자를 이해하는 데 도움이 되는 자료로서의 역할이다.

표준장기요양이용계획서에는 대상자의 등급에 따라 이용할 수 있는 한도액과 본인부담률이 포함되어 있으며, 국민건강보험공단에서 제시하는 급여의 조류와 횟수, 이에 따른 비용이 기재되어 있어 대상자 및 가족들이 장기요양서비스를 이해하고 이용하는 데 도움을 준다.

2) 서비스 제공 계획 수립

대상자 및 가족이 서비스를 신청하면 장기요양기관은 먼저 가정을 방문하여 대상자의 기능상태평가와 욕구평가를 하고, 평가 내용을 바탕으로 서비스의 목표를 설정하고 구체적인 서비스의 내용과 횟수, 비용을 결정한다. 서비스 제공 계획을 수립할 때는 국민건강보험공단이 작성한 표준장기요양이용계획서를 바탕으로 한다.

3) 서비스 이용 계약 체결

서비스 제공 계획이 수립되면 대상자와 그 가족에게 서비스 제공 계획 내용을 충분히 설명한다. 대상자와 가족이 서비스 제공 계획에 동의를 하면 서비스 이용 계약을 체결한다. 서비스 이용 계약을 체결할 때는 반드시 계약서 내용을 꼼꼼히 확인하고 서명해야 한다.

4) 서비스 제공

서비스 이용 계약이 체결되면 장기요양기관은 대상자에게 서비스 제공 계획서를 바탕으로 서비스를 제공한다. 요양보호사는 서비스 제공 계획서에 기입되어 있는 대상자의 주요 기능상태와 욕구 등을 명확히 인식하고 서비스 내용과 시간, 방법 등을 파악하여 서비스를 제공한다.

5) 모니터링

대상자 및 가족에게 만족스러운 서비스가 제공되고 있는지, 새로운 변화가 발생했는지 등에 대해 모니터링한다. 장기요양기관은 이러한 모니터링 결과에 따라서 서비스 제공 계획을 수정할 수도 있다.

6) 서비스 종료

대상자가 사망하거나 대상자 스스로 종료를 원할 때, 혹은 타 기관으로 이관되었을 때는 서비스가 종료된다.

4. 일본 개호보험제도

1) 일본 개호보험제도의 개요

일본 고령인구는 2015년까지 급속한 증가 추세를 보였으며, 그 이후에도 75세 이상의 후기 고령인구는 계속해서 증가하고 있다. 이러한 고령사회를 맞이하여 개호문제에 적절히 대응하고, 개호를 필요로 하는 분들을 사회 전체가 지원하는 사회보험제도로서 2000년 4월부터 개호보험제도가 시행되었다.

그 후 재택서비스를 중심으로 서비스 이용이 급속히 증가하는 등 안정된 노후를 지원하는 제도로서 정착해 왔다. 개호보험제도는 나이가 듦에 따라 발생하는 질환 등으로 개호가 필요하게 된 상태일지라도, 존엄을 유지하고 가능한 한 자립적인 일상생활을 영위할 수 있도록 이용자의 선택에 따라 필요한 서비스를 종합적이고 일체적으로 제공하는 시스템이다. 제도의 운용 주체(보험자)는 주민에게 가까운 시・정・촌이다. 국가・도쿄도는 사업이 원할히 진행되도록 운영을 지원하고 있다(日本 東京都, 2018).

일본개호보험의 운영주체는 기초자치단체인 시・정・촌(市・町・村)이 보험자가 되며, 국가, 도・도・부・현, 의료보험자, 연금보험자가 중층적으로 지원하는 시스템이다.

한편 일본의 사회보험체계를 보면 일본은 우리나라와 비슷하게 사회보험이 고용, 산재보험(노동자재해보상보험)과 국민연금, 의료보험, 개호보험이 노동과 후생부처 등에서 관장하고 있으며, 역사적 발달과정에서 필요에 의해 각 법이 성립됨에 따라 대상별로 개별 법에 근거하여 사회보험이 적용되는 복잡한 체계를 이루고 있다. 그러나 제도와 재정이 독립되어 있어도 통합·연계가 가능한 관리업무는 일원화함으로써 효율성을 추구하고 있으며, 산재보험과 고용보험, 의료보험과 연금보험 간에는 통합된 적용·징수체계를 갖추고 있다. 여기에서 일본의 개호보험제도의 개요를 정리해보면 다음과 같다.

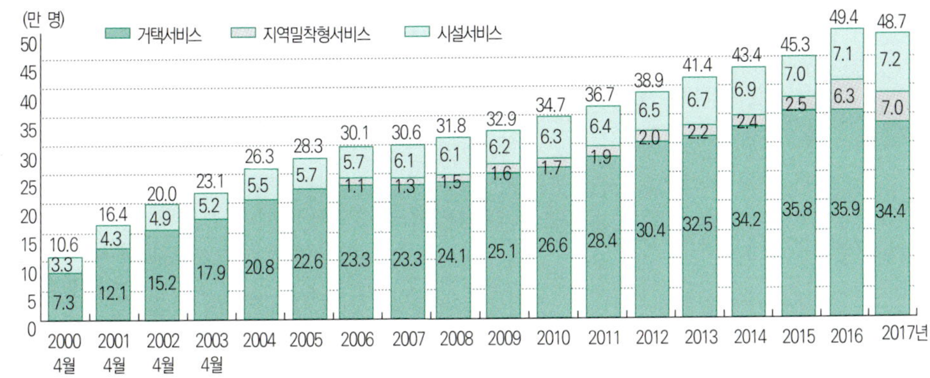

주 1) 거택개호서비스에는 거택개호예방서비스, 지역밀착형 개호서비스에는 지역밀착형 개호예방서비스가 포함됨.
2) 제2호 피보험자를 포함.
자료: 도쿄도 복지보건국, 개호보험사업상황보고(월보).
출처: 日本 東京都(2018).

그림 11-5 도쿄도 개호보험 서비스별 수급자(이용자) 수 추이

2) 개호보험대상자

일본 장기요양보험제도에는 두 종류의 피보험자가 있는데, 65세 이상의 노인(제1호 피보험자)과 40~65세 미만의 의료보험가입자(제2호 피보험자)로 구분하고 있다.

피보험자는 65세 이상을 대상으로 한 '제1호 피보험자'와 40세 이상에서 64세까지의 보험가입자를 대상으로 한 '제2호 피보험자'로 구분된다. '제1호 피보험자'는 요개호 상태가 되면 무조건 보험급여의 수급권이 생기고, '제2호 피보험자'의 경우는 노인초기의 치매, 뇌혈관질환 등 노화가 원인이 되는 특정질환 상태에 국한해 보험급여를 받을 수 있는 체제이다.

3) 일본 개호보험제도의 등급 구분 및 상태

표 11-9 일본 개호보험제도의 등급 구분 및 상태

구분	신체 상태	치매 정도	요개호 인정시간
요지원1	일상생활 능력은 기본적으로 있지만, 목욕 등에 일부 개호가 필요한 상태	증상이 있어도 일상생활에 지장이 없는 상태	25~32분
요지원2	일어서기나 보행이 불안정한 상태	건망이 있어도 대부분 생활에 큰 지장을 일으키지 않는 상태	32~50분
요개호1	일어서기나 보행이 불안정하고 배설, 목욕 등에 일부 개조가 필요한 상태	건망, 사고, 감정 등의 장애로 충분한 설명이 있어도 적절한 이해가 곤란한 상태	
요개호2	일어나기가 자력으로 곤란하고 배설, 목욕 등에 일부 또는 전체 개조가 필요한 상태	일과나 방금 전의 상황을 부분적으로 모르기 때문에 생활에 지장을 주고, 타인과의 관계가 원활하지 못한 상태	50~70분
요개호3	일어나기, 뒤집기가 자력으로 불가능하고 배설, 목욕, 옷 갈아입기 등에서 전체 개조가 필요한 상태	생년월일, 자기 이름을 모르게 되고, 옷 갈아입기 등 신체 처리를 스스로 못하게 되는 상태	70~90분
요개호4	배설, 목욕, 옷 갈아입기 등 많은 행위에 전면적인 개조가 필요한 상태	항상 의사소통이 곤란하고 일상생활에 지장을 주는 행동이 빈번하게 보이는 상태	19~110분
요개호5	생활 전반에 대해 전면적인 개조가 필요한 상태	전반적인 이해가 저하되어 있는 상태	110분 이상

자료: 일본후생통계협회(2016). 보험과 연금의 동향.
출처: 日本 東京都(2018).

4) 서비스 이용절차

(1) 신청

본인이나 가족이 직접 시 · 정 · 촌에 신청한다.

가. 65세 이상인 자: 개호가 필요하게 된 원인과 관계없이 급부대상이 된다.
나. 40~64세로 의료보험에 가입한 자: 아래에 제시한 특정 질병이 원인으로

개호가 필요하게 된 경우에 급부대상이 된다.

(제2호 피보험자 특정 질환명)

① 암(말기) ② 류머티즘관절염 ③ 근위축성측색경화증 ④ 후종인대골화증 ⑤ 골절을 동반하는 골다공증 ⑥ 초로기 인지증(치매) ⑦ 진행성 핵상성 마비, 대뇌피질기저핵 변성증 및 파킨슨병 ⑧ 척수소뇌변성증 ⑨ 척주관협착증 ⑩ 조로증 ⑪ 다계통 위축증 ⑫ 당뇨병성 신경장애, 당뇨병성 신증 및 당뇨병 망막증 ⑬ 뇌혈관질환 ⑭ 폐색성 동맥경화증 ⑮ 만성 폐색성 폐질환 ⑯ 양측 무릎관절 또는 고관절에 현저한 변형을 동반하는 변형성 관절증

(2) 요개호(요지원) 인정

개호나 지원의 필요 정도를 판정한다.

(3) 케어플랜 작성

개호보험서비스를 이용할 때는 자립적인 일상생활을 영위하기 위해, 개호지원 전문원(케어매니저)과 함께 필요성에 따라 서비스를 종합한 케어플랜을 작성한다.

가. 요개호 1~5로 인정받은 자: 케어플랜은 거택개호지원사업소의 케어매니저에게 작성을 의뢰할 수 있다. 본인이 작성할 수도 있다.

나. 요지원 1 · 2로 인정받은 자: 케어플랜은 지역포괄지원센터에 작성을 의뢰할 수 있다. 본인이 작성할 수도 있다.

(4) 개호서비스의 이용자 부담

개호서비스를 이용하는 경우, 서비스에 드는 비용의 90% 또는 80%가 개호보험에서 지급되고, 나머지 10% 또는 20%를 이용자가 부담한다. 또, 2018년 8월부터 20% 부담자 가운데 특히 소득이 높은 자는 이용자 부담이 30%가 된다. 단, 거택개호지원, 개호예방지원에는 이용자 부담이 없다.

(5) 이용자 부담의 경감제도

개호서비스 등의 이용자 부담에는 '생계유지 곤란자에 대한 이용자 부담액 경감제도'가 있다. 시 · 정 · 촌이 '생계유지가 곤란하다'고 인정한 이용자에게 개호서비스의 10% 부담과 식비, 시설의 거주비 등의 자기부담을 약 4분의 3으로 경감해주는 시스템이 있다.

5) 개호보험의 재원 구성

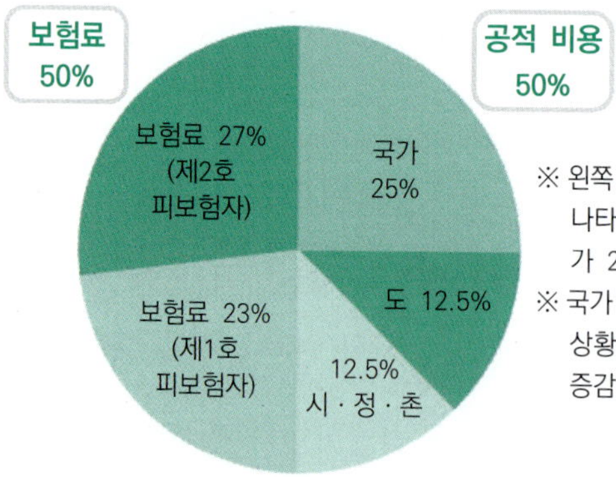

※ 왼쪽 그래프는 방문개호 등 재택계 서비스의 재원을 나타내었다. 개호보험시설 · 특정시설의 급부비는 국가 20%, 도 17.5%이다.

※ 국가 부담 중 5%는 재정조정교부금으로 피보험자의 상황에 따라 배분되기 때문에 시 · 정 · 촌의 부담률은 증감한다.

출처: 日本 東京都(2018).

그림 11-6 개호보험의 재원

6) 보험료

(1) 65세 이상인 분(제1호 피보험자)의 보험료

65세 이상인 자의 보험료는 3년마다 각 시 · 정 · 촌이 정하는 기본액에 소득단계에 따른 비율을 곱하여 결정되며, 그 금액은 시 · 정 · 촌에 따라 다르다.

(2) 40~64세인 분(제2호 피보험자)의 보험료

40~64세인 자의 보험료는 별도로 책정되어 의료보험(국민건강보험 등)의 보험료 일부로서 징수된다. 보험료액 등은 의료보험에 따라 다르다.

7) 개호서비스 유형

(1) 가정에서 받는 서비스

가. 방문개호
나. 정기순회 · 수시대응형 방문개호간호*(지역밀착형서비스)
다. 야간대응형 방문개호*(지역밀착형서비스)
라. 방문입욕개호
마. 방문간호
바. 방문재활치료
사. 거택요양관리지도

(2) 시설 등에 가서 받는 서비스

가. 통소개호, 지역밀착형통소개호*(데이서비스)
나. 인지증(치매)대응형 통소개호*(데이서비스)
다. 통소재활치료(데이케어)
라. 단기입소 생활개호(복지계 쇼트스테이)
마. 단기입소 요양개호(의료계 쇼트스테이)
바. 소규모 다기능형 거택개호*(지역밀착형서비스)
사. 간호 소규모 다기능형 거택개호*(지역밀착형서비스)

(3) 시설 등에 생활하면서 받는 서비스

가. 개호노인보건시설

나. 개호노인보건시설(특별양호노인홈)

다. 지역밀착형 개호노인복지시설*(특별양호노인홈)(지역밀착형서비스)

라. 인지증(치매)대응형 공동생활개호*(인지증(치매)고령자그룹홈)(지역밀착형서비스)

마. 특정시설입거자 생활개호

바. 지역밀착형 특정시설입거자 생활개호*(지역밀착형서비스)

사. 개호요양형 의료시설

아. 개호의료원

8) 일본 개호보험 지역지원사업

(1) 지역지원사업

지역지원사업은 고령자가 요개호(요지원)상태로 되는 것을 예방하는 동시에, 요개호상태가 된 경우에도 가능한 한 자립적인 일상생활을 영위할 수 있도록 지원하는 것을 목적으로 각 시 · 정 · 촌이 시행하는 사업이다.

***지역밀착형서비스**

생활에 익숙한 지역에서 다양하고 유연한 서비스를 받으며 생활을 계속할 수 있도록 마련된 서비스 시스템이다.

① 서비스는 기본적으로 사업소나 시설이 있는 시 · 정 · 촌의 주민이 이용하게 된다.

② 시 · 정 · 촌이 사업소나 시설에 대한 지정 · 지도 등을 시행한다.

③ 시 · 정 · 촌이 지역의 실정에 따라 개호보수를 설정한다(정기순회 · 수시대응형 방문개호간호, 야간대응형 방문개호, 소규모 다기능형 거택개호, 간호 소규모 다기능형 거택개호에 한정).

④ 지역주민 등이 지정(거부)이나 지정 기준 · 보수의 설정에 관여하는 공평하고 공정 · 투명한 시스템이 되어 있다.

(2) 지역포괄지원센터

고령자가 생활에 익숙한 지역에서 건강하고 활기차게 생활을 영위해 나가기 위해서는, 개호보험서비스뿐만 아니라 보건 · 의료 · 복지의 전문직과 자원봉사자 등 지역의 다양한 자원이 통합된 포괄적인 케어가 필요하다.

시 · 정 · 촌이 설치하는 지역포괄지원센터에는 주임 케어매니저, 보건사, 사회복지사 등의 직원이 배치되어, 그 전문지식과 기능을 서로 활용하면서 고령자와 그 가족 등에게 종합적인 지원을 제공하고 있다.

지역포괄케어시스템의 구축 상황은 지역에 따라 다르다. 이는 니키(二木立, 2015)가 지적한 것처럼, 지역포괄케어는 상의하달의 '시스템'이 아니라 환자에 대한 의료와 개호, 생활지원을 담당하는 전문직의 '네트워크'이기 때문일 것이다. 시스템이라면 의료보험이나 개호보험처럼 법률 등을 통해 전국에서 일률적으로 실시할 수 있지만 네트워크는 전국에 일률적으로 적용할 수 있는 모델이 없고, 지역의 자주적인 대처에 맡겨야 하는 측면이 크다. 또 지역포괄케어시스템의 주요 담당자는 지역에 따라 다르다. 따라서 지역포괄케어의 추진은 쉽지 않고 자연스럽게 지역 간 격차도 크게 벌어져 버렸다(후지모리 가츠히코, 류재상, 김수홍, 2018).

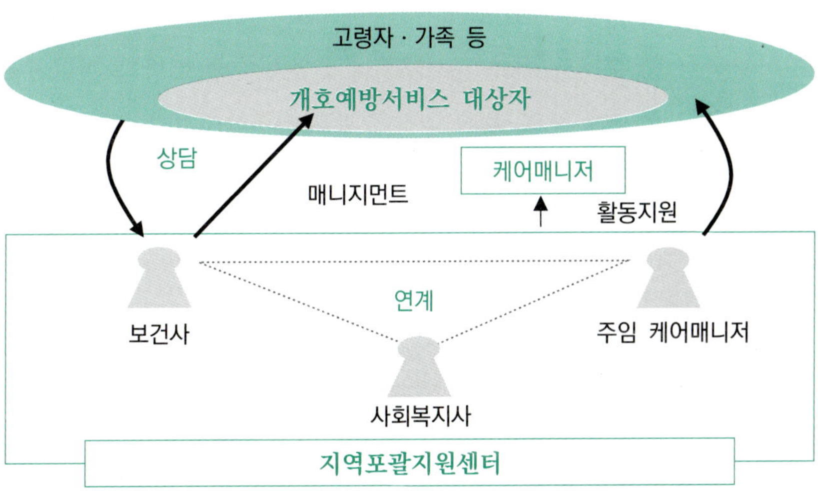

출처: 日本 東京都(2018).

그림 11-7 지역포괄케어시스템

(3) 지역포괄지원센터의 사업내용

❶ 개호예방 등 케어매니지먼트	개호예방사업을 효과적으로 시행하기 위해, 본인의 의욕과 능력을 바탕으로 적절한 서비스 계획을 세운다.
❷ 종합상담 · 지원	지역 관계자와 네트워크를 구축하는 동시에 고령자와 가족으로부터 상담을 받으며, 다양한 제도와 지역자원을 활용하여 적절한 서비스가 제공될 수 있도록 지원한다.
❸ 권리 옹호	고령자가 존엄을 지키며 생활을 영위할 수 있도록 「권리 옹호」 및 「학대방지」를 위한 창구로서, 성년후견제도의 소개 및 고령자 학대의 조기 발견 · 방지, 소비자 피해 등에 대응한다.
❹ 포괄적 · 계속적 케어매니지먼트	고령자의 심신 상태와 그 변화에 맞춰 필요한 서비스가 빈틈없이 제공될 수 있도록, 케어매니저에 대한 지원과 의료기관 등 관계기관과의 조정을 꾀한다.

❶은 지역포괄지원센터뿐만 아니라 시 · 정 · 촌이 직접 시행하는 경우도 있다.
출처: 日本 東京都(2018).

5. 노인장기요양보험제도의 개선방향

1) 장기요양수급자의 인권보호

장기요양보험수급자의 보호자와 종사자들에게 노인학대 예방과 관련된 교육을 반복적으로 실시해야지만 노인 수급자 인권보호 및 학대예방을 효과적으로 할 수 있다. 또한, 요양보호사를 포함한 종사자에 대한 학대신고사에게 포상을 실시하여, 수준 높은 서비스를 제공할 수 있는 뒷받침이 되어야 된다.

2) 요양보호사의 인건비 개선

요양보호사의 처우개선 비용이 개선되어 현재 인건비 비율로 포함되어 진행되고 있으나 이는 결과적으로 처우개선이라고 할 수 없다. 미국은 저임금 근로자에게 적정임금제도(prevailing wage)를 통해서 근로자들에게 최저임금 피해를 줄이고 삶의 질을 높여 주고 있다(Dunn et al., 2005). 우리나라도 요양보호사 인건비를 보건복지부 산하 '사회서비스 진흥원'을 통해 직접적으로 지급하는 형태로 개선하면 요양보호사의 인건비 개선 및 처우에 대해서는 매우 효과적인 방법이라고 할 수 있다.(박상훈, 2016).

3) 지역포괄케어시스템 구축

고령노인 증가로 인한 노인 돌봄서비스는 지역 밀착형 서비스를 접목할 필요가 있다. 즉, 노인 부양 문제, 독거노인 증가, 향후 요양시설의 입소 제한 등 여러 가지 이유가 발생되고, 국가의 장기요양보험제도의 재정 증가로 인한 문제가 대두될 수 있으므로 지역포괄케어시스템 도입을 해야 된다. 무엇보다도 노인복지정책과 서비스는 지역사회의 노인생활의 욕구에 맞게 지역포괄케어시스템을 구축하는 일이 당면한 과제일 것이다. 즉 노인들이 살기에 익숙한 지역사회에서 건강하고 안전한 생활을 하도록 법적 · 제도적 장치를 마련하는 것이 가장 중요하다.

4) 케어매니저의 도입

현재 장기요양대상 노인에게 제공되는 서비스에 대한 케어플랜(care plan)을 전문적으로 작성한다고 볼 수 없다. 일반적으로 종사자들에 의해서 작성되는 욕구사정 정도이다. 케어매저의 전문적인 케어플랜을 활용하면 수급자-이용자 간 효율성 · 경제성 등이 개선된다. 케어매니저 도입으로 수급자, 요양보호사, 장기요양서비스 등을 체계적으로 관리하여 장기적으로 노인장기요양보험 재정의 안정에 기여할 수 있다.

5) 요양보호사 치매 교육시간 확대

노인고령화 증가 속도에 비례하여 치매환자도 정비례한다고 볼 수 있다. 2017년 치매 환자 수는 70만 명이 넘었다. 노인 기준 10명 중 1명이 치매환자다. 이는 가족돌봄도 중요하지만 직접종사자인 요양보호사 양성교육은 16시간이다. 치매 교육 시간이 현저히 부족하고 현장에서도 치매 환자를 케어하기에는 역부족이다. 또한 국민건강보험공단에서 실시하는 치매교육은 이론교육으로 시간이 지나면서 치매환자 돌봄에 대응하기에는 적당하지 않다. 요양보호사 치매교육시간을 대폭 확대하고 실기교육 위주로 철저하게 실시해야 한다.

CHAPTER 12

Social Welfare for the Elderly

노인복지의 미래산업 및 전망

1. 고령친화산업

1) 고령친화산업의 개념

"고령친화산업"이란 용어는 저출산·고령사회위원회에서 처음으로 사용하였다. 정부는 저출산·고령사회 문제를 풀기 위해 저출산·고령사회 기본법(2005)을 제정하여 고령친화관련 산업의 기본방향 추진체계 등에 관한 사항을 규정하였고 이어 고령친화산업진흥법(2006)을 제공하여 고령친화산업 범위 및 관련 산업 지원 육성 등에 대한 법적 근거를 마련하였다. 국내의 대통령자문 '고령화 및 미래사회위원회'(2005)는 '실버산업' 대신 '고령친화산업'이라는 용어를 사용할 것을 권하고 있다. '고령친화산업(senior industry)'에서 '고령친화'의 의미는 '노인이 편리하면 모든 사람도 편리하다'는 뜻에서 노인의 편리성과 안전성에 입각한 노인의 선호를 우선적으로 고려함을 의미하는 것이다.

국내의 고령친화산업과 관련한 연구들의 정의를 살펴보면 '고령친화산업'이란 고령자의 생물학적 노화 및 사회·경제적 능력 저하로 발생한 수요를 충족시키기 위한 산업(산업자원부, 2005)으로 정의하고 있다. 여기에서 뜻하는 고령자란 현재의 중·장년층이 향후 고령자에 편입되었을 때를 대비하여 소비 및 투자하는 제품과 서비스도 고령친화산업 범주에 포함되어야 한다. 또한 '생물학적 노화 및 사회·경제적 능력 저하를 보이는 고령자를 대상으로 정신적·육체적 건강 유지·증진, 편익 향상, 안전 도모 등을 위하여 민간이 사회경쟁원리(영리추구)에 따라 상품이나 서비스를 제공하는 산업'(저출산·고령사회위원회, 2007)으로 규정하고 있다. 고령친화산업은 상품 그 자체의 특성(기술적 요소)에 따라 분류하는 기존의 공급자 중심의 산업분류방식을 따르지 않고 소비자의 특성을 강조하고 있기 때문에 산업의 실체를 파악하는 것은 매우 어렵다.

고령친화산업은 '인구고령화와 더불어 수요자가 2025년에는 고령자 및 예비고령층인 1차 베이붐세대가 약 천백만명이 넘는 대상이 될 수 있다. 고령층 대상으로 상품이나 서비스를 시장경제원리에 의하여 개발, 생산, 공급, 판매, 유통하여 노인들의 일상생활과 관련된 욕구를 충족시키기 위한 고령친화상품 및 서비스를 공급하여 사회 전반에 이익을 증진하는 산업'이라 정의할 수 있으며 현재 복지와 경영이 융화된 요양산업, 의약품, 식품, 화장품, 의료기기, 용품, 금융, 주거, 여가산업에 시장경영이 우선적으로 진행되고 있으며 향후 고령친화산업에 미치는 영향은 매우 크다고 할 수 있다.

2) 고령친화산업의 분야 및 분류 재정비

(1) 고령친화산업 분야

우리나라는 2005년 2월과 2006년 2월 고령화 및 미래사회위원회 및 저출산 고령사회위원회에서 발표한 「고령친화산업 활성화 전략」에서 고령친화산업을 총 14개 산업(의약품·한방·의료기기·식품·의류·정보·여가·금융·요양·주택·농업·교통·교육·장묘)으로 분류하여 정부 차원에서 처음으로 고령친화산업 분류 형태를 제시하였고, 2006년 12월 「고령친화산업진흥법」 및 동법 시행령을 통해 총 10개의 산업으로 분류하였다.

그렇지만 최근 대부분의 정부부처 연구보고서에서는 보건복지부 및 한국보건산업진흥원에서 발표한 고령친화산업 실태조사 및 산업분석(2011)의 의약품, 화장품, 의료기기, 식품, 용품, 여가, 금융, 요양, 주거·주택의 9가지 산업분류를 따르고 있다.

표 12-1 한국보건산업진흥원 고령친화산업 분류(2011)

분류	내용
요양산업	시설요양서비스, 재가요양서비스, 예방지원서비스
의약품산업	신경계용약, 대사성의약품, 순환계용약, 해열진통소염제, 안과용제, 전립선 치료제, 종양치료제
식품산업	식품, 건강기능식품
화장품산업	기초제품류, 색조제품류, 바디제품류, 헤어케어류
의료기기산업	치과 분야, 재활 분야, 진단 분야, 치료 분야
용품산업	개인건강·의료용품, 기능저하예방용품, 이동기기, 목욕용품, 배변용품, 침구용품, 가사용품, 주거설비용품, 정보통신기기, 여가용품
금융산업	장수리스크, 건강리스크, 재무리스크
주거산업	주택 개보수, 고령자 주택공급
여가산업	스포츠, 문화, 관광·레저

출처: 한국보건산업진흥원(2011). 고령친화산업 실태조사 및 산업분석.

(2) 고령친화산업 분류 재정비

2017년 재편성된 고령친화산업의 제조산업, 서비스산업으로 2개, 산업부문은 기존 9개로 따르고 품목분류 재정비로 대분류, 중분류를 세부적으로 보완하여 재편성하였다. 제품 수요자인 고령자의 변화내용이 고령친화산업의 각 부분에 어떻게 부합하는지에 대한 설명이 부족하였고, 시간에 따라 변화하는 인구학적, 사회경제적 환경 속에서 고령자가 경험하는 주요 변화내용을 충분히 반영하지 못하고 있는 점에 대한 개선이 요구되었다.

현 시점에서 구현 가능한 제품, 서비스 및 제안근거를 제시함으로써 대분류, 중분류 우수품목으로 추가 재정비된 고령친화산업 품목분류 추가(안)은 〈표 12-2〉와 같다(2017년 12월 고령친화산업 육성 사업).

표 12-2 **고령친화산업 대분류 · 중분류 추가 품목 재정비(2017년 12월 기준)**

구분	산업부문	대분류	중분류
제조산업	의약품산업	해열진통소염제	통증조절제
		대사성의약품	영양제
		비뇨생식기관용제	전립선비대증 개선제; 발기 부전치료제; 여성호르몬에스트로겐 제품
		순환계용약	강심제; 이뇨제; 혈압강하제; 혈관확장제, 동맥경화용제
		신경계용약	항우울제
	화장품산업	기초제품류	보습성분화장품(자외선차단제)
			병원전용화장품
		바디제품류	고령자용 바디워시
	의료기기산업	치과분야	치과용 도재, 핸드피스(의료용 핸드피스; 핸드피스동력전달기구)
	용품산업	개인건강 · 의료용품	혈압계; 혈당측정기 및 혈당측정검사지
			체온계; 체중계; 운동기능측정기기
			흡기장치-분사기, 자동흡입기, 입력식 호흡마스크, 초음파 분부기 및 에어로졸 투여기의필터와 분무기 포함; 산소공급기; 흡인식이물질제거기-탁상용 흡인기, 수동용 흡인기
			욕창예방방석; 욕창예방 매트리스; 욕창예방 쿠션 및 패드; 자세변환용 벨트; 자세변환용 전동매트; 자세보조용구
			온열치료기; 한랭치료기; 온냉겸용 치료용품
			손안마기; 발안마기; 의자형 안마기; 침대형 안마기; 진동기
			개인용 저주파 자극기; 개인용적외선조사기; 개인용 초음파자극기
			개인용 외선조사기
			침 · 압봉; 온구기; 부항기
			고령자용 의류; 고령자용 신발; 기능성양말)
			운동 · 훈련용품(훈련 및 에르고미터 자전거; 유산소 운동용품-걷기 · 달리기용 운동기기, 계단 오르기요 운동기기, 능동식 전신 운동기기, 수동식 운동기기; 운동기능 및 평형유지훈련기기; 손가락 및 손 훈련기기; 운동 치료용 훈련기기)
			운동 · 훈련용품(구강 근육훈련기기)
			금연보조제
			인슐린 펌프; 에어로졸 타입의 인슐린흡입기
		일상생활용품	욕조; 욕조고정용 손잡이; 목욕의자; 목욕 리프트; 욕조의 길이나 깊이를 중리는 용구; 자동 목욕기; 목욕 보조대; 머리세발기
			이동변기; 간이변기; 풍선형 소변 줄; 배출 소변 줄; 남성용신체착용 수뇨기; 여성용신체착용 수뇨기; 자동배변처리기

구분	산업부문	대분류	중분류
			성인용 기저귀; 기저귀용 고정 장치
			음식섭취용구-고령자가 먹기 쉽게 고안된 숟가락, 젓가락, 포크; 식기류-고령자가 이용하기 쉽도록 그릇의 길이와 각도 조절이 가능한 그릇, 접시, 컵; 음식섭취 보조 장치; 음식섭취 탐침; 식사용 보조도구-쥐거나 잡기 쉽게 고안된 숟가락, 젓가락, 포크
			가발
			구강용품(항균 치약; 전동칫솔)
		주거설비용품	고정침대; 수동침대; 전동침대; 침대용 리프트; 침대낙상방지 턱
			침구-보온매트리스, 보온 모포
			위생용 깔개, 소변 · 체액 흡수용 깔개, 항균 매트리스, 항균 모포, 항균 베개
			의자; 의자용 리프트
			안전손잡이 및 지지난간; 파지난간 및 손잡이, 단차극복슬로프; 바닥 · 천정 고정식호이스트, 미끄럼방지용품)
			조명기구
			온돌; 외풍방지용품
			항균 탈취제; 세척제
			가벼운 청소기; 청소용 이동식 바퀴의자
		정보통신기기	확대용 안경 및 렌즈; 시야확대 및 각도조절용구; 영상확대용 비디오; 문자 및 그림 확장용 소프트웨어
			귀속형 보청기, 귀걸이용 보청기; 안경형 보청기, 발성기; 개인 음성증폭기
			헤드폰
			필기구 글쓰기판 · 제도판 · 화판)
			서명스탬프 및 쓰기용 틀; 그리기 및 칠하기 소프트웨어)
			가정용 전화기; 다이얼 조작 보조구; 전화기용 증폭장치
			개인용 응급경보장치; 환경응급경보장치; 감시 및 위치 추적장치; 배회감지기
		여가용품	운동용구
서비스 산업	금융산업	건강리스크	국민건강보험, 노인장기요양보험
		장수리스크	국민연금 및 특수직역연금
	주거산업	주택 개 · 보수	고령자의 주거지 및 시설물의 미끄럼 설치; 고령자의 주거지 경사로 등에 대한 안전장치 보완; 단열; 자외선 차단 유리창 설치)
	여가산업	엔터테인먼트/예술	

출처: 고령친화산업 육성 사업(2017년 12월).

3) 고령친화산업의 현황

우리나라의 고령친화산업은 국민적인 인식이 부족하고 민간기업의 투자가 매우 부족한 실정이며 가까운 일본처럼 활성화되어 있지 않고 초보 수준에 있다. 그 이유는 고령친화제품에 대한 인식 부족, 관계법령 및 제도 미비 등으로 내수 기반과 공급 기반이 모두 취약하며, 소득이 낮은 고령자가 보험의 지원 없이 고령친화제품을 구입하기는 매우 어렵기 때문이다. 그러나 앞으로 노인인구가 급속하게 증가하고 베이비붐세대 진입으로 고령친화산업에 대한 관심도가 높아질 것이다. 또한 정부의 뒷받침과 민간기업의 투자 활성화가 되면 노인복지분야 및 국가경제에도 크게 발전될 것이다.

(1) 요양 산업

요양 산업은 민간이 주체가 되어 노인들을 대상으로 요양서비스를 생산하고 운영하는 영역으로 재가요양과 시설요양 부분으로 구분하여 수급대상자는 스스로 장기요양기관을 선택하여 급여계약을 체결하게 된다. 장기요양급여는 시설급여, 재가급여, 특별현금급여로 구분된다. 2019년 노인복지시설 수는 매년 증가하는 추세다. 전년 대비 시설별 증감 사항을 보면, 재가노인복지시설은 가장 큰 폭으로 증가했다. 이는 노인요양산업이 매년 증가하고 발전할 것으로 전망된다. 노인인구의 급격한 증가와 더불어 치매, 뇌졸중 등과 같은 노인성질환으로 고통을 받고 있는 노인들이 점점 늘어나고 있다. 노인성질환 등으로 장기간의 요양보호를 필요로 하는 노인은 전체 노인인구의 14.8% 정도가 될 것으로 예상되고 있으며(공적노인요양보장제도 실행위원회, 2005), 특히 치매노인의 경우에는 2020년 이후 급속히 증가하여 노인인구 증가속도에 비례하여 급격히 증가할 것으로 추정되고 있다. 이와 같이 노인성질환을 가진 노인들이 점점 증가하고 있기 때문에 그들에 대한 전문적인 요양서비스가 절실히 필요하게 되었다.

노인을 대상으로 하는 요양산업은 노인요양시설, 노인요양공동생활가정, 주·

야간보호시설, 단기보호시설, 방문요양기관, 방문재활기관, 방문목욕기관, 방문간호기관 등이 있다. 우리나라의 요양산업은 〈표 12-3〉과 같이 2020년 12월 말 기준 노인요양시설이 3,844개소에 입소정원 186,289명, 노인요양공동생활가정 1,881개소에 입소정원 16,786명, 주·야간보호시설 2,321개소에 이용정원 72,639명, 단기보호시설 73개소에 입소정원 956명, 방문요양기관 2,656개소, 방문목욕기관 1,596개소, 방문간호기관 95개소가 있다. 노인요양시설, 노인요양공동생활, 방문요양기관, 방문목욕기관 등이 점차 증가하고 있고, 노인인구의 증가에 따라 앞으로도 더욱 증가할 것으로 보인다. 전반적으로 요양산업이 더욱 발전할 것으로 전망된다.

표 12-3 요양산업 현황 (단위: 개소, 명)

시설유형	2020년		2019년		2018년		2017년	
	시설수	입소정원	시설수	입소정원	시설수	입소장원	시설수	입소정원
노인요양시설	3,844	186,289	3,595	174,015	3,390	160,594	3,261	153,785
노인요양공동생활가정	1,881	16,786	1,934	16,805	1,897	16,724	1,981	17,141
주·야간보호시설	2,321	72,639	1,816	53,087	1,312	33,815	1,174	27,934
단기보호시설	73	956	78	744	73	827	80	964
방문요양기관	2,656	–	1,513	–	1,051	–	1,001	–
방문목욕기관	1,596	–	942	–	650	–	609	–
방문간호기관	95	–	60	–	21	–	10	–

출처: 보건복지부(2021). 노인복지시설 현황.

(2) 의약품 산업

의약품산업은 고부가가치 산업이면서 지식기반 산업으로서 인구고령화로 인해 그 수요가 양적으로 상당히 증가할 것이며 질적으로도 높은 수준을 요구하게 될 것이다. 노인인구의 증가는 노인성질환에 대한 의약품의 수요 증가뿐만 아니라 질병치료 이외의 건강한 삶과 관련된 의약품이 새로운 시장을 형성하여 성장·발전하게 될 것이다. 의약품 분야에는 순환계용약, 중추신경계용약, 감각기관용약,

호흡기관용약, 소화기관용약, 대사성의약품, 노인성질환 한약제, 전립선치료제, 종양치료제 등이 있다. 급속한 고령화로 인하여 우리나라에서도 순환기, 소화기, 호흡기, 중추신경 등과 관련된 성인병 관련 의약품 수요가 고도성장을 보이고 있으며, 이와 관련된 의약품의 생산도 확대 추세가 가속화되고 있다. 세계적으로는 일본에서는 순환계용약이, 미국에서는 중추신경계용약이, 유럽에서는 순환계용약이 가장 큰 비중을 차지하고 있다. 앞으로 고령친화 의약품산업은 양적·질적으로 크게 성장하여 상당한 시장규모로 급속히 확대되고 발전될 것으로 보인다.

(3) 식품 산업

현재 정부의 식품관련 정책은 농림축산식품부에서 관할하고 있으며, 「농어업·농어촌 및 식품산업 기본법」에 따라 5년마다 관련 산업 발전계획을 수립하고 있다. 최근 발전계획에 따르면, 식품뿐만 아니라 농업 및 농촌에 관한 정책까지 포함하고 있다. 기능성 식품을 통해 국산 농산물 부가가치를 제고한다는 것이다(보건복지부·한국보건산업진흥원, 2014). 식품산업에는 건강기능식품, 특수의료용도식품, 특수영양식품, 항노화한방기능식품 등이 있다. 건강기능식품은 일반식품에 비해 부가가치가 높은 유망산업으로서 그동안 꾸준히 성장해 왔다. 특히 건강기능식품법이 2002년에 제정되면서 건강기능식품산업이 육성될 수 있는 기반이 조성되어 식품산업에 활력을 불러일으키고 있으며, 2008년 이후부터 급성장할 것으로 전망되고 있다(홍재훈, 2006).

고령자의 경우 신체적 능력의 저하로 인하여 음식을 충분히 씹을 수 없고, 신체 기능의 저하로 음식물의 소화기능이 떨어져 신체에 충분한 영양공급이 이루어지지 않아 영양부족상태에 이르기 쉬우며, 이는 신체의 면역력 저하로 이어져 여러 가지 질환에 노출될 가능성을 충분히 고려하여야 한다. 또한 건강기능식품의 개발과 유통도 개인 맞춤형 주문과 생산방식으로 진행되어야 한다. 평균수명의 지속적인 연장은 생활수준의 향상과 의학의 발달이 근본적인 원인이라 할 수 있다. 특히 생활수준의 향상으로 인하여 위생적이면서도 영양이 풍부한 식품을 섭취함으로써 인간의 수명이 지속적으로 연장되고 있다. 고령자에게는 신체적 기능의 유지와 회복을 위해서 적절한 식품의 섭취가 필요하며, 면역기능의 강화, 소화기능의 강화, 근골격의 강화, 생물학적 노화의 지연이 필요한 기능성식품이 더욱 필요하다. 식품산업에는 건강기능식품, 특수의료용도식품, 특수영양식품, 항노화한방 기능성식품 등이 있다. 건강기능식품은 일반식품에 비해 부가가치가 높은 유망산업으로서 그동안 꾸준히 성장해 왔다. 생약 등 잠재성이 높은 기능성 소재가 풍부하면서도 노인인구가 급속히 증가하는 우리나라에서는 고령친화 식품산업에 대한 적극적인 연구·개발로 시장규모가 크게 성장할 것으로 보인다.

(4) 화장품 산업

정부는 화장품을 국가의 주요 사업으로 인식하여 정부차원에서의 정책 지원을 추진하고 있으며, 화장품산업 중·장기 발전계획에 따르면, 첫째, 글로벌 제품 및 창조기술 개발전략으로 R&D투자 확대 및 효율화 등의 핵심과제를, 둘째, 산업육성 인프라 확충 전략으로서 맞춤형 수출 전문인력 양성 등의 핵심과제를, 셋째, 해외시장 진출 활성화 전략으로서 수출 마케팅 지원 강화 등의 핵심과제를, 넷째, 규제 제도 선진화 전략으로서 화장품 유형의 확대 등 핵심과제를 각각 선정하였다(보건복지부 · 한국보건산업진흥원, 2014).

화장품은 매력을 더하고 용모를 밝게 변화시키거나 피부와 모발의 건강을 유지 또는 증진하기 위한 것으로 고령화에 따라 진행되는 각종 노화현상에서 젊음을 유지하거나 젊게 보이게 하려는 미적욕구를 충족시키는 점을 충분히 정책에 반영할 필요가 있으며 젊은 세대 및 고령층 수요대상자의 폭이 가장 넓은 분야로 복지경영이 선점하기 좋은 산업분야로 각광 받고 있다.

(5) 의료기기 산업

2014년 3월 정부가 발표한 "의료기기산업중장기발전계획"에 따르면 첫째, 시장진출을 위한 전략적 R&D투자 전략으로서 병원, 지재권·인허가 관리자의 참여를 강화한 R&D 추진 등의 핵심과제를 선정하였으며, 둘째, 제품 신뢰성 확보, 규제효율화를 통한 국내시장 진출 지원 전략으로서 국산 의료기기 신뢰도 향상 지원 등의 핵심과제를, 셋째, 해외 고부가가치 시장 진출지원 전략으로서 지식재산 분쟁대응체계 구축 등의 핵심과제를, 넷째, 아이디어로 승부하는 개방 혁신형 생태계 구축전략으로서 아이디어 발굴 후 후속 개발을 촉진할 산업 인프라 조성 등의 핵심전략 등을 포함하고 있다(보건복지부 · 한국보건산업진흥원, 2014). 다만 고령친화 의료기기에 대한 명확한 개념 및 범위가 정해져 있지 않고, 재활보조기구, 보장구, 노인용 보장구, 의료기기, 고령친화용품 등과 혼용해서 쓰이고 있어서 이에 대한 분류 및 개선이 시급하다.

노인인구가 급속히 증가함과 동시에 치매, 뇌졸중, 관절염 등의 만성질환을 가지고 있으면서 타인의 도움이 없이는 일상생활을 유지할 수 없는 노인이 증가함에 따라 보행기 등을 비롯한 다양한 기기의 수요가 급증하여 기기산업의 발전이 필요할 것으로 보인다. 그동안 의료기기 등을 포함한 기기들을 외국에서 수입하여 사용하여 왔으나, 최근에는 우리나라에서도 다양한 기기를 생산하여 공급하고 있다. 이러한 기기산업은 경제성장과 노인소득의 향상으로 인하여 고령자 자신이 필요한 기기를 직접 구매하는 소비의 주체세력으로 등장하게 되면 수요가 급증하여 빠르게 성장할 것으로 전망된다. 특히 중소기업이 많은 우리나라에서는 기술집약적 다품종 소량생산을 통하여 편의성과 안정성을 갖춘 경쟁력을 보유한 기기를 공급할 수 있다는 장점을 가지고 있기 때문에 앞으로 고부가가치 산업으로 각광받을 것으로 보인다.

(6) 용품 산업

고령친화용품이란 '고령자를 대상으로 건강관리, 수발, 일상생활, 여가 · 문화생활의 편의를 도모하기 위하여 고령자의 정신적 · 신체적 특성을 배려한 용품'을 말하며, 현재 고령친화제품을 대상으로 고령친화우수제품제도를 운영하고 있다. 노인장기요양보험제도 수급자와 수발자의 다양한 욕구 변화를 충족시키고 품목의 다양성 확보하기 위하여 2012년 4월 1일부터 복지용구 급여품목을 추가하였다. 즉, 치매 증상이 있거나 배회 또는 길 잃기 등의 문제행동을 보이는 노인들을 위해 마련된 '배회감지기(매트형)', 휠체어를 차량에 안전하게 실을 때 사용되는 '경사로(휴대용)'를 노인장기요양보험 복지용구 급여품목으로 선정했다. 작년에 요실금 팬티도 추가 지정되었고 현재 18품목으로 노인복지 용품에 기여하고 있다.

(7) 금융 산업

정부는 2013년 12월, 급속한 고령화 추세와 국민들의 노후준비 부족에 대응하기 위해 「100세 시대를 대비한 금융의 역할 강화방안」을 발표하였다. 최근 들어 일반은행, 보험회사 등의 다양한 실버산업과 관련한 금융상품들이 개발되고 있는 가운데 특히 사적 연금이 꾸준히 성장하고 있는 추세이다. 그러나 국내의 개인연금과 퇴직신탁·보험을 제외하고는 금융상품에 대한 이용도가 잦으며, 금융상품 리스크의 불안감과 경제적 손실을 우려하여 활성화되지 못하고 있는 실정이다. 고령친화 금융 산업이 활성화되기 위해서는 민간 주도의 각종 보험제도에 대한 정부의 세제지원과 인정장치 마련이 필요하다(황진수 외, 2011).

일반은행에서 노후생활비용 준비를 위한 목적으로 노후생활연금식탁의 상품을 출시하였으며, 생명보험사에서는 보장성보험, 연금보험, 저축성보험 등의 노후생활상품들이 개발되었다. 노인을 대상으로 하는 금융산업으로는 역모기지연금, 자산관리서비스, 개인연금, 퇴직연금, 장기간병보험 등이 있다. 역모기지연금은 2004년부터 일부금융회사에서 상품을 출시하여 판매하고 있으며, 65세 이상이면서 채무가 없는 고령자를 주요한 대상으로 하고 있으며, 아직은 시장에 제대로 형성되지 않은 상태이다. 자산관리서비스는 최근 금융겸업화 추세 속에서 외국계 금융 회사가 우세를 보이고 있으며, 국내 금융기관도 시장의 중요성을 인식하고 대응하고 있는 상황이다. 아직은 법규의 미비로 수수료 수입은 미비하며 주로 일정 금액의 이상의 고액자산가에 대한 서비스 개념으로 활용되고 있다(이견직 외, 2005).

(8) 주거 산업

고령친화 주거 산업은 크게 고령자들이 거주하는 '일반주택'과 「노인복지법」에서 정한 노인복지시설 중 독립적 전용주거를 공급하는 '노인주거시설'을 포함한다. 고령친화 주거산업분야는 고령자가 기존에 거주했던 주택을 고령친화적으로 개조·보수하는 분야와 고령자에게 맞는 전용 주거를 별도로 공급하는 분야로 나눈다. 정부에서도 고령자를 위한 주택개조와 관련해서도 고령기에는 주거이동보다 현재 거주하는 지역에 계속 거주하는 것이 중요함을 감안할 때, 주택개조와 관련된 법제도 노인을 대상으로 하는 주거산업은 양로시설, 노인공동생활가정, 노인복지주택, 고령친화마을, 주택개보수, 임대주택 등이 있다.

주거산업은 노후생활을 보다 안락하고 만족스럽게 영위할 수 있는 기본적인 필수요소이기 때문에 고령친화산업 중에서 중요한 위치를 차지하는 분야이다.

우리나라의 주거산업은 〈표 12-4〉와 같이 2020년 12월 말 기준 노인주거복지시설 352개소에 입소정원 20,497명으로 양로시설이 209개소에 11,619명, 노인공동생활가정이 107개소에 953명, 노인복지주택이 36개소에 7,925명으로 상당히 부족한 실정이다.

표 12-4 노인주거복지시설 현황 (단위: 개소, 명)

시설유형	2020년		2019년		2018년		2017년	
	시설수	입소정원	시설수	입소정원	시설수	입소정원	시설수	입소정원
양로시설	209	11,619	232	13,036	238	12,510	252	12,562
노인공동생활가정	107	953	115	954	117	998	119	1,092
노인복지주택	36	7,925	35	7,684	35	6,389	33	5,998
계	352	20,497	382	21,674	390	19,897	404	19,652

출처: 보건복지부(2021). 2021 노인복지시설 현황.

노인주거복지시설은 도시근교의 대지 확보의 어려움, 낮은 입소율, 설치 관련 법적 제한, 주거시설에 대한 융자제도의 미흡 등으로 인하여 현재 민간부문의 투자가 크게 활성화되지 못하고 있다(정윤모, 2007). 그러나 연금수령에 대한 관심 증가, 노인부양의식 약화 등으로 노인주거복지시설을 비롯하여, 주택개조, 고령자용 임대주택 등도 민간부문의 투자가 활성화될 것으로 전망된다.

(9) 여가 산업

여가는 생업 이외에도 생활을 위해 필요한 휴식활동이나 가사일을 제외한 시간으로, 노인은 스스로 자유롭게 설계할 수 있거나 설계해야만 하는 시간이 크게 증가하게 되어 문화, 예술활동, 관광, 여행활동, 신체활동, 봉사활동 등의 시간을 의미한다(보건복지부 · 한국보건사회연구원, 2012). 여가산업 분류는 현재 문화체육관광부에서 실시하고 있는 '국민여가활동조사'에서 문화예술 관람활동, 문화예술 참여활동, 스포츠관람활동, 스포츠참여활동, 관광활동, 취미 및 오락활동, 휴식활동, 사회활동 및 기타활동으로 분류, 조사하고 있다. 또한, 여가산업 내에서도 여러 분야가 혼합되어 나타나는 양상을 보이고, 시설과 서비스가 연계되어 이루어지는 형태를 띠고 있다.

여가산업은 베이붐세대 진입으로 소득수준의 향상과 취업활성화, 각종 연금혜택 등 베이비붐세대 소득이 점점 증가하게 되면 여가 · 문화에 대한 관심이 더욱 높아져 새로운 고령친화산업의 시장으로서 자리를 잡게 될 것이다. 베이비붐세대의 소비수준이 높아지면서 여가, 문화, 오락, 스포츠, 관광, 등과 관련된 산업이 활발히 전개되어 크게 성장할 것으로 보인다. 고령친화 여가산업의 주요 분야는 아래의 다섯 가지 산업으로 분류될 수 있다. 첫째, 문화산업으로 TV, 영화와 음악, 둘째, 여행, 레저 등 관광레저산업, 셋째, 운동, 스포츠 시설 운영과 넷째, 기타 산업으로 고령자 대상 음식점, 반려동물 관련 서비스, 자서전 집필 대행 서비스와 등이 있으며, 마지막으로 고령친화휴양단지, 보건관광, 한방요양관광, 교양오락용품, 건강보조의복, 노화방지화장품, 장례식장, 봉안시설과 용품, 묘지개장 및 이장 사업 등이 있다. 노인의 소비 성향에 맞는 상품과 서비스를 제공할 수 있는 전문가를 양성하고 여가활동에 대한 수요 확대를 위해 고령친화산업에 대한 세제혜택 제공, 중장기 마스터 플랜의 마련 등 정부의 적극적 육성책이 따라야하며 민간기업의 적극적인 참여가 이루어지는 산업 분야이다.

4) 고령친화산업 관련 법령 및 정책

고령친화산업과 관련된 법령을 살펴보면 다음과 같다. 2005년 「저출산·고령화사회기본법」, 2006년 「고령친화산업진흥법」의 법적 근거를 마련하고 이를 통해 고령친화사업의 지원과 육성의 의지를 보이며 노인의 삶의 질 향상을 대비하고 있으며, 저출산·고령사회기본계획을 통해 고령친화산업 발달을 위한 정책적 움직임을 지속하고 있다(한국보건산업진흥원, 2017).

참고 고령친화산업진흥법 내용

「고령친화산업진흥법」

제1조(목적) 이 법은 고령친화산업을 지원·육성하고 그 발전 기반을 조성함으로써 노인의 삶의 질 향상과 국민경제의 건전한 발전에 이바지함을 목적으로 한다.

제2조(정의) 이 법에서 사용하는 용어의 정의는 다음과 같다. 〈개정 2008.2.29., 2010.1.18., 2010.6.4., 2013.3.23., 2017.7.26.〉

1. "고령친화제품 등"이라 함은 노인을 주요 수요자로 하는 제품 또는 서비스로서 다음 각 목의 어느 하나에 해당하는 것을 말한다.
   가. 노인이 주로 사용하거나 착용하는 용구·용품 또는 의료기기
   나. 노인이 주로 거주 또는 이용하는 주택 그 밖의 시설
   다. 노인요양서비스
   라. 노인을 위한 금융·자산관리서비스
   마. 노인을 위한 정보기기 및 서비스
   바. 노인을 위한 여가·관광·문화 또는 건강지원서비스
   사. 노인에게 적합한 농업용품 또는 영농지원서비스
   아. 그 밖에 노인을 대상으로 개발되는 제품 또는 서비스로서 대통령령이 정하는 것
2. "고령친화산업"이라 함은 고령친화제품 등을 연구·개발·제조·건축·제공·유통 또는 판매하는 업을 말한다.
3. "고령친화사업자"라 함은 고령친화산업을 영위하는 사업자를 말한다.
4. "관계중앙행정기관"이란 고령친화제품 등을 관장하는 중앙행정기관으로서 기획재정부·과학기술정보통신부·문화체육관광부·농림축산식품부·산업통상자원부·보건복지부·고용노동부·국토교통부 그 밖에 대통령령으로 정하는 중앙행정기관을 말한다.

출처: 한국보건산업진흥원(2017).

2. 노년공학

1) 노년공학의 개념

노년공학은 흔히 보조공학과 유사한 개념으로 사용된다. 전통적으로 노인문제 해결에 대처해 온 분야는 의료와 인간공학 그리고 보조공학 등에서 찾아볼 수 있다. 의료공학은 진단과 처치, 보조공학은 노인의 독립적 활동을 돕고 지원할 뿐만 아니라 안전을 보장하기 위한 목적으로 사용되어 왔다(Kort et al., 2005). 또한 보조공학은 고령자뿐만 아니라 정신질환이나 뇌손상을 입은 장애인이 어떠한 행위를 가능하도록 하는데 도움을 주는 장치나 기술을 의미한다. 그러나 노년공학과 보조공학은 엄밀히 동등한 기술 영역을 포함하고 있지는 않다. 우선 보조공학은 기계공학 관점에서 신체적 장애에 초점을 두는 반면, 노년공학은 고령자학과 기술의 학제적인 분야로서, 고령자학에는 생물학, 생리학, 심리학, 사회학, 인구통계학, 의학, 재활 등 상당히 다양한 분야들이 속해 있으며, 기술영역 역시 건축 ,정보통신, 기계공학, 로봇학, 산업디자인 등 수많은 학문들을 포함하고 있다(정상수 외, 2018). 현실적으로 이 두 영역들에 대한 지식을 보유하고 있는 전문가들이 매우 드물기 때문에, 노인기술 분야는 보조공학 분야보다 각 해당 전문가들의 협력이 반드시 요구된다(조황희 외, 2007). 많은 기업들이 과거, 노인의 일상적 과제를 용이하게 하는 수준에서 관심을 가졌으나, 현재는 장애를 갖고도 자신의 가정에서 생활이 가능하게 하는 수준과 분야로 관심을 돌리게 되어, 인간의 성공적 노화를 돕고 있다(Marie, 2012).

인간의 성공적인 노화를 도울 수 있는 노년공학(geotechnology)은 1980년대 인간공학기술을 노화문제에 적용하고자 출현한 분야로서 등장 이후 지금까지 꾸준한 발전을 해 오고 있다. 노년공학의 목적은 노인들의 삶의 질 향상과 독립성을 증진시키기 위해 노인들에게 가장 적합한 보조적 장치들을 제공하는 데에 있다. 일부 장치들은 자동적으로 작동하며, 사용자의 인지요구를 줄이는 역할도 한다. 특히 만성질환이 대부분인 노인질환의 특성상 부양자들의 건강에 부정적 영향을 주고 있어, 기술 기반의 간병과 개입의 필요성이 크다고 할 수 있다(Otmar et al., 2008; Kort et al., 2005; Richard et al., 2002). 한편 Sanders & McComick(1993)은 인간공학의 세 가지 준거 틀을 통해 노년공학을 다음과 같이 보다 체계적으로 정의하였다(박석돈 외, 20130).

첫째, 노년공학의 초점은 인간이 만들어 생활의 여러 측면에서 사용되는 물건, 기구 또는 환경을 설계하는 과정에서 노인을 고려하는 것이다. 기술적 문제에만 초점을 두는 일반공학과 달리 노년공학은 인간과 사물의 설계가 노인에게 미치는 영향에 중점을 둔다. 이는 환자에게서 문제가 되는 의학적 · 기능적 · 가정적 · 사회적 문제를 진단하고 그 상태에서 가능할 수 있는 최대 기능을 예상하는 것이다(박인선, 2007).

둘째, 노년공학의 목적은 노인의 능력이나 한계, 특성 등을 고려하면서 전체 노인-기계 시스템의 실용적인 효능을 향상시키는 것이다. 이 과정에서 건강, 안전, 만족 등과 같은 노인의 특정한 가치 기준을 유지시키거나 높이는 데 있으며, 이는 곧 노인의 복지 향상을 목표로 한다.

셋째, 노년공학의 접근방법은 인간이 만들어 사용하는 물건이나 기구, 환경 등을 설계하는 데 있어서 노인의 특성이나 행동, 능력과 한계 등에 관한 적절한 정보를 체계적으로 응용하는 것이다. 다시 말해 과학적인 연구를 통해 인간과 사물, 환경 등에 대한 노인의 반응과 관련된 정보를 얻고 이러한 정보를 바탕으로 설계 방향을 결정하는 것이다.

따라서 노년공학이란 노인의 일상생활에서 일어나는 여러 가지 신체적 · 정신적 · 기능적 · 사회적 적응문제에 대하여 노년공학기술을 바탕으로 이러한 사회문제를 해결할 수 있으며 제4차 산업혁명은 정보통신 기술(ICT)의 융합으로 노인을 위한 서비스나 제품을 개발하는 것은 요보호 노인 케어를 위한 노인 부양자나 간병, 재활의 문제를 해결할 수 있고 국가전체로서의 사회적 비용을 감소 할 수 있을 것이다. 이는 복지공학이나 보조공학과도 연관지을 수 있다(박상훈, 2016). 또한 노인 및 부양자의 신체적 고통이나, 정서적 · 경제적 문제에 최적 생활을 위한 인간, 기술, 환경의 조화를 추구하는 응용과학이라 할 수 있다.

2) 노년공학의 기능

Vercruyssen 등(1996)에 의하면, 노년공학은 ① 노화과정을 연구하는 데 필요한 기술의 제공, ② 노화로 인한 심신 기능 저하의 예방, ③ 은퇴 후 새로운 역할 개발과 수행, ④ 신체 및 인지 기능 약화의 보상 또는 대체, 그리고 ⑤ 부양자의 부양활동 원조 등 다섯 가지 기능을 한다고 제시하였다(권중돈, 2013). 또한 클라이언트의 욕구파악과 케어에 대한 책임은 '사회적 케 어영역'이 전문적인 케어와 기술적 가능성의 결합은 '기술영역'이 각각 맡아 제안된 케어의 구성에 최선의 해결책을 도출하도록 지원한다. 따라서 집중관리를 통해 지역사회의 노인층과 기관, 그리고 관련 기업들과의 조정을 통해 가치를 증진할 수 있게 된다(Graafmans & Koelen, 1992).

한편 Kort 등(2005)은 노년공학의 기능을 〈표 12-5〉와 같이 설득형 기술, 사회통합과 연결을 위한 기술, 그리고 신체건강과 재활을 위한 기술 등 3가지로 제시하였다.

표 12-5 노년공학의 기능별 분류체계

설득형 기술	사회통합과 연결을 위한 기술	신체건강과 재활을 위한 기술
• 사용자의 신중한 태도와 행동 변화와 관련 • 설득기술의 형태를 창출하는 컴퓨터연구와 같은 캡톨로지(captology) 개념 사용 • 건강행동을 유도하기 위해 사용자들을 설득, 자극, 감시하는 역할을 수행	• 심리적 위축이나 우울감, 분노에 대한 완충역으로 사회적 지지를 기술과 융합한 분야 • 오늘날 전자적 소통매체(TV, 컴퓨터, 인터넷)는 사회적 상호작용의 질과 동기를 감소시킴 • 기술의 설득적인 특성을 활용하여 친밀한 사회적 네트워크를 지원하는 인지기술은 환자 간, 환자와 간병인 간의 사회적 관계를 자극하여 대인접촉의 자극, 사회적 통합, 지속적 학습, 그리고 상호 이해와 존중을 증진	• 전기모터와 인지재활을 위한 가상환경(Virtual Environment)과 관련 • 반복적인 행동에 대한 다양한 추적과 센서, 그리고 자극제어를 통한 탁월한 재활 서비스 제공 • 우울 증후나 기력부족, 단순행동의 습관화 등 상태악화로, 새로운 훈련이나 투약계획에 자주 반발하는 상황의 극복이 억제를 도움

출처: Kort et al.(2005). Persuasive Gerontechnology, Gerontechnology, 3(3), 정상수 외(2018) 재인용

노년공학에의 동기와 영향이라는 심리이론의 적용은 인간의 행동과 태도를 변화시키는 데 강력한 도구가 될 수 있다. 다만, 설득형 기술의 개발과 적용에는 윤리와 사용자 수용문제 등 주의 깊게 다뤄야 할 문제들이 있다. 즉 모든 기술은 인간의 삶에 잠재적으로 영향을 끼치기 때문이다.

3) 노년공학의 분야

노년공학의 분야는 교통, 경제활동, 주택, 기술, 정보통신, 건강 및 가정간호기술, 노년공학교육 등 그 범위가 매우 광범위한데, 지금까지 노인을 위한 기술 개발의 초점은 그들을 특수한 계층으로 여기며 개개인의 필요에 맞도록 특수하게 지원해 왔다. 그러나 최근 고령화 사회의 진전으로 건강한 노인인구의 증가에 따라 베리어프리(barrier free)의 개념을 적용하여 일상생활에서 노인을 수용할 수 있는 각종 생활기기나 용품의 디자인과 개발이 과제로 떠오르고 있다(이남식, 1999). 조황희 등(2007)은 아래와 같이 노년공학의 분야를 건강 분야, 안전 분야, 사회적 관계 분야로 나누었다.

첫째, 건강 분야에는 노인 스스로 걸을 수 있는 기능을 중요하게 보고 신발 및 발보조기를 선정하였고, 2005년 건교부의 「교통약자의 이동편의 증진법」 시행에도 불구하고 아직도 제약이 따르는 노인의 이동문제를 고려한 전동휠체어를, 그리고 운동기는 ① 장애를 가진 고령자의 재활을 돕는 재활운동기기, ② 노화로 인한 근력쇠퇴 등을 예방하거나 회복하기 위한 단순운동기기, ③ 고령자의 건강상태를 모니터링하고 이에 적합한 운동프로그램을 제공하는 시스템적 운동기기 등으로 구분하였다. U-Healthcare는 전자정보통신기술을 활용해 고령자의 일상생활 건강상태를 모니터링하거나 치료에까지 활용하고자 하는 시도로 선정하였다. 고령친화 의류는 고령자의 신체적 변화를 적절하게 반영한 의류로서 고령자의 치수 표준화와 시스템 구축과 더불어 시제품 제작, 품질관리, 생산기획 지원 및 상담, 기술인력 양성 등을 통해 실용화 기술기반 구축사업으로 선정되었다.

마지막으로 노인의 영양상태, 생화학적 영양상태, 신체계측, 질병보유상태 등의 여러 요인들에 대한 종합적 분석을 통해 노인의 건강과 관련된 생활의 질을 개선할 수 있는 식품영양 측정 기술을 선정하였다.

둘째, 안전 분야는 주거시설에서 발생할 수 있는 여러 가지 문제들을 고려하여 선정하였다. 현재 고령자 주거시설에 관한 논의들은 주택의 물리적 개조나 건축의 측면에서보다는 정보통신기술을 활용한 스마트 홈 구축을 중심으로 이루어지고 있다.

경비시스템, 독거노인을 위한 이상감지시스템과 같은 다양한 서비스를 제공할 수 있는 유비쿼터스 환경 구축을 목적으로 하는 스마트 홈 논의가 이루어지고 있으나, 개인정보관리와 의료체계 상의 문제와 고령자 스스로 서비스 필요성을 충분히 인식하지 못하고 있는 점 등에 대해서는 보완이 필요하다.

셋째, 사회적 관계 분야는 우선 정보통신 보조기기 및 콘텐츠를 꼽았다. 고령자 정보화를 위한 서비스는 은행거래 등 보다 편하게 노인이 일상생활을 할 수 있도록 해주며, 친구 만들기와 대화인 증대 등 인간관계 활동에 도움을 주며, 컴퓨터 활용 요구를 통해 정보에 대한 무관심층이 정보격차를 해소할 수 있도록 유입을 유도하는 것을 주목적으로 하고 있다. 고령자를 위한 휴대폰은 전자기기에 익숙하지 못한 점들을 고려한 제품의 설계 및 사후관리가 요구되는 부분이다.

4) 노년공학의 전망

노년공학은 고령자의 독립적 일상생활의 활동권을 보장하기 위해 복지, 의료, 공학 등을 연계시킨 첨단 고부가가치 공공기술이다. 현재 우리나라 노년공학은 걸음마 수준에 있지만, 노인의 자립생활환경 조성을 위해 정부의 노년공학에 대한 지원과 정책이 시급하다고 하겠다.

최근에는 노인 소비자의 욕구에 부합하는 노인복지적 공학 설계가 뒷받침된 민간기업 활동이 많아지고 있으며, 기업은 노인 소비자의 구매선택도와 제품만족도를 높이기 위해 노인의 특성화 노화 과정에 대한 학문적 접근에서도 많은 노력을 기울이고 있다.

제4차 산업혁명은 클라우스 슈밥(Klaus Schwab)이 의장으로 있는 2016년 세계 경제 포럼(World Economic Forum, WEF)에서 주창된 용어이다. 최신의 개념인 만큼 아직까지 확실한 정의는 존재하지 않으나, 일반적으로 기계학습과 인공지능을 통하여 기존 산업군에 가져오는 영향을 의미한다. 따라서 제4차 산업혁명은 정보통신 기술(ICT)의 융합으로 이루어낸 혁명시대를 말하며, 빅 데이터 분석, 인공지능, 로봇공학, 사물인터넷 등의 인지공학적 측면으로 대표되며 ICT기술을 활용하여 노인을 위한 서비스나 제품을 개발하는 것은 요보호 노인 케어를 위한 사회비용을 감소시키고, 젊은 세대의 일자리가 창출되며 세대갈등을 해결할 수 있는 방안이 될 수 있다.

3. 로봇공학

1) 로봇공학의 의의

1920년 체코 작가 카렐 차페크는 '로섬의 유니버설 로봇'이라는 희곡에서 공장에서 만들어지는 인조인간을 묘사하며 '로봇'이라는 단어를 세상에 처음 등장시켰다. 로봇이라는 단어가 처음 나오고 100년이 지난 지금, 로봇은 스스로 거실을 돌아다니며 청소하고, 자동차를 조립할 정도로 진화했다. 국제로봇연맹에 따르면 현재 전 세계에서 산업용 로봇은 270만대 이상 가동 중이다. 가정용 로봇도 한해 1,700만대 넘게 팔리고 있다. 최근에는 음식을 만들어 배달하고 사람과 나란히 앉아 작업도 하는 인간의 동반자로 발전했다. 로봇의 정점은 인간과 한 몸이 되는(웨어러블) 로봇이다. 몸에 장착한다고 '웨어러블(wear-able · 입는) 로봇'이라고도 한다. 사고나 질병으로 온몸이 마비된 환자가 로봇과 한 몸이 돼 다시 마음껏 움직이고 걷고 뛸 수 있게 된 것이다.

입는 로봇은 1960년대 미국에서 함정의 포탄 이송용으로 처음 개발됐다. 한동안 지지부진하다가 1994년 미국 UC버클리에서 군인용 입는 로봇을 개발하면서 다시 붐이 일었다. 최근에는 로봇시장은 진화하는 로봇과 생각으로 움직이는 입는 로봇으로 변화하고 있다. 진화하는 로봇은 금속 골격 없앤 '입는 소프트 로봇' 미 하버드대 위스연구소가 개발한 '입는 소프트 로봇' 와이어가 몸을 감싼 직물 재질을 잡아당겨 근육 움직임을 돕는다. 노인 근력 보조용으로 개발 중이다.생각으로 움직이는 입는 로봇은 프랑스 플리나텍이 개발한 외골격 입는 로봇. 사고로 사지가 마비된 환자의 뇌를 읽어 팔과 다리에 장착된 외골격 로봇이 움직인다. 뇌파를 70% 이상 동작으로 옮기는 데 성공하였다(조선일보, 2020.1.1.). 이렇게 몸에 장착하는 로봇은 다양한 형태로 연구 및 개발되고 있다. 이 중 사회복지적으로 큰 의미를 가질 수 있는 것은 재활 로봇이다. 이는 인간의 재활을 도와주는 목적으로 설계 및 운영되는 로봇을 총칭한다.

재활이란 신체장애인에 대해 신체만이 아닌 정신적 · 사회적 · 경제적 · 직업적

표 12-6 환자 재활 돕는 외골격 입는 로봇기업 현황

구분	리워크 ReWalk	할 HAL	키오고 KEEOGO	엔젤 슈트	엑소 EKS	H-MEX	아메오 파워 Armeo Power	헥사-KR40P	워크온 슈트
국적	이스라엘	일본	캐나다	한국	미국	한국	스위스	한국	한국
제조사	리워크 로보틱스	사이버 다인	비네미아	엔젤 로보틱스	엑소 바이오닉스	현대차	호코마	헥사 휴먼케어	엔젤 로보틱스
무게	23.3kg	10~15kg	5.4kg	8,9.kg	20kg	22kg	205kg	6.9kg	30,kg
환자	하지 완전마지	하지 불완전 마비	하지 불완전 마비	하지 불완전 마비	하지 불완전 마비	하지 불완전 마비	어깨 · 팔마비	무릎 관절 수술	하지 완전마비
인증	미국 유럽	일본 미국 유럽	캐나다 유럽	한국	미국 유럽	2012년 미국 인증 추진	미국 유럽	한국	한국

출처: 조선일보(2020.1.1.)

으로 가능한 한 회복을 도모하는 과정을 말한다. 넓은 의미에서 재활은 의학적 재활, 직업적 재활, 사회적 재활, 교육적 재활로 나눌 수 있으며(이철수, 2009: 사회복지학사전), 로봇이 이러한 재활 과정에 조금씩 관여하고 있다. 로봇을 이용한 재활은 복지공학적 관점에서 도구적 측면만이 강조되었으나, 이제는 사회적이나 교육적인 부분까지 그 영향을 확대하고 있다. 재활 로봇은 크게 착용자의 몸을 바깥에서 뼈대처럼 감싸는 외골격 형태를 한 외골격 로봇, 사용자의 목적에 맞게 특정한 작업 등을 대신해 줄 수 있는 보조 로봇, 사용자에게 정서적 만족감을 제공하고 심리 상황을 호전시킬 수 있는 치료 로봇으로 나뉘어지며, 2018년 기준으로 세계 시장 규모는 5억 달러 이상의 규모로 추산된다(Medgadget, 2019).

이 중 외골격 로봇은 우리가 흔히 생각하는 '입는 로봇'의 모습을 따르며, 착용자의 거동을 보조하거나 추가적인 근력을 제공한다. 또한 결손된 신체 일부의 기능을 대체하여 제공하기도 하며, 상해를 입은 사람이 성공적으로 사회 및 의학적으로 재기할 수 있도록 돕는다. 노인층을 고려한 기술은 최근 자신의 집에서 노후 보내기를 갈망할 때나 보호자나 간병인이 없을 때 병원 퇴원 후 재활 보조 활동 등 노인들의 욕구에 대체할 수 있는 로봇기술이 주목받고 있다.

2) 해외 주요 로봇 전문기업

로봇 산업의 전통강자는 산업용 로봇 제조업체다. 예컨대 자동화된 완성차 생산라인에서 절삭 · 조립 · 용접 등을 하는 공작 기계를 만드는 기업들이다. 산업용 로봇 시장을 주름잡는 업체는 크게 4곳이 있다. 일본의 '화낙'과 '야스카와 전기', 독일의 '쿠카', 스위스의 'ABB 로보틱스'다. 작년 기준이 '빅4' 기업의 산업용 로봇 시장점유율은 56.5%에 달한다.

제조업 역사가 긴 나라 기업답게 회사 역사도 깊다는 게 특징이다. 쿠카는 1898년에 설립돼 올해로 창립 122주년을 맞이했다. 처음에는 실내 조명 제조업체로 시작해 1973년 6축 산업용 로봇을 개발하며 로봇 산업에 뛰어들었다. 일본

야스카와 전기도 창립 105주년을 맞이한 장수기업이다. 산업용 로봇 시장은 여전히 성장 중이다. 국제로봇연맹(IFR)에 따르면, 작년 기준 전 세계 공장에서 가동되는 산업용 로봇은 272만대로, 5년 전과 비교하면 85% 늘었다. 공장 자동화와 함께 정보 통신 기술이 융합된 지능형 공장 '스마트 팩토리' 확산으로 수요가 꾸준히 늘어난 덕분이다.

최근에는 사람과 비슷하거나, 사람과 상호작용하는 로봇을 만드는 기업들이 부상하고 있다. 국내 그룹이 인수하기로 해 국내에서도 화제가 된 미국 로봇 기업 '보스턴 다이내믹스'가 대표적이다. 보스턴 다이내믹스가 개발한 2족(足)보행 인간형 로봇 '아틀라스'는 물구나무서기와 공중제비까지 도는 등 그야말로 사람과 다를 바 없는 뛰어난 동체 제어 능력과 균형 감각을 선보여 로봇 공학계에서 "다른 기업들에 비해 한 단계 높은 기술력을 가졌다."는 평가를 받아왔다. 그간

표 12-7 해외 주요 로봇 전문기업

기업명	본사(설립연도)	주요 개발 로봇	특징
쿠카	독일(1898)	산업용 제조 로봇 (공작기계 등)	글로벌 산업용 로봇 '빅4' 기업
야스카와전기	일본(1915)		
화낙	일본(1972)		
ABB 로보틱스	스위스(1988)		
사코스	미국(1983)	산업용 외골격 로봇 '가디언XO'	내년 세계 최초 상용화 예정
보스턴 다이내믹스	미국(1992) 한국(2020, 현대자동차 그룹에 인수)	로봇개 '스팟', 인간형 로봇 '아틀라스'	자연스러운 자율보행
인튜이티브 서지컬	미국(1995)	로봇 수술기 '다빈치'	의료용 수술 로봇 시장점유율 1위
블루 오션 로보틱스	덴마크(2013)	방역용 자율주행로봇	코로나 바이러스 99% 제거
긱플러스	중국(2015)	물류 자율주행로봇(AMR)	물류로봇 시장점유율 세계 1위

출처: 조선일보(2020.12.28.)

개발만 해오던 보스턴 다이내믹스는 올해 6월 4족보행 로봇 개 '스팟'을 출시하며 처음 시장에 뛰어들었다.

내년에는 영화 속 캐릭터 '아이언맨'처럼 입을 수 있는 로봇도 나온다. 미국 로봇 기업 '사코스'가 내년부터 시판 예정인 산업용·군용 외골격 로봇 '가디언 XO'가 그 주인공이다. 그간 전신 외골격 로봇을 개발하고 공개한 기업은 많았지만, 시장에 내놓는 건 사코스가 처음이다. 사코스는 이미 미군과 공급계약도 맺었다. 마이크로소프트, 제너럴일렉트릭(GE) 등의 투자를 받아 개발한 가디언XO는 몸 전체에 걸치는 전신형 로봇이다. 착용 상태에서도 자연스럽게 걸을 수 있고 짐을 최고 200파운드(약 90kg)까지 들 수 있다(조선일보, 2020.12.28.).

(1) 최근 로봇시장 경향

지금까지 세계 로봇 시장은 산업용 로봇이 주도해 왔다. 산업조사 전문기관 CHO 얼라이언스에 따르면 전체 로봇 시장에서 산업용 로봇의 비율은 약 70%에 달한다. 자동차 공장에서 부품의 절삭과 조립, 용접을 하는 로봇 설비가 대표적이다.

그러나 최근 서비스 로봇이 본격적으로 부상할 수 있는 여건이 만들어지면서 시장 판도의 변화가 감지된다. 우선 AI 기술과 함께 클라우드(가상서버), 5G(5세대 이동통신), 센서 등 로봇의 두뇌와 오감(五感) 역할을 하는 기술이 급속도로 발전, 식품 제조와 의료 보조, 청소, 배달 같은 복잡한 일을 할 수 있는 로봇의 등장이 가능해졌다.

이어서 신종 코로나 대유행(팬데믹)이 비대면 사회로의 변화를 부채질하고 서비스 자동화 수요를 창출, 서비스 로봇 시장을 크게 키웠다. 국제로봇연맹(IFR)은 팬데믹 효과로 2020년 기준 204억 달러(약 23조 8,782억 원)로 추산되는 세계 서비스 로봇 시장 규모가 2023년에는 2배 수준인 398억 달러(약 46조 5,859억 원)까지 불어날 것이라고 전망했다(조선일보, 2021.9.3.).

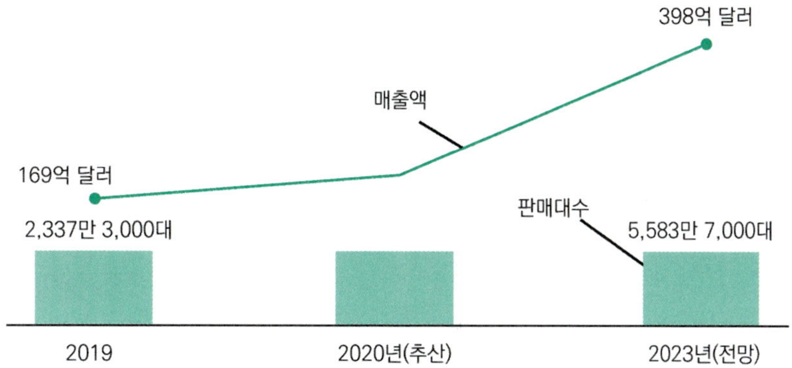

출처: 조선일보(2021.9.3.)

그림 12-1 **세계 서비스 로봇 시장 규모**

(2) 다양한 분야의 로봇 등장

서비스 로봇하면 음식을 나르는 웨이터 로봇이나 자율주행 배송 로봇을 떠올리기 쉽다. 하지만 최근엔 요리와 간병 등 보다 정교한 업무도 수행 가능한 로봇들이 시장에 나오며 서비스 로봇의 외연을 넓히고 있다. 1921년 창업한 미국 햄버거 체인 화이트캐슬은 작년 9월부터 복합 관절을 가진 팔 형태의 주방용 서비스 로봇 '플리피(Flippy)'를 도입, 올해 전국 매장 10곳에 확대 적용해 사용 중이다. 플리피는 AI를 이용해 햄버거뿐 아니라 감자튀김, 생선 필레, 너겟 등 19가지 다른 음식을 만들 수 있다. 또 학습 능력도 뛰어나 30분이면 새로운 메뉴 제조법을 익힐 수 있다.

손톱에 매니큐어를 칠해주는 네일아트 로봇도 등장했다. 미국 스타트업 클록워크(Clockwork)는 지난 5월 말 샌프란시스코 매장을 열면서 네일아트 로봇 서비스를 세계 최초로 선보였다. 머신러닝 기반 AI로 작동하는 소프트웨어가 다양한 손톱 모양을 학습하고 피부 경계를 구별해낸다. 덕분에 사람마다 모양이 제각각인 손톱을 기존 네일 아트 전문가보다 빠른 속도로 칠할 수 있다. 서비스 이용료는 7.99달러(약 9,350원)로, 양손 기준 보통 30분 넘게 걸리는 네일아트 시간을 10분 내로 단축해준다. 간호 보조 로봇도 곧 나온다. 홍콩의 인공지능 로봇 개발 기업 핸슨 로보틱스가 '그레이스'라는 간호 업무 보조용 로봇을 개발해 내년에 판매를 시작할 예정이다. 그레이스는 갈색 단발머리 여성의 모습을 본뜬 모양으로, 영어와 중국어로 사람과 의사소통이 가능하다. 또 가슴에 달린 열화상 카메라로 체온을 측정하는 등 환자의 상태를 진단하는 업무를 수행할 수 있다(안상현, 2021).

3) 인공지능

(1) 인공지능의 개념

인공지능 AI(Artificial Intelligence)이라는 용어는 컴퓨터의 지능을 시험한 튜링 테스트를 통해 기계가 지능을 갖추었음을 제안하면서 시작되었다(Turing, 1950). 2000년 이후 심층 학습(Deep learning)의 부상과 함께 빅데이터 시대에 이르게 되었다. 이 과정에서 인공지능은 외부의 개입 없이 자기 학습이 가능한 단계로 발전하게 되었고, 다시 말해 자율성을 가지게 되었다(김효은, 2020). 인공신경망 중 하나인 심층 학습은 인공신경망의 하나로 입력층과 은닉층, 출력층로 이루어진 계층구조로 구성되는데, 입력층에서는 입력 데이터를 받아들이고, 은닉층에서는 입력된 데이터를 계산하여, 출력층으로 전달한다. 입력층과 출력층은 볼 수 있지만, 은닉층에서 벌어지는 일은 기술의 사용자는 물론이고 인공지능의 개발자조차 알 수 없어 블랙박스 문제를 야기한다. 더 나아가, 인공지능은 블랙박스로 인한 투명성의 문제와 인공지능이 왜 그러한 의사결정을 했는지 설명할 수 없는 설명 가능성의 문제도 가진다. 인공지능 기술이 자체적으로 가지고 있는 문제는 블랙박스뿐만이 아니다.

인공지능은 인간이 생성한 데이터를 바탕으로 학습한다. 따라서 편향을 가진 사람의 편향된 데이터를 학습할 수 있으며, 사람처럼 윤리적인 판단을 할 수 없기 때문에, 전적으로 입력된 데이터와 알고리즘에 의존하여 의사결정을 하게 된다. 또, 인공지능에 데이터를 선별하여 입력하는 사람의 편향과 관점도 인공지능에 반영될 수 있다(Swarte et al., 2019). 대부분의 인공지능 음성비서가 여성의 목소리를 가지고 있는 것도 인공지능에 데이터를 선별하여 입력한 사람의 편향으로 발생한 문제에 해당한다. 또, 심층 학습은 스스로 가중치를 조절하여 더 좋은 성능의 모형으로 발전하려는 특징을 가지는데, 이것은 필터 버블을 비롯하여 편향된 데이터가 만들어내는 문제를 더욱 증폭시키거나, 편향이 없는 데이터를 입력해도 편향을 만들어낼 수 있는 문제를 야기한다. 인간이 편향을 가진 존재이기에, 인공지능에도 편향된 데이터가 반영되고, 편향된 의사결정이 아웃풋으로 나올 수밖에 없지만, 편향된 아웃풋이 다시 인간에게 영향을 주고, 이미 존재하던 편향을 더욱 강화시키기거나 새로운 편향에 노출되게 하기에 이것은 전례 없는 윤리적인 문제를 야기한다. 더욱이, 인공지능 기술을 다루는 편향된 인간도 데이터의 선정과 알고리즘, 결과분석에 영향을 줄 수 있다. 인간이 가지고 있는 편향을 넘어서, 인공지능의 의사결정을 어떠한 세력이 조작할 가능성도 존재한다.

2019년 아마존은 자사 브랜드 상품이 잘 팔릴 수 있는 알고리즘을 구축하라고 검색엔진을 설계하는 엔지니어들을 압박해왔다는 것이 내부고발을 통해 밝혀졌다. 실제로 아마존이 자사 브랜드 상품의 수익성을 높이는 알고리즘을 사용했는지 밝혀지지는 않았으나, 이 사례는 기술을 다루는 인간이 인공지능 기술을 통해 사용자나 이에 영향을 받는 사람들에게 영향력을 행사할 수 있다는 것을 시사한다. 인공지능 기술이 탑재되어 있다는 사실이 잘 알려져 있는 자율 주행차에서부터 누구나 쉽게 접하지만 인공지능 기술이 사용된다는 사실을 잘 인지하기 어려운 SNS까지, 인공지능 기술은 이미 다방면에서 사람들에게 노출되어 있고, 사용되고 있다. 이처럼 인공지능의 영향이 광범위하고 파급효과가 크다는 점, 그리고 현재와 미래를 아울러 인공지능이 야기할 수도 있는 문제들을 사전 예방하고 인간이 누릴 수 있는 편익은 최대화하기 위해 인공지능 윤리의 연구가필요하다.

(2) 인공지능의 유형

현재 우리에게 친숙한 인공지능은 좁은 인공지능(Artificial Narrow AI, 혹은 약한 인공지능)으로 특정 분야에 활용되어 과제를 수행하는데, 예시로는 기계학습, 패턴 인식, 데이터 마이닝, 자연어 처리 등을 들 수 있다. 이밖에, 인간처럼 일반적인 인지능력을 가지고 다양한 분야에서 활용되는 범용 인공지능(Artificial General AI, 혹은 강한 인공지능), 모든 분야에서 인간을 능가하는 인공지능인 초인공지능(Artificial Super Intelligence)으로 구분할 수 있다. 보통 좁은 인공지능을 접하기에 윤리적인 인공지능을 논하기에는 아직 이른 것은 아닌가 하는 의문이 생길 수 있으나, 좁은 인공지능으로부터도 필터 버블과 개인 정보 유출 및 프라이버시의 침해, 차별의 문제, 기술로 얻을 수 있는 편익이 특정 집단에만 집중되는 등의 각종 윤리적인 문제가 이 필터 버블이란 의사결정 상황에서 사람의 편견 등이 강화되는 현상을 말한다. 미래 초인공지능의 도래를 바라보며 충분히 바르게 발달된 인공지능이 도덕적인 지위를 가지고, 일부는 개인으로 간주될 수 있다는 가능성을 제시한 연구도 이미 약 6년 전에 존재한다는 점에서, 사전적으로 인간과 인공지능의 관계에 대해 주목할 필요가 있다(Bostrom et al., 2014).

(3) 인공지능의 효과

우리는 인공지능이라는 단어를 흔하게 사용하지만, 인공지능 안에는 여러 가지의 세부 분야가 있다. 일반적으로 인공지능은 컴퓨터에서 인간과 같이 사고하고 생각하고 학습하고 판단하는 논리적인 방식을 사용하는 인간지능을 본 딴 일련의 소프트웨어를 말한다. 이러한 인지공학적 측면의 발전은 사회복지적으로도 큰 변혁을 가져오게 될 것이다. 아직까지 우리 사회가 고령자에 대해 떠올리는 이미지는 사회에서 소외된 쓸쓸한 독거노인에 가깝다. 이러한 독거노인은 직업적으로 은퇴하여 사회에서 한 역할을 맡지 못한 채 유리되어 있고, 신체적으로 기능이 떨어져 거동하는 것조차 힘들다. 또한 경제적으로도 빈곤층을 벗어나지 못해 삶의 여유를 누릴 수 없으며, 정보의 부재로 최신 기술에 적응하지 못하여 하루하루 연명하고 있다. 그러나 4차 산업혁명이 우리의 삶을 바꿀 수 있듯 이러한 모습도 바꿀 수 있을 것이다. 먼저 요보호자의 데이터화가 진행되면서 고령자의 의학적 정보 같은 물리적 데이터부터 성향과 금융 상태 같은 비물리적 데이터까지 엄청난 데이터베이스를 축적하게 될 것이고, 인공지능이 이 데이터를 연구하여 특정 대상에게 적절한 서비스를 적시에 제공할 수 있을 것이다.

4. 미래산업의 과제와 전망

기술이 사용자를 위해 보다 더 세심하게 쓰이게 되고, 특정한 사용자의 욕구와 습관, 그리고 시공을 초월한 맥락적인 미세조정의 요구에서 부응하게 된다면, 인간과 만날 기회는 더욱 많아지게 될 것이다(Kort et al., 2005). 고령친화산업, 노년공학, 로봇공학은 공통 대상인 노인의 삶의 질과 복지 향상을 위해 상호 보완적 관계에 있다. 고령친화산업, 노년공학, 로봇공학은 ICT산업(정보통신기술) 등 우리나라가 선점할 수 있는 연구 분야가 복합되어 있는 기술이다.

(1) 4차산업의 전망

첫째, 로봇기술의 발달은 요보호 노인 당사자나 케어를 위한 노인부양자, 간병, 재활의 문제를 해결할 수 있고 국가 전체로서의 사회적 비용을 감소할 수 있을 것이다. 한 예로서 일상생활이 어려운 노인이 부양가족이 없어 간병인을 가정에서 고용하였다면 개인적 비용은 많은 비용이 들 것이다. 로봇기술 발달로 웨어러블 로봇이 상용화가 되면 개인이나 국가는 사회적 비용을 감소할 수 있다.

둘째, 인공지능기술의 발전으로 가정 안에서 독거노인이나 일상생활에 어려움을 겪고 있는 노인이나 치매노인들을 돕고, 고독감이나 정서상 우울감을 호소하는 노인의 대화와 상대가 되어주며, 사물인터넷의 시스템을 활용해서 노인들의 안전을 관리할 수 있다.

셋째, 제4차 산업혁명은 정보통신기술(ICT)의 융합으로 노인을 위한 서비스나 제품을 개발하는 것은 전 세계적으로 노인들의 일상생활에서 일어나는 여러 가지 신체적 · 정신적 · 기능적 · 사회적 적응문제에 대하여 노년공학기술을 바탕으로 이러한 사회문제를 해결할 수 있으면 국가의 이익은 엄청나게 클 것이다

(2) 고령친화산업의 과제 및 발전방향

우리나라는 2025년이면 초고령사회로 진입할 예정이다. 노인인구가 급속도록 증가된다. 특히 노인인구가 집중되어 있는 베이비붐세대의 은퇴가 본격화되고 연령이 높아지면 고령친화산업에 대한 시장은 그 수요가 크게 확대될 전망이다. 이에 맞춰서 정부는 초기 단계에 있는 고령친화산업 기업이 발전 및 활성화가 되도록 지속적으로 성장 지원해 나가야 된다.

가. 고령친화산업의 정책적 지원 필요

고령친화산업은 민간기업이 노인을 대상으로 시장원리에 입각하여 상품이나 서비스를 공급하는 산업으로 기업이 재정적자나 도산 시 수요자인 고령자가 많은 애로사항이 발생되므로 정부의 정책적 지원 즉, 기업회계, 세무, 마케팅, 홍보 등 지원을 해야 되며, 고령친화산업의 활성화를 위해서는 정부의 지원이 절대적으로 중요하다.

나. 제품 표준화 및 전문교육기관 · 인력양성

고령 소비자 보호를 위한 안전기준의 마련, 고령자 관련제품의 표준화 및 품질관리를 위한 제도적 개선, R&D 투자확대 및 세제지원, 산 · 학 · 연 · 관 공동연구기반 마련, 고령친화산업서비스를 제공할 수 있는 전문 인력을 양성할 수 있는 대학 내의 교육과정과 전문교육기관을 통한 교육의 확대가 요구된다.

다. ICT(정보통신기술) 제품 개발

4차 산업혁명시대를 맞아 고령친화산업의 제조분야에도 새로운 패러다임이 필요하다(한국보건산업진흥원, 2017). 4차 산업혁명시대가 도래함에 따라 자율 주행, 드론, 로봇 등이 주요국 중점 육성 산업이 될 것으로 예측하고 있는 가운데 고령친화산업 또한 고령자의 편의성에 중점을 둔 ICT(정보통신기술)를 접목한 제품 개발이 필요하다.

CHAPTER 13

Social Welfare for the Elderly

노인복지시설

1. 노인복지시설의 개념

사회복지의 목적을 실현하기 위한 제도적 실천의 장이 사회복지시설이며, 노인복지를 실천하기 위해 설치된 시설의 장(場)이 노인복지시설이다. 사회복지시설의 법률적 정의는 「사회복지사업법」 제2조와 「노인복지법」 제31조에 의하면 노인복지시설이란 「노인복지법」에 의거하여 각종 노인복지사업법을 행할 목적으로 설치된 사회복지시설을 말한다.

즉 노인복지시설은 노인이 질병이나 장애 또는 주택, 경제, 가족관계 등 생활조건상의 곤란과 가족의 부양능력의 제한으로 인하여 가정에서 계속해서 생활할 수 없는 경우의 대안적 노인주거형태로서, 노인이 주거하면서 건전한 노후생활을 계속해서 보장받을 수 있는 시설을 말한다.

따라서 노인복지시설은 사회적 보호가 필요한 노인들에게 안전한 생활을 보장하고 자립생활, 시설이용 기타의 방법으로 복지서비스를 제공하기 위해 마련된 장소, 설비, 건물 등과 직원들의 운영조직 및 복지시설의 지원을 목적으로 하는 조직체라고 할 수 있다.

노인복지시설의 유형을 「노인복지법」 제31조의 규정에서 살펴보면 〈표 13-1〉

과 같이 총 7개 유형이 있다. 노인복지시설은 입소노인의 노화로 인한 기능 저하로 보완하면서 노인의 독립적이고 안전한 생활을 보장하고, 사생활을 유지하면서 원만한 사회적 관계를 맺을 수 있도록 특별히 계획된 주거환경을 갖추어야 한다.

또 기본적으로 고려해야 할 사항으로 자립생활, 사생활과 사회적 교류의 균형 유지, 합리적 공간 배치, 안전사고의 예방, 시설의 주류화, 시설종사자의 후생복리증진을 위한 공간 확보, 충분한 문화 및 여가생활공간 확보 등이 있다.

표 13-1 노인복지시설 유형 (단위: 개소, 명)

구분	시설 유형	
노인복지시설	노인주거복지시설	양로시설
		노인공동생활가정
		노인복지주택
	노인의료복지시설	노인요양시설
		노인요양공동생활가정
	노인여가복지시설	노인복지관
		경로당
		노인교실
	재가노인복지시설	방문요양서비스
		방문목욕서비스
		주 · 야간보호서비스
		단기보호서비스
		복지용구사업소
	노인보호전문기관	노인보호전문기관
	학대피해노인 전용쉼터	학대피해노인 전용쉼터
	노인일자리전담기관	노인일자리 지원기관
		노인인력 개발기관
		노인취업알선기관

출처: 보건복지부(2019).

2. 노인주거복지시설

1) 노인주거복지시설의 개념과 설치목적

(1) 노인주거복지시설의 개념

노인주거복지시설은 가정을 대신하여 노인들이 생활할 수 있도록 주거를 포함하여 일상의 생활이 가능하도록 서비스를 제공하는 시설로서, 그 서비스대상은 신체적 · 정신적 · 사회적으로 기능 및 능력이 감퇴되는 노인으로서 가정에서 부양받기 어려운 처지에 있는 경우에 노인주거복지시설에 입소하여 각종 사회복지 서비스를 받게 된다.

(2) 노인주거복지시설의 설치목적

노인주거복지시설은 일상생활에 지장이 없는 노인을 대상으로 급식과 그 밖에 일상생활에 필요한 편의를 제공하여 노후의 안정된 생활을 도모함을 목적으로 하는 사회복지시설로서 노인주거복지시설의 유형별 설치목적을 세부적으로 정리해 보면 다음에서와 같다(표 13-2 참고).

표 13-2 노인주거복지시설의 유형별 설치목적

시설	설치목적
양로시설	노인을 입소시켜 급식과 그 밖에 일상생활에 필요한 편의를 제공함을 목적으로 하는 시설
노인공동 생활가정	노인에게 가정과 같은 주거여건과 급식, 그 밖에 일상생활에 필요한 편의를 제공함을 목적으로 하는 시설
노인복지주택	노인에게 주거시설을 분양 또는 임대하여 주거의 편의 · 생활지도 · 상담 및 안전관리 등 일상생활에 필요한 편의를 제공함을 목적으로 하는 시설

출처: 노인복지법 제32조.

2) 노인주거복지시설의 유형과 입소대상

「노인복지법 시행규칙」 제14조에서 정하는 노인주거복지시설의 입소대상자는 다음과 같다.

(1) 양로시설 · 노인공동생활가정

다음의 어느 하나에 해당하는 자로서 일상생활에 지장이 없는 자가 입소할 수 있다.

가. 「국민기초생활보장법」 제2조에 따른 수급권자로서 65세 이상의 자

나. 부양의무자로서 적절한 부양을 받지 못하는 65세 이상의 자

다. 본인 및 본인과 생계를 같이 하고 있는 부양의무자의 월소득을 합산한 금액을 가구원수로 나누어 얻은 1인당 월평균 소득액이 통계청장이 「통계법」 제17조 제3항에 따라 고시하는 전년도(본인 등에 대한 소득조사일이 속하는 해의 전년도)의 도시근로자가구 월평균소득을 전년도의 평균 가구원 수로 나누어 얻은 1인당 월평균소득액 이하인 자로서 65세 이상의 자(실비보호대상자)

라. 입소자로부터 입소비용의 전부를 수납하여 운영하는 양로시설 또는 노인공동생활가정의 경우는 60세 이상의 자

마. 입소대상자의 65세 미만의 배우자(입소비용을 전부 수납하여 운영하는 경우에는 60세 미만인 배우자)는 해당 입소대상자와 함께 양로시설 · 노인공동생활 가정에 입소할 수 있다.

(2) 노인복지주택

단독취사 등 독립된 주거생활을 하는 데 지장이 없는 60세 이상의 자가 입소할 수 있다. 아울러 입소대상자의 60세 미만인 배우자 및 입소대상자가 부양을 책임지고 있는 19세 미만의 자녀 · 손자녀도 해당 입소대상자와 함께 노인복지주택에 입소할 수 있다.

노인복지주택을 설치한 자는 입소자격자에게 입대하여야 하며, 임차한 자는 입소 자격자가 아닌 자에게 양도 또는 임대할 수 없다.

3) 노인주거복지시설의 설치 기준

(1) 노인주거복지시설의 설치 근거

「노인복지법」 제33조에 의한 노인복지시설에서 설치 근거는 다음과 같다.

가. 국가 또는 지방자치단체는 노인주거복지시설을 설치할 수 있다.

나. 국가 또는 지방자치단체 외의 노인주거복지시설을 설치하고자 하는 경우에는 특별자치도지사 · 시장 · 군수 · 구청장에게 신고하여야 한다.

다. 노인주거복지시설의 시설, 인력 및 운영에 관한 기준과 설치신고, 설치운영자가 준수하여야 할 사항, 그 밖에 필요한 사항은 보건복지부령으로 정한다.

(2) 설치신고 절차와 구비서류

「노인복지법 시행규칙」 제16조의 규정에 의하여 노인주거복지시설을 설치하고자 하는 자는 노인주거복지시설설치신고서에 다음에 서류(전자문서 포함)를 첨부하여 특별자치도지사 · 시장 · 군수 · 구청장에게 제출하여야 한다.

가. 설치하고자 하는 자가 법인인 경우에는 정관 1부

나. 위치도 · 평면도 및 설비구조 내역서 각 1부

다. 사업계획서(제공되는 서비스의 내용과 입소자로부터 입소비용의 전부를 수납하여 운영하려는 양로시설, 노인공동생활가정 및 노인복지주택의 경우 의료기관과의 연계에 관한 사항 포함) 1부

라. 사업계획서(제공되는 서비스의 내용과 입소자로부터 입소비용의 전부를 수납하여 운영하려는 양로시설, 노인공동생활가정 및 노인복지주택의 경우 의료기관과의 연계에 관한 사항 포함) 1부

마. 시설을 설치할 토지 및 건물의 소유권을 증명할 수 있는 서류(입소자로부터 입소비용의 전부를 수납하려는 양로시설 및 노인공동생활가정의 경우에는 사용권을 증명할 수 있는 서류로

갈음할 수 있음) 각 1부

바. 「전기사업법 시행규칙」 제38조 제3항에 따른 전기안전점검확인서

위의 내용에 따라 신고서를 제출받은 담당 공무원은 「전자정부법」 제21조 제1항에 따른 행정정보의 공동이용을 통하여 법인등기부등본(법인인 경우에 한함)을 확인하여야 한다. 다만, 신고인이 이에 동의하지 아니하는 경우에는 그 서류를 첨부하도록 하여야 한다. 그리고 특별자치도지사 · 시장 · 군수 · 구청장은 위의 규정에 의하여 노인주거복지시설의 설치신고를 수리한 때에는 노인주거복지시설 설치신고필증을 신고인에게 교부하여야 한다.

(3) 공통사항 및 설치에 관한 특례 기준

「노인복지법 시행규칙」 제17조 제1항에 규정된 노인주거복지시설 설치에 관한 공통사항 및 특례는 다음 내용과 같다. 단, 노인복지주택의 경우에는 이 법에서 규정된 사항을 제외하고는 「주택법」의 관련 규정을 준용한다.

가. 공통사항

① 시설의 규모: 노인주거복지시설은 다음의 구분에 따른 인원이 입소할 수 있는 시설을 갖추어야 한다.

ㄱ. 양로시설: 입소정원 10명 이상(입소정원 1명당 연면적 15.9㎡ 이상 공간 확보)

ㄴ. 노인공동생활가정: 입소정원 5명 이상 9명 이하(입소정원 1명당 연면적 15.9㎡ 이상 공간 확보)

ㄷ. 노인복지주택: 30세대 이상

② 시설의 구조 및 설비

ㄱ. 시설의 구조 및 설비는 일조 · 채광 · 환기 등 입소자의 보건위생과 재해방지 등을 충분히 고려하여야 한다.

ㄴ. 복도 · 화장실 · 침실 등 입소자가 통상 이용하는 설비는 휠체어 등의 이동이 가능한 공간을 확보하여야 하며 문턱 제거, 손잡이 시설 부착,

바닥 미끄럼방지 등 노인의 활동에 편리한 구조를 갖추어야 한다.

ㄷ. 「소방시설 설치유지 및 안전관리에 관한 법률」이 정하는 바에 따라 소화용 기구를 비치하고 비상구를 치하여야 한다. 다만, 입소자 10명 미만이 시설의 경우에는 소화용 기구를 갖추는 등 시설실정에 맞게 비상재해에 대비하여야 한다.

ㄹ. 입소자가 건강한 생활을 영위하는 데 도움이 되는 도서관, 스포츠·레크리에이션 시설 등 적정한 문화·체육부대시설을 설치하도록 하되, 지역사회와 시설 간의 상호교류 촉진을 통한 사회와의 유대감 증진을 위하여 입소자가 이용하는 데 지장을 주지 아니하는 범위에서 외부에 개방하여 운영할 수 있다.

③ 재가노인복지시설의 장은 시설의 개방성을 높여 지역사회와의 교류를 증진하고 입소자가 외부사회와의 단절감을 느끼지 아니하도록 하기 위하여 재가노인복지시설을 병설·운영할 수 있다.

나. 시설설치에 관한 특례

① 노인주거복지시설 설치자는 시설을 설치할 토지 및 건물의 소유권 또는 사용권을 확보하여야 하며, 시설 설치목적 외의 목적에 의한 저당권을 해당 토지 및 건물에 설정하여서는 아니 된다. 다만, 시설의 설치목적에 의한 저당권을 설정하는 경우에도 저당권의 피담보채권액과 입소보증금의 합이 건설원가의 80% 이하이어야 한다.

② 타인 소유의 토지 또는 건물을 사용하여 입소자로부터 입소비용의 전부를 수납하여 운영하는 시설을 설치하려는 경우에는 다음의 요건을 갖추어야 한다.

ㄱ. 임대차계약·지상권설정계약 등 사용계약의 양 당사자는 법인일 것

ㄴ. 토지 또는 건물에 대한 등기 등 법적 대항요건을 갖출 것

ㄷ. 사용계약서에 다음의 내용이 포함되어 있을 것

- 토지 또는 건물의 사용목적이 시설의 설치·운영을 위한 것이라는 취

지의 내용

- 계약기간의 연장을 위한 자동갱신조항
- 무단 양도(매매, 증여, 그 밖의 권리의 변동을 수반하는 일체의 행위 포함) 및 전대의 금지조항
- 장기간에 걸친 임차료 등의 인상방법(무상으로 사용하는 경우 제외)
- 토지 또는 건물에 대한 사용권자의 우선 취득권에 관한 내용

③ 양로시설 · 노인공동생활가정 또는 노인복지주택을 설치하려는 자는 입소자에 대한 보증금 반환채무의 이행을 보장하기 위하여 입소계약 체결 후 보증금 수납일로부터 10일 이내에 다음의 요건에 적합한 인 · 허가보증보험에 가입하여야 한다. 다만, 시설 개원 이후 입소자별로 전세권 또는 근저당권 설정 등의 조치를 한 경우에는 각각 인 · 허가보증보험에 가입하지 아니할 수 있다.

ㄱ. 보증내용: 입소자의 입소보증금 반환채무 이행보증
ㄴ. 보증가입금액: 입소보증금 합계의 100분의 50 이상
ㄷ. 보증가입기간: 보증금 납부일로부터 퇴소 시까지
ㄹ. 보증가입관계: 시장 · 군수 · 구청장을 피보험자로 함
ㅁ. 보험금 수령방법: 시장 · 군수 · 구청장의 확인 하에 입소자가 보험금을 직접 수령함

(4) 노인주거복지시설의 유형별 설비 기준

노인주거복지시설 유형별 설비 기준을 정리하면 〈표 13-3〉과 같다.

표 13-3 노인주거복지시설 설비 기준

<table>
<tr><th colspan="2">구분</th><th>침실</th><th>사무실</th><th>요양보호사 및 지원 봉사활동</th><th>의료 및 간호사실</th><th>체력단련실 및 프로그램</th><th>식당 및 조리실</th><th>비상재해대비시설</th><th>화장실</th><th>세면장 및 샤워실(목욕실)</th><th>세탁장 및 세탁물건조장)</th></tr>
<tr><td rowspan="2">양로시설</td><td>입소자 30명 이상</td><td>○</td><td>○</td><td>○</td><td>○</td><td>○</td><td>○</td><td>○</td><td>○</td><td>○</td><td>○</td></tr>
<tr><td>입소자 30명 미만 10명 이상</td><td>○</td><td colspan="2">○</td><td>○</td><td>○</td><td>○</td><td>○</td><td>○</td><td colspan="2">○</td></tr>
<tr><td colspan="2">노인공동생활가정</td><td>○</td><td colspan="3">○</td><td>-</td><td>○</td><td>○</td><td>○</td><td colspan="2">○</td></tr>
<tr><td colspan="2">노인복지주택</td><td colspan="10">침실 1, 관리실 1(사무실 · 숙직실 포함), 식당 및 조리실 1, 체력단련실 및 프로그램실 1, 의료 및 간호사실 1, 식료품점 또는 매점 1, 비상재해대비시설 1, 경보장치 1</td></tr>
</table>

주: 세탁물을 전량위탁처리의 경우는 세탁장 및 세탁물건조장을 두지 않을 수 있음.
출처: 「노인복지법 시행규칙」.

4) 노인주거복지시설의 시설유형별 직원자격 기준 및 배치 기준

(1) 노인주거복지시설의 직원자격 기준

노인주거복지시설의 직원자격 기준은 〈표 13-4〉에서 보는 바와 같이 직종별로 정해진다.

표 13-4 노인주거복지시설 직원자격 기준

직종별	자격 기준
시설의 장 (노인복지주택은 제외)	「사회복지사업법」에 따른 사회복지사 자격증 소지자 또는 의료법 제2조에 따른 의료인
사회복지사	「사회복지사업법」에 따른 사회복지사 자격증 소지자
요양보호사	법에 따른 요양보호사 자격증 소지자

출처: 「노인복지법 시행규칙」.

(2) 노인주거복지시설의 직원배치 기준

노인주거복지시설의 직원배치 기준은 〈표 13-5〉에서 보는 바와 같이 직종별로 정해진다. 단, 세탁물을 전량 위탁 처리하는 경우에는 위생원을 두지 아니할 수 있으며, 입소자로부터 입소비용의 전부를 수납하여 운영하는 양로시설의 요양보호사 배치 기준은 입소자 20명당 1명으로 한다.

표 13-5 노인주거복지시설 직원배치 기준

시설별 \ 직종별		시설장	사무국장	사회복지사	의사(한의사 포함) 또는 촉탁의사	간호사 또는 간호조무사	요양보호사	사무원	영양사	조리원	위생원	관리인
양로시설	입소자 30명 이상	1명	1명	1명	1명 이상	입소자 50명당 1명	입소자 12.5명당 1명	1명 (입소자 100명 이상 경우 한정)	1명 (입소자 50명 이상 경우 한정)	2명 (입소자 100명 초과당 1명 추가)	입소자 50명당 1명	
	입소자 30명 미만 10명 이상	1명	1명			1명	입소자 12.5명당 1명			1명	1명	
노인공동생활가정		1명				입소자 4.5명당 사회복지사, 간호사 또는 간호조무사, 요양보호사 1명 이상						
노인복지주택		1명	1명									1명

주 1) 위생원 및 요양보호사: 세탁물을 전량 위탁처리하는 경우에는 위생원을 두지 아니할 수 있으며, 입소자로부터 입소비용의 전부를 수납하여 운영하는 양로시설의 요양보호사 배치 기준은 입소자 20명당 1명으로 함.

2) 사회복지사: 입소자에게 건강유지, 여가선용 등 노인복지 제공계획을 수립하고, 복지증진에 관하여 상담·지도함.

3) 요양보호사: 요양서비스가 필요한 노인에게 신체활동지원서비스와 그 밖의 일상생활지원서비스 의사를 두지 않을 수 있음.

4) 모든 종사자는 시설의 장과 근로계약을 체결한 사람이어야 함.

출처: 「노인복지법 시행규칙」.

3. 노인의료복지시설

1) 노인의료복지시설의 개념과 설치목적

(1) 노인의료복지시설의 개념

노인의료복지시설이란 노인들이 지닌 욕구들 중에서도 특히 치매와 중풍 등의 노인성 질환에 대한 의료서비스 집중을 목적으로 한 시설로 실비와 유료시설 등의 다양한 시설 명칭이 있었으나 노인장기요양보험제도의 실시를 앞두고 2007년 8월 3일 「노인복지법」의 개정에 따라 노인요양시설, 노인요양공동생활가정, 노인전문병원으로 기관분류를 단순화하였다. 그 후 2011년 6월 법 개정에서는 노인전문병원이 제외되어 생활시설(거주요양시설) 형태인 노인요양시설과 노인요양공동생활가정의 2개 유형으로 되었다.

(2) 노인의료복지시설의 설치목적

노인의료복지시설은 치매 · 중풍 등 노인성 질환을 가진 노인들이 장애가 발생하여 도움을 필요로 하는 노인들을 노인요양시설에 입소시키거나 소규모 시설인 노인요양공동생활가정에서 급식 · 요양, 그 밖에 일상생활에 필요한 편의를 제공함을 목적으로 설치한다(표 13-6 참고).

표 13-6 노인의료복지시설의 설치목적

시설	설치목적
노인요양시설	치매 · 중풍 등 노인성 질환 등으로 심신에 상당한 장애가 발생하여 도움을 필요로 하는 노인을 입소시켜 급식 · 요양과 그 밖에 일상생활에 필요한 편의를 제공(10인 이상)
노인요양공동생활가정	치매 · 중풍 등 노인성 질환 등으로 심신에 상당한 장애가 발생하여 도움을 필요로 하는 노인에게 가정과 같은 주거여건과 급식 · 요양, 그밖에 일상생활에 필요한 편의를 제공(5~9인 이내)

출처: 노인복지법 제34조.

즉 비교적 건강한 노인들을 대상으로 노인주거복지시설이 설치·운영된다면, 노인성 질환을 보유하여 신체적으로나 인지적으로 보호와 요양을 필요로 하는 노인들을 위해서는 노인의료복지시설이 설치·운영되는 것이다. 아울러 노인의료복지시설은 재가노인복지시설과 함께 「노인장기요양보험법」 상에서 규정하는 노인장기요양기관에 속한다.

2) 노인의료복지시설의 입소와 설치 기준

(1) 노인의료복지시설의 유형과 입소대상

가. 노인요양시설

노인요양시설은 치매·중풍 등 노인성 질환 등으로 심신에 상당한 장애가 발생하여 도움을 필요로 하는 노인(10명 이상)을 입소시켜 급식·요양과 그 밖에 일상생활에 필요한 편의를 제공함을 목적으로 하는 시설을 말한다.

나. 노인요양공동생활가정

노인요양공동생활가정은 치매·중풍 등 노인성 질환 등으로 심신에 상당한 장애가 발생하여 도움을 필요로 하는 노인(5~9명 이하)에게 가정과 같은 주거여건과 급식·요양, 그 밖에 일상생활에 필요한 편의를 제공함을 목적으로 하는 시설을 말한다.

(2) 노인의료복지시설의 입소대상

「노인복지법 시행규칙」 제18조에서 정하는 입소대상은 다음의 어느 하나에 해당되며, 노인성 질환 등으로 요양을 필요로 하는 자로 한다.

가. 「노인장기요양보험법」 제15조에 따른 수급자

나. 「국민기초생활보장법」상의 기초수급권자로서 65세 이상의 자

다. 부양의무자로부터 적절한 부양을 받지 못하는 65세 이상의 자
라. 입소자로부터 입소비용의 전부를 수납하여 운영하는 노인요양시설 또는 노인요양공동생활가정의 경우는 60세 이상의 자

이 경우 입소대상자의 배우자는 65세 미만(입소자로부터 입소비용의 전부를 수납하여 운영하는 노인요양시설 또는 노인요양공동생활가정의 경우에는 60세 미만)인 경우에도 입소대상자와 함께 입소할 수 있다.

3) 노인의료복지시설 설치 기준

(1) 노인의료복지시설 설치 근거

노인의료복지시설의 기준에서 그 근거를 살펴보면 다음과 같다.

가. 국가 또는 지방자치단체는 노인의료복지시설을 설치할 수 있다.
나. 국가 또는 지방자치단체 외의 자가 노인의료복지시설을 설치하고자 하는 경우에는 시장 · 군수 · 구청장에게 신고하여야 한다.
다. 노인의료복지시설의 시설, 인력 및 운영에 관한 기준과 설치신고 및 설치허가 등에 관하여 필요한 사항은 보건복지부령으로 정한다.

(2) 노인의료복지시설의 설치신고 절차와 구비서류

가. 「노인복지법」 제35조의 규정에 의하여 노인의료복지시설을 설치하고자 하는 자는 노인의료복지시설 설치신고서에 다음의 서류를 첨부하여 특별자치도지사 · 시장 · 군수 · 구청장에게 제출하여야 한다.
① 설치하고자 하는 자가 법인인 경우에는 정관 1부
② 위치도 · 평면도 및 설비구조 내역서 각 1부
③ 입소보증금 · 이용료, 기타 입소자의 비용부담 관계서류 1부
④ 사업계획서(제공되는 서비스의 내용 및 의료기관과의 연계에 관한 사항 포함) 1부

⑤ 시설을 설치할 토지 및 건물의 소유권을 증명할 수 있는 서류(입소자로부터 입소비용의 전부를 수납하여 운영하려는 노인요양시설 및 노인요양공동생활가정의 경우에는 사용권을 증명할 수 있는 서류로 갈음할 수 있음) 각 1부

⑥「전기사업법 시행규칙」제38조 제3항에 따른 전기안전점검확인서

나. 신고서를 제출받은 담당 공무원「전자정부법」제21조 제1항에 따른 행정정보의 공동이용을 통하여 법인등기부등본(법인인 경우에 한함)을 확인하여야 한다. 다만, 신고인이 이에 동의하지 아니하는 경우에는 그 서류를 첨부하도록 하여야 한다.

다. 특별자치도지사 · 시장 · 군수 · 구청장은 제1항의 규정에 의하여 노인의료복지시설의 설치신고를 수리한 때에는 노인의료복지시설 설치신고필증을 신고인에게 교부하여야 한다.

(3) 노인의료복지시설 설치의 공통사항 및 특례 기준

「노인복지법 시행규칙」제22조 제1항에 규정된 노인의료복지시설 설치에 관한 공통사항은 다음 내용과 같다.

가. 시설의 규모

노인의료복지시설은 다음의 구분에 따른 인원이 입소할 수 있는 시설을 갖추어야 한다.

① 노인요양시설: 입소정원 10명 이상(입소정원 1명당 연면적 23.6㎡ 이상의 공간 확보)

② 노인요양공동생활가정: 입소정원 5명 이상 9명 이상(입소정원 1명당 연면적 20.5㎡ 이상의 공간 확보)

나. 시설의 구조 및 설비

① 시설의 구조 및 설비는 일조 · 채광 · 환기 등 입소자의 보건위생과 재해 방지 등을 충분히 고려하여야 한다.

② 복도 · 화장실 · 침실 등 입소자가 통상 이용하는 설비는 휠체어 등이 이동

가능한 공간을 확보하여야 하며 문턱 제거, 손잡이시설 부착, 바닥 미끄럼 방지 등 노인의 활동에 편리한 구조를 갖추어야 한다.

③ 「소방시설 설치유지 및 안전관리에 관한 법률 시행규칙」이 정하는 바에 따라 소화용 기구를 비치하고 비상구를 설치하여야 한다. 다만, 입소자 10명 미만인 시설의 경우에는 소화용 기구를 갖추는 등 시설의 실정에 맞게 비상재해에 대비하여야 한다.

④ 입소자가 건강한 생활을 영위하는 데 도움이 되는 도서관, 스포츠·레크리에이션 시설 등 적정한 문화·체육부대시설을 설치하되, 지역사회와 시설간의 상호교류 촉진을 통한 사회와의 유대감 증진을 위하여 입소자가 이용하는 데 지장을 주지 아니하는 범위에서 외부에 개방하여 운영할 수 있다.

다. 재가노인복지시설의 병설

노인의료복지시설의 장은 시설의 개방성을 높여 지역사회와의 교류를 증진하고 입소자가 외부사회와의 단절감을 느끼지 아니하도록 재가노인복지시설을 병설할 수 있다.

라. 특례기준

「노인복지법 시행규칙」 제22조 제1항에 규정된 노인의료복지시설 설치에 관한 특례 사항은 다음 내용과 같다.

① 시설 설치자는 시설을 설치할 토지 및 건물의 소유권 또는 사용권을 확보하여야 하며, 시설 설치목적 외의 목적에 의한 저당권, 그 밖에 시설로서의 이용을 제한할 우려가 있는 권리는 해당 토지 및 건물에 설정하여서는 아니 된다. 다만, 시설의 설치목적에 의한 저당권을 설정하는 경우에도 저당권의 피담보 채권액과 입소보증금의 합이 건설원가의 80% 이하이어야 한다.

② 타인 소유의 토지 또는 건물을 사용하여 노인요양공동생활가정을 설치하거나 입소자로부터 입소비용의 전부를 수납하여 운영하는 시설을 설치하려는 경우에는 다음의 요건을 갖추어야 한다.

ㄱ. 임대차계약 · 지상권설정계약 등 사용계약의 양 당사자는 법인일 것(노인요양공동생활 가정을 설치하는 경우 제외)

ㄴ. 토지 또는 건물에 대한 등기 등 법적 대항요건을 갖출 것

ㄷ. 사용계약서에 다음의 내용이 포함되어 있을 것

ㄹ. 토지 또는 건물의 사용목적이 시설의 설치 · 운영을 위한 것이라는 취지의 내용

- 계약기간의 연장을 위한 자동갱신 조항
- 무단 양도(매매 · 증여, 기타 권리의 변동을 수반하는 일체의 행위 포함) 및 전대의 금지 조항
- 장기간에 걸친 임차료 등의 인상방법(무상으로 사용하는 경우 제외)
- 토지 또는 건물에 대한 사용권자의 취득권에 관한 내용

③ 노인의료복지시설 중 노인요양시설 및 노인공동생활가정시설을 설치하려는 자는 입소자에 대한 보증금 반환채무의 이행을 보장하기 위하여 입소계약 체결 후 보증금 수납일로부터 10일 이내에 다음의 요건에 적합한 인 · 허가 보증보험에 가입하여야 한다. 다만, 시설 개원 이후 입소자별로 전세권 또는 근저당권 설정 등의 조치를 한 경우에는 각각 인 · 허가보험증에 가입하지 아니할 수 있다.

ㄱ. 보증내용: 입소자의 입소보증금 반환채무 이행보증

ㄴ. 보증가입금액: 입소보증금 합계의 100분의 50 이상

ㄷ. 보증가입기간: 보증금 납부일로부터 퇴소 시까지

ㄹ. 보증가입관계: 시장 · 군수 · 구청장을 피보험자로 함

ㅁ. 보험금 수령방법: 시장 · 군수 · 구청장의 확인 하에 입소자가 보험금을 직접 수령함

(4) 노인의료복지시설의 유형별 설비 기준

노인요양시설 및 노인요양공동생활가정의 설비 기준은 다음과 같다.

표 13-7 노인요양시설 및 노인공동생활가정 설비 기준

시설별 \ 구분		침실	사무실	요양보호사실	자원봉사실	의료 및 간호사실	물리치료실	프로그램실	식당 및 조리실	비상재해대비시설	화장실	세면장 및 목욕실	세탁장 및 세탁물건조장
노인요양시설	입소자 30명 이상	○	○	○	○	○	○	○	○	○	○	○	○
	입소자 30명 미만 10명 이상	○	○			○	○	○	○	○	○	○	
노인요양공동생활가정 (5~9명)		○	○			○		○	○	○	○		

주 1) 세탁물을 전량 위탁 처리하는 경우에는 세탁장 및 세탁물 건조장을 두지 아니할 수 있음.
2) 의료기관의 일부를 시설로 신고하는 경우에는 물리(작업)치료실, 조리실, 세탁장 및 세탁물 건조장을 공동으로 사용할 수 있음. 다만, 공동으로 사용하려는 물리(작업)치료실이 시설의 침실과 다른 층에 있는 경우에는 입소자의 이동이 가능하도록 경사로 또는 엘리베이터를 설치하여야 함.

출처: 「노인복지법 시행규칙」.

(5) 노인의료복지시설의 직원자격 및 배치 기준

가. 직원자격 기준

「노인복지법」 제22조 제1항과 관련한 시행규칙이 정하는 노인의료복지시설의 직원자격 기준은 〈표 13-8〉과 같다.

표 13-8 노인의료복지시설의 직원자격 기준

직종별	자격 기준
시설의 장	「사회복지사업법」에 따른 사회복지사 자격증 소지자 또는 「의료법」 제2조에 따른 의료인
사회복지사	「사회복지사업법」에 따른 사회복지사 자격증 소지자
물리치료사 또는 작업치료사	「의료기사 등에 관한 법률」에 따른 물리치료사 또는 작업치료사 면허 소지자
요양보호사	「노인복지법」에 따른 요양보호사 자격증 소지자

출처: 「노인복지법 시행규칙」.

나. 직원배치 기준

노인요양시설 및 노인요양공동생활가정의 직원배치 기준은 〈표 13-9〉에서 보는 바와 같이 직종별로 정해진다. 단, 표에서 나타난 이외에도 다음과 같은 직종의 배치 기준이 있다.

표 13-9 노인요양시설 및 노인요양공동생활가정 직원배치 기준

시설별 \ 구분		시설의 장	사무국장	사회복지사	의사(한의사 포함) 또는 촉탁의사	간호사 또는 간호조무사	물리치료사 또는 작업치료사	요양보호사	사무원	영양사	조리원	위생원	관리인
노인요양시설	입소자 30명 이상	1명	1명 (입소자 50명 이상 한정)	1명 (입소자 100명 초과당 1명 추가)	1명 이상	입소자 25명당 1명	1명 (입소자 100명 초과당 1명 추가)	입소자 2.5명당 1명 (치매 전담형 2명당 1명)	1명 (입소자 50명 이상 한정)	1명 (1회 급식 인권 50명 이상 한정)	입소자 25명당 1명	1명 (입소자 100명 초과당 1명 추가)	1명 (입소자 50명 이상 경우 한정)
	입소자 30명 미만 10명 이상	1명	1명 (사무국장·사회복지사 통합)		1병	1명		입소자 2.5명당 1명			1명		
노인요양공동생활가정 (5~9명)		1명 (시설의 장·사무국장·사회복지사 통합)				1명 (간호사 또는 간호조무사·물리치료사 또는 작업치료사 통합)		입소자 3명당 1명 (치매 전담형 2명당 1명)					

주 1) 의료기관의 일부를 시설로 신고한 경우에는 의료기관의 장(의료인인 경우만 해당한다)이 해당 시설의 장을 겸직할 수 있다.
2) 사회복지사는 입소자에게 건강유지, 여가선용 등 노인복지 제공계획을 수립하고, 복지증진에 관하여 상담 · 지도하여야 한다.
3) 촉탁의사는 의사, 한의사 또는 치과의사를 포함한다.
4) 의료기관과 협약을 체결하여 의료연계체계를 구축한 경우에는 의사(한의사를 포함한다) 또는 촉탁의사를 두지 않을 수 있다.
5) 요양보호사는 요양서비스가 필요한 노인에게 신체활동지원 서비스와 그 밖의 일상생활지원 서비스를 제공하여야 한다.
6) 영양사 및 조리원이 소속되어 있는 업체에 급식을 위탁하는 경우에는 영양사 및 조리원을 두지 않을 수 있다.
7) 세탁물을 전량 위탁처리하는 경우에는 위생원을 두지 않을 수 있다.
8) 모든 종사자는 시설의 장과 근로계약을 체결한 사람이어야 한다.
9) 노인요양시설 내 치매전담실과 치매전담형 노인요양공동생활사정의 경우에는 보건복지부장관이 정하여 고시하는 자격을 갖춘 프로그램 관리자를 두어야 한다.
10) 시설의 장, 요양보호사 및 프로그램관리자는 보건복지부장관이 정하여 고시하는 치매전문교육을 이수하여야 한다.

출처: 「노인복지법 시행규칙」.

① 사무원은 입소자 30인 이상의 노인요양시설에 필요수를 둔다.
② 위생원은 노인요양시설에 필요수를 두며 세탁물 전량 위탁 처리하는 경우에는 두지 아니할 수 있다.
③ 관리인은 입소자 30명 이상의 노인요양시설에 필요수를 둔다.
④ 영양사는 입소자 50명 이상의 노인요양시설에 1명을 두며 영양사가 소속되어 있는 급식을 위탁하는 경우에는 두지 아니할 수 있다.
⑤ 의료기관의 일부를 시설로 신고한 경우에는 의료기관의 장(의료인인 경우로 한정)이 해당 시설의 장을 겸직할 수 있다.

4. 재가노인복지시설

1) 재가노인복지시설의 개념과 설치목적

(1) 재가노인복지시설의 개념

재가노인복지시설은 「노인복지법」상의 노인복지시설로서 신체적·정신적 장애로 일상생활을 영위하기 곤란한 노인에게 다음 중 어느 하나 이상의 서비스를 제공함을 목적으로 하는 시설을 말한다. 아울러 아래의 서비스 유형과 함께 「의료법 시행규칙」 제24조 제4항(가정간호)에 의한 사업인 '방문간호서비스' 유형은 「노인장기요양보험법」상의 '장기요양급여'의 종류 중 재가급여 유형에 속하기도 한다.

(2) 재가노인복지시설의 설치목적

심신이 노쇠하여 일상생활에 불편이 있는 노인 가정에 필요한 각종 사회적 서비스를 제공하여 지역사회 내에서 건전하고 안정된 생활을 영위하도록 도와주는 것을 목적으로 하고 있으며, 이를 정리해보면 〈표 13-10〉에서와 같다.

표 13-10 재가노인복지시설의 설치목적

시설	설치목적
방문요양서비스	신체적 · 정신적 장애로 일상생활을 영이하기 곤란한 노인이 있는 가정에 장기요양요원을 파견하여 노인의 일상생활에 필요한 각종 편의를 제공
주 · 야간보호서비스	부득이한 사유로 가족의 보호를 받을 수 없는 심신이 허약한 노인과 장애 노인을 자 동안과 밤 동안 시설에 입소시켜 필요한 각종 편의를 제공
단기보호서비스	부득이한 사유로 가족의 보호를 받을 수 없어 일시적으로 보호가 필요한 심신이 허약한 노인이나 장애노인을 보호시설에 단기간 입소시켜 보호함으로써 노인 및 노인가정의 복지증진을 도모하기 위한 서비스를 제공
방문목욕서비스	신체적 · 정신적 장애로 일상생활을 영위하기 곤란한 노인이 있는 가정에 장기요양요원을 파견하여 노인의 건강생활에 필요한 목욕 편의를 제공

주: 노인재가복지시설에 속하지 않는 장기요양급여의 종류 중 '재가급여'에는 '방문간호'가 별도로 있음. 기타 재가급여는 현재 복지용구사업소임.

출처: 「노인복지법」 제38조.

2) 재가노인복지시설의 유형과 이용대상

(1) 재가노인복지시설의 유형

가. 방문요양서비스

재가노인복지시설은 「노인복지법」과 「노인장기요양보험법」에 근거하여 설치 · 운영된다. 그중에서 방문요양서비스는 가정에서 일상생활을 영위하고 있는 노인으로서 신체적 · 정신적 장애로 어려움을 겪고 있는 노인에게 지역사회 안에서 건전하고 안정된 노후를 영위하도록 장기요양요원(요양보호사)이 가정을 방문하여 신체활동 및 가사활동 등의 다음과 같은 서비스를 제공하는 시설이다.

① 방문요양에 관한 사항

ㄱ. 신체활동지원서비스: 세면도움, 구강관리, 몸 청결, 머리감기기, 몸단장, 옷 갈아입히기, 목욕도움, 배설도움, 식사도움, 체위변경, 이동도움, 신체기능의 유지증진 등 신체에 관한 서비스

ㄴ. 가사활동지원서비스: 취사, 침실 및 주변정돈, 세탁 등 가사에 관한 서비스

ㄷ. 개인활동지원서비스: 외출 시 동행, 일상업무 대행 등 개인활동에 관한 서비스

ㄹ. 정서지원서비스: 말벗, 격려 및 위로, 생활담당, 의사소통도움 등 정서에 관한 서비스

② 상담 및 교육에 관한 사항

ㄱ. 노인생활 및 신상에 관한 상담서비스

ㄴ. 장애노인 및 보호자의 교육

③ 노인결연에 관한 사항: 무의탁노인의 후원을 위한 결연사업

나. 방문목욕서비스

방문목욕서비스는 서비스라는 명칭으로 되어 있지만 목욕장비를 갖추고 재가노인을 방문하여 목욕서비스를 제공하는 시설이다. 주로 방문요양서비스와 병행하여 운영되며, 세부적인 서비스 내용은 목욕준비, 입욕 시 이동보조, 몸 씻기, 머리 말리기, 옷 갈아입히기 등이며 목욕 후 주변정리까지 포함된다.

다. 주 · 야간보호서비스(Day Care)

주 · 야간보호서비스는 부득이한 사유로 가족의 보호를 받을 수 없는 심신이 허약한 노인과 장애노인을 주간 또는 야간 동안 보호시설에 입소시켜 필요한 각종 편의를 제공하여 이들의 생활안정과 심신기능의 유지, 향상을 도모하고, 그 가족의 신체적 · 정신적 부담을 경감시키는 시설이다.

① 보호기간

보호기간은 1일(08:00~22:00)로 하되, 이용노인과 그 가정의 형편에 따라 2시간 이내에 신축성 있게 조정할 수 있다.

② 서비스 내용

ㄱ. 생활지도 및 일상동작훈련 등 심신의 기능회복을 위한 서비스

ㄴ. 급식 및 목욕서비스 등

ㄷ. 노인가족에 대한 교육 및 상담

라. 단기보호서비스

단기보호서비스는 부득이한 사유로 가족의 보호를 받을 수 없어 일시적으로 보호가 필요한 심신이 허약한 노인이나 장애노인을 보호시설에 단기간 입소시켜 보호함으로써 노인 및 노인가정의 복지증진을 도모하기 위한 서비스를 제공하는 시설이다.

① 보호기간

보호기간은 월 1일 이상 15일 및 연간 180일 이내이다. 단, 초과일수에 대해서는 전액 자부담하여야 한다.

② 서비스 내용

ㄱ. 급식, 치료, 그 밖에 일상생활에 필요한 편의를 제공하는 서비스
ㄴ. 그 밖에 노인요양시설 또는 노인요양공동생활가정의 사업에 준하는 서비스

(2) 재가노인복지시설의 이용대상

가. 노인성 질환을 가진 장기요양급여수급자: 재가노인복지시설의 이용은 장기요양수급권자와 장기요양기관의 당사자 간 계약에 의한다.
나. 심신이 허약하거나 장애가 있는 65세 이상의 자로서 다음에 해당하는 자
  ① 방문요양서비스: 1일 중 일정기간 동안 가정에서의 보호가 필요한 자
  ② 주·야간보호서비스: 주간 또는 야간 동안의 보호가 필요한 자
  ③ 단기보호서비스: 단기간(월 1일 이상 15일 이하)의 보호가 필요한 자
  ④ 방문목욕서비스: 가정에서의 목욕이 필요한 자

재가노인복지서비스 이용예약절차는 입소(이용) 대상자가 직접 계약을 해야 하지만 당사자가 계약을 체결할 수 없는 부득이한 사유가 있다고 특별자치도지사

·시장·군수·구청장이 인정하는 경우에는 입소(이용)대상자의 부양의무자가 입소대상자를 대신하여 계약당사자가 될 수 있다.

3) 재가노인복지시설의 설치 기준

(1) 재가노인복지시설의 설치근거

가. 국가 또는 지방자치단체는 재가노인복지시설을 설치할 수 있다.

나. 국가 또는 지방자치단체 외의 자가 노인복지시설을 설치하고자 하는 경우에는 시장·군수·구청장에게 신소하여야 한다.

다. 재가노인복지시설의 시설, 인력 및 운영에 관한 기준과 설치신고 등에 관하여 필요한 사항은 보건복지부령으로 정한다.

(2) 재가노인복지시설의 설치 절차와 구비서류

가. 설치신고 절차

① 법인시설

재가노인복지시설을 설치하고자 하는 자(법인)는 시·군·구 노인복지시설 담당 공무원과 상담한 후 다음 [그림 13-1]에서와 같은 절차에 따라 신고하여야 한다.

사회복지법인 설립 신청〈시·군·구(검토 의견 첨부) → 시·도〉

↓

재가노인복지시설 설치신고서 제출(시·군·구)

↓

재가노인복지시설 신고필증 교부(신청자 → 시·군·구, 시행규칙 제28조)

출처: 「노인복지법 시행규칙」.

그림 13-1 재가노인복지시설 설치 신고 절차(법인)

② 개인시설

재가노인복지시설을 설치하고자 하는 자(개인)는 시 · 군 · 구 노인복지시설 담당 공무원과 상담한 후 [그림 13-2]에서와 같은 절차에 신고하여야 한다.

재가노인복지시설 설치신고서 제출(신청자 → 시 · 군 · 구, 시행규칙 제28조)
⬇
재가노인복지시설 신고필증 교부(신청자 → 시 · 군 · 구, 시행규칙 제28조)

그림 13-2 **재가노인복지시설 설치신고 절차(개인)**

나. 설치신고 구비서류

① 재가노인복지시설을 설치하고자 하는 자는 재가노인복지시설 설치신고서에 다음의 문서를 첨부하여야 한다(전자문서 포함).

ㄱ. 설치하고자 하는 자가 법인이 경우에는 정관 1부

ㄴ. 위치도, 평면도 및 설비구조내역서 각 1부(주 · 야간보호서비스 또는 단기보호서비스를 제공하려는 경우에는 제출)

ㄷ. 이용료, 기타 이용자의 비용부담 관계서류 1부

ㄹ. 사업계획서(사업대상 및 서비스내용 포함) 1부

ㅁ. 시설을 설치할 토지 및 건물의 소유권 또는 사용권을 증명할 수 있는 서류 1부(주 · 야간보호서비스 또는 단기보호서비스를 제공하려는 경우에만 제출)

② 신고서를 제출받은 담당 공무원은 전자정부법 규정에 따른 행정정보의 공동 이용을 통하여 법인등기부등본(법인인 경우에 한함)을 확인하여야 한다. 다만, 신고인이 이에 동의하지 아니하는 경우에는 그 서류를 첨부하도록 하여야 한다.

③ 특별자치도지사 · 시장 · 군수 · 구청장은 제1항에 따라 재가노인복지시설의 설치신고를 수리한 때에는 재가노인복지시설 설치신고필증을 신고인에게 발급하여야 한다.

(3) 재가노인복지시설의 설치 공통사항 및 특례 기준

가. 설치 공통사항

① 방문요양서비스 및 방문목욕서비스를 제공하는 경우: 시설전용면적 16.5㎡(연면적 기준) 이상이 되어야 한다.

② 주·야간보호서비스 및 단기보호서비스를 제공하려는 시설의 정원 및 면적은 다음과 같다.

ㄱ. 이용정원: 5명 이상

ㄴ. 시설 연면적: 시설 연면적 각각 90㎡ 이상(이용정원이 6명 이상인 경우에도 1명당 6.6㎡ 이상의 공간을 추가로 확보)이 되어야 한다. 다만, 주·야간보호서비스와 단기본 보호서비스를 함께 제공하거나 사회복지시설에 병설하는 경우에는 공동으로 사용하는 시설의 면적을 포함하여 각각 90㎡ 이상이 되어야 한다.

③ 재가노인지원서비스를 제공하는 시설은 전용면적 33㎡(연면적 기준) 이상이어야 한다.

나. 시설 설치에 관한 특례

① 재가노인복지시설, 노인공동생활가정 및 노인요양공동생활가정은 「건축법」 제19조의 규정에 불구하고 단독주택 또는 공동주택에 설치할 수 있다.

② 노인복지주택의 건축물의 용도는 건축 관계법령에 불구하고 노유자시설로 본다.

(4) 재가노인복지시설의 설비 기준

재가노인복지시설 중 방문요양서비스 및 방문목욕서비스 시설의 기준을 보면 〈표 13-11〉에서와 같이 정리할 수 있으며, 세부적 시설 기준을 보면 다음과 같다.

표 13-11 방문요양서비스 및 방문목욕서비스 시설 기준

구분	사무실	통신설비, 집기 등 사업에 필요한 설비 및 부품	이동용 욕조 또는 이동목욕차량
방문요양서비스	1	1	-
방문목욕서비스	1	1	1

출처: 「노인복지법 시행규칙」.

표 13-12 주 · 야간보호서비스 및 단기보호서비스 시설 기준

<table>
<tr><th colspan="2">구분</th><th>거실</th><th>침실</th><th>사무실</th><th>의료 및 간호사실</th><th>작업 및 일상동작 훈련실</th><th>식당 및 조리실</th><th>화장실</th><th>세면장 및 목욕실</th><th>세탁장 및 건조장</th></tr>
<tr><td rowspan="2">주 · 야간 보호서비스</td><td>이용자 10명 이상</td><td>1</td><td></td><td colspan="2">1</td><td>1</td><td>1</td><td>1</td><td colspan="2">1</td></tr>
<tr><td>이용자 10명 미만</td><td>1</td><td></td><td colspan="2">1</td><td>1</td><td>1</td><td colspan="3">1</td></tr>
<tr><td rowspan="2">단기보호 서비스</td><td>이용자 10명 이상</td><td></td><td>1</td><td colspan="2">1</td><td>1</td><td>1</td><td>1</td><td colspan="2">1</td></tr>
<tr><td>이용자 10명 미만</td><td></td><td>1</td><td colspan="2">1</td><td>1</td><td>1</td><td colspan="3">1</td></tr>
</table>

출처: 「노인복지법 시행규칙」.

(5) 재가노인복지시설의 직원자격 및 배치 기준

가. 직원의 자격 기준

재가노인복지시설에서 근무할 수 있는 직원자격은 시설의 장과 전문직으로 구분이 되는데, 시설의 장, 요양보호사, 물리치료사, 작업치료사 자격 기준은 〈표 13-13〉에서와 같이 정리할 수 있다.

표 13-13 재가노인복지시설의 직원자격 기준

직종별	자격 기준
시설의 장	「사회복지업법」 따른 사회복지사 자격증 소지자, 「의료법」 제2조에 따른 의료인의 자격을 취득한 자 또는 요양보호사 1급으로의 실무경력 5년 이상인 자로서 보건복지부장관이 정하여 고시하는 소정의 교육을 이수한 자
요양보호사	「노인복지법」에 따른 요양보호사 자격증 소지자
물리치료사 또는 작업치료사	「의료기사 등에 관한 법률」에 따른 물리치료사 또는 작업치료사 면허 소지자

출처: 「노인복지법 시행규칙」 별표 9 재수정.

나. 직원의 배치 기준

첫째, 재가노인복지시설의 시설유형별 직원의 배치 기준은 〈표 13-14〉에서 보는 바와 같이 정리할 수 있다.

표 13-14 재가노인복지시설의 직원 배치 기준

<table>
<tr><th colspan="2">구분</th><th>시설장</th><th>사회복지사</th><th>간호사 또는 간호조무사</th><th>물리치료사 또는 작업치료사</th><th>요양보호사</th><th>사무원</th><th>조리원</th><th>보조원(운전사)</th></tr>
<tr><td colspan="2">방문요양서비스</td><td>1명</td><td>1명
(수급자 15명 이상)</td><td></td><td></td><td>15명 이상
(농 · 어촌지역 5명 이상)</td><td></td><td></td><td></td></tr>
<tr><td colspan="2">방문목욕서비스</td><td>1명</td><td></td><td></td><td></td><td>2명 이상</td><td></td><td></td><td></td></tr>
<tr><td rowspan="2">주 · 야간 보호 서비스</td><td>이용자 10명 이상</td><td>1명</td><td>1명 이상</td><td colspan="2">1명 이상</td><td rowspan="2">이용자 7명당 1명 이상</td><td>필요수</td><td>1명</td><td>1명</td></tr>
<tr><td>이용자 10명 미만</td><td>1명</td><td></td><td colspan="2">1명 이상</td><td></td><td>1명</td><td></td></tr>
<tr><td rowspan="2">단기보호 서비스</td><td>이용자 10명 이상</td><td>1명</td><td>1명 이상</td><td>이용자 25명당 1명</td><td>1명
(이용자 30명 이상)</td><td rowspan="2">이용자 4명당 1명 이상</td><td></td><td>1명</td><td></td></tr>
<tr><td>이용자 10명 미만</td><td>1명</td><td></td><td>1명</td><td></td><td></td><td>1명</td><td></td></tr>
</table>

주: 재가노인지원서비스는 시설장 1명, 사무원 1명임.
출처: 「노인복지법 시행규칙」.

4) 복지용구사업소

(1) 신고서류

가. 재가장기요양기관 설치신고서(노인장기요양보험법 시행규칙 별지 제21호 서식)

나. 일반현황, 인력현황, 시설현황 각 1부

다. 사업계획서, 운영규정 1부

라. 정관 1부, 법인등기부등본(법인의 경우)

마. 의료기기판매(임대)업 신고증명서 사본 1부

(2) 시 · 군 · 구 처리절차(행정사항)

가. 신고접수(처리기한 7일 이내): 시 · 군 · 구 담당자는 사업자가 작성한 설치신고서와 구비서류의 유무를 확인한 후 서류 접수

나. 설치요건 심사

① 서류심사: 신고서류를 근거로 하여 아래 설치기준을 갖추었는지 여부를 심사

② 현지확인: 신고서류의 내용이 실제 상황과 일치하는지 여부를 현지 방문하여 확인

(3) 사업소 설치기준

가. 전시 공간 면적: 복지용구 진열 및 체험만을 위한 공간으로서 가능한 한 21㎡(7평) 이상을 확보

나. 대여 및 관리를 위한 공간: 대여품 회수, 보관 등을 위하여 대여품을 충분히 수납할 수 있는 공간

다. 세정 · 소독 · 수리 등을 위한 설비 및 공간: 세정 및 소독 등 관리를 외부업체 위탁 또는 공동 관리를 하는 경우는 위탁계약서 등 이를 증빙할 수 있는 자료를 제출하도록 할 것

라. 시설 및 설비 기준

표 13-15 시설 및 설비 기준

구분	사무실	진열 및 체험공간	세정 · 수리 등 사업에 필요한 설비 및 비품
복지용구	○	○	○

마. 인력기준

표 13-16 **인력기준**

관리책임자	사무원
1명	필요수

5. 노인여가복지시설

1) 노인여가복지시설의 개념과 설치목적

(1) 노인여가복지시설의 개념

노인여가복지시설이란 비교적 건강한 노인을 대상으로 친목도모 및 취미활동 등 여가활동을 할 수 있도록 서비스를 제공하여 노후생활에 여유와 보람을 가지고 보낼 수 있는 이용시설을 말한다. 노인여가복지시설에는 노인복지관, 경로당, 노인교실이 있다.

(2) 노인여가복지시설의 설치목적

평균수명의 연장, 퇴직, 자녀의 독립 등으로 인하여 노년기에는 사회적 역할이나 책임에서 벗어나서 자유롭게 활용할 수 있는 여가시간이 증가하게 된다. 따라서 노인여가복지시설의 설치를 통하여 편의를 제공하게 될 경우 노후생활의 적응에 많은 긍정적 효과를 기대할 수 있다. 이러한 관점에서 노인여가복지시설의 설치목적을 정리하면 〈표 13-17〉에서와 같다.

표 13-17 노인여가복지시설의 설치목적

시설	설치목적
노인복지관	무료 또는 저렴한 요금으로 노인에 대하여 각종 상담에 응하고, 건강의 증진 · 교양 · 오락, 기타 노인의 복지증진에 필요한 편의를 제공
경로당	지역노인이 자율적으로 친목도모 · 취미활동 · 공동작업장 운영 및 각종 정보교환과 기타 여가활동을 할 수 있도록 하는 장소를 제공
노인교실	노인에 대하여 사회활동 참여욕구를 충족시키기 위하여 건전한 취미생활 · 노인건강유지 · 소득보장, 기타 일상생활과 관련한 학습 프로그램을 제공

출처: 「노인복지법」 제36조.

2) 노인여가복지시설의 이용대상

「노인복지법」 제36조에서 규정하고 있는 노인여가복지시설의 이용대상자는 다음과 같다.

(1) 노인복지관 및 노인교실: 60세 이상의 자
(2) 경로당: 65세 이상의 자
(3) 이 규정에도 불구하고 노인복지관 및 노인교실 이용대상자의 배우자는 60세 미만인 때에도 이용대상자와 함께 이용할 수 있다. 그리고 노인여가복지시설의 이용은 시설별 운영 규정이 정하는 바에 의한다.

3) 노인여가복지시설의 설치 기준

(1) 노인여가복지시설의 설치근거

가. 국가 또는 지방자치단체는 노인여가복지시설을 설치할 수 있다.
나. 국가 또는 지방자치단체 외의 자가 노인여가복지시설을 설치하고자 하는 경우에는 시장 · 군수 · 구청장에게 신고하여야 한다.
다. 국가 또는 지방자치단체는 경로당의 활성화를 위하여 지역별 · 기능별 특성을 갖춘 표준 모델 및 프로그램을 개발 · 보급하여야 한다.

(2) 노인여가복지시설의 설치 절차와 구비서류

가. 설치신고

① 「노인복지법」 제37조의 규정에 의하여 노인여가복지시설을 설치하고자 하는 자는 노인여가복지시설 설치신고서에 다음의 서류를 첨부하여 특별자치도지사 · 시장 · 군수 · 구청장에게 제출하여야 한다.

ㄱ. 노인여가복지시설설치신고서

ㄴ. 설치하려는 자가 법인인 경우에는 정관 1부

ㄷ. 위치도 · 평면도 및 설비구조내역서 각 1부(경로당 및 노인교실 제외)

ㄹ. 이용료 그 밖의 이용자의 비용부담 관계 서류 1부(경로당 제외)

ㅁ. 사업계획서 1부

ㅂ. 시설을 설치할 토지 및 건물의 소유권을 증명할 수 있는 서류(경로당 및 노인교실의 경우에는 사용권을 증명할 수 있는 서류로 갈음) 각 1부

② 신고서를 제출받은 담당 공무원은 「전자정부법」 제21조 제1항에 따른 행정정보의 공동이용을 통하여 법인등기부등본(법인인 경우에 한함)을 확인해야 한다. 다만, 신고인이 이에 동의하지 아니하는 경우에는 그 서류를 첨부하도록 해야 한다.

③ 특별자치도지사 · 시장 · 군수 · 구청장이 노인여가복지시설의 설치신고를 수리한 때에는 노인여가복지시설 설치신고필증을 신고인에게 교부해야 한다.

나. 변경신고

① 노인여가복지시설의 설치신고를 한 자가 시설의 명칭 · 소재지 · 입소(이용)정원, 시설의 종류 또는 시설의 장을 변경하려는 때에는 노인여가복지시설 변경신고서에 다음의 서류를 첨부하여 특별자치도지사 · 시장 · 군수 · 구청장에게 신고해야 한다.

ㄱ. 토지 및 건물의 소유권 또는 사용권을 증명할 수 있는 서류 1부(시설의 소재지 및 입소 또는 이용정원을 변경하는 경우에 한함)

ㄴ. 시설설치신고필증 1부

② 변경 3개월 전까지 구비 서류를 제출해야 한다.

다. 폐지 및 휴지

① 노인여가복지시설의 설치신고를 한 자가 그 시설을 폐지 또는 휴지하려는 때에는 노인여가복지시설 폐지·휴지신고서에 다음의 서류를 첨부하여 특별자치도지사·시장·군수·구청장에게 미리 신고해야 한다.

ㄱ. 시설(기관)의 폐지 또는 휴지 의결서(법인의 경우에 한함) 1부

ㄴ. 입소자 또는 이용자에 대한 조치계획서 1부

ㄷ. 시설(기관)설치신고필증(폐지의 경우에 한함)

② 폐지·휴지 3개월 전까지 구비 서류를 제출해야 한다.

③ 노인여가복지시설의 설치신고를 한 자가 신고하지 아니하고 그 시설을 폐지 또는 휴지한 경우 200만원 이하의 과태료가 부과된다.

(3) 노인여가복지시설의 설비 기준

가. 시설 기준

노인여가복지시설은 다음 시설 구분에 따른 면적 이상이거나 또는 인원이 이용할 수 있는 시설을 갖추어야 한다.

① 노인복지관: 연면적 500㎡ 이상(분관은 미적용)

② 경로당: 이용정원 20명 이상(읍·면 지역의 경우에는 10명 이상)

③ 노인교실: 이용정원 50명 이상

나. 유형별 설비 기준

노인여가복지시설의 설비 기준을 정리하면 〈표 13-18〉과 같으며, 시설별 세부 설비 기준은 〈표 13-19〉에서 보는 바와 같다.

표 13-18 노인여가복지시설 설비 기준

구분 / 시설별	사무실	식당 및 조리실	상담실 또는 면회실	집회실 또는 강당	프로그램실	화장실	물리치료실	비상재해대비시설	거실 또는 휴게실	전기시설	강의실	휴게실	객실	공동목욕장	기타부대시설
노인복지관	○	○	○	○	○	○	○	○							
경로당						○			○	○					
노인교실	○					○					○	○			

주 1) 노인복지관: 오락실에 등을 통하여 전자정보의 접근이 가장 접근이 가능한 컴퓨터를 설치할 수 있음.
2) 노인교실: 사무실 및 휴게실은 사업에 지장이 없는 범위에서 강의실과 겸용할 수 있음.
출처: 「노인복지법 시행규칙」.

표 13-19 노인여가복지시설 세부설비 기준

구분	노인복지관	경로당	노인교실
설비 기준	가. 식당 및 조리실: 조리실 바닥은 재수재료로서 세정 및 배수에 편리한 도구로 하여야 한다. 나. 프로그램실: 자유로이 이용할 수 있는 적당한 문화시설과 오락기구를 비치하여야 한다. 다. 물리치료실: 기능회복 또는 기능감퇴를 방지하기 위한 훈련 등에 지장이 없는 면적과 필요한 시설을 갖추어야 한다.	가. 거실 또는 휴게실: 20㎡ 이상이어야 한다.	가. 강의실: 33㎡ 이상이어야 한다.

주: 노인복지관 분관은 식당 및 조리실, 물리치료실, 비상대비시설 규정을 적용치 않음.
출처: 「노인복지법 시행규칙」.

(4) 노인여가복지시설의 시설유형별 직원자격 및 배치 기준

가. 직원의 자격 기준

직원의 자격 기준은 〈표 13-20〉에서 보는 바와 같이 시설장과 상담지도원으로 구분하여 규정하고 있다.

표 13-20 **노인여가복지시설 직원자격 기준**

직종별	자격 기준
노인복지관 시설장	「사회복지사업법」에 따른 사회복지사 2급 이상의 자격증 소지자
상담지도원	「사회복지법」에 따른 사회복지사 자격증 소지자

출처: 「노인복지법 시행규칙」.

나. 직원의 배치 기준

직원의 배치 기준은 〈표 13-21〉에서 보는 바와 같이 시설별 및 직종별로 구분하여 규정하고 있다.

표 13-21 **노인여가복지시설 직원배치 기준**

직종별 / 시설별	시설의 장	상담지도원	강사 (외부 강사 포함)	물리치료사	사무원	조리원	관리인
노인복지관	1명	2명 이상		1명	1명	1명	1명
노인교실	1명		1명				

주: 상담지도원은 이용자에 대하여 노인의 건강유지 · 여가선용 등 노인의 복지증진에 관한 상담 · 지도하는 자
출처: 「노인복지법 시행규칙」.

6. 노인보호전문기관

1) 노인보호전문기관의 설치 기준

(1) 노인보호전문기관의 설치

가. 국가 및 지방자치단체는 노인학대에 관한 다음의 업무를 담당하는 노인보호 전문기관을 설치하여야 한다. 다만, 대통령령이 정하는 범위 안에서 다른 노인복지시설을 노인보호전문기관으로 지정한 경우에는 그러하지 아니하다.

① 노인학대의 예방 및 방지를 위한 홍보
② 학대받은 노인의 발견 · 상담 · 보호와 의료기관에의 치료의뢰 및 노인복지시설에의 입소의뢰
③ 노인학대행위자, 노인학대행위자로 신고된 자 및 그 가정 또는 업무 · 고용 등의 관계로 사실상 노인을 보호 · 감독하는 기관이나 시설 등에 대한 조사
④ 노인학대행위자에 대한 상담 및 교육
⑤ 그 밖에 학대받은 노인의 보호를 위하여 필요한 사항

나. 노인보호전문기관에 두는 상담원 등 직원의 자격은 대통령령으로, 그 설치 기준 및 운영에 관하여 필요한 사항은 보건복지부령으로 정한다.

다. 국가 및 지방자치단체는 노인복지시설 중 노인보호전문기관의 설치 및 운영 기준을 충족하는 시설에 한하여 노인보호전문기관으로 지정할 수 있다.

(2) 노인보호전문기관의 설치(지정)절차와 구비서류

가. 보건복지부장관 또는 시 · 도지사는 다른 노인복지시설을 노인보호전문기관으로 지정하고자 하는 경우에는 지정대상의 수, 지정기간, 신청절차 그 밖에 지정에 관하여 필요한 사항을 정한 노인보호전문기관 지정운영계획을 미리 수립하여 이를 공고하여야 한다.

나. 노인복지시설을 운영하는 자로서 노인보호전문기관으로 지정받고자 하는 자는 노인보호전문기관 지정신청서에 다음의 서류를 첨부하여 보건복지부장관 또는 시 · 도지사에게 제출하여야 한다.

① 노인복지시설신고증 사본
② 노인복지업무 수행실적을 기재한 서류
③ 노인보호전문기관 사업계획서
④ 노인보호전문기관으로 사용하고자 하는 시설의 평면도(구조별 면적 표시)
⑤ 직원의 명단과 자격증 사본(자격증이 필요한 직원에 한하되, 자격증을 확인할 경우에는 이

를 첨부하지 아니함)

다. 보건복지부장관 또는 시·도지사는 노인보호전문기관의 지정신청을 받은 경우에는 노인인구, 업무범위 및 신청인의 업무수행능력 등을 고려하여 노인보호 전문기관을 지정하고, 노인보호전문기관 지정서를 신청인에게 교부하여야 한다.

라. 노인보호전문기관으로 지정받은 자가 기관의 장, 사업계획, 소재지 또는 시설의 구조를 변경한 때 변경신고서에 노인보호전문기관지정서와 다음의 구분에 따른 서류를 첨부하여 보건복지부장관 또는 관할 시·도지사에게 제출하여야 한다.

① 기관의 장 변경의 경우: 사유서(법인이 경우 기관의 장 변경을 경의한 이사회의 회의록 사본) 및 변경된 기관의 장의 이력서

② 사업계획 변경의 경우: 사유서(법인인 경우 사업계획 변경을 결의한 이사회의 회의록 사본) 및 변경된 사업계획서

③ 소재지 또는 시설의 구조 변경의 경우: 사유서(법인인 경우 소재지 변경을 결의한 이사회의 회의록 사본) 및 변경된 시설의 평면도

(3) 노인보호전문기관의 설비 기준

가. 긴급전화의 설치·운영 기준은 다음과 같다.

① 국가 및 지방자치단체는 「노인복지법」 제39조의5 제1항의 규정에 의한 노인보호전문기관에 전국적으로 통일된 번호인 1577-1389로 매일 24시간 동안 운영되는 긴급전화를 설치하여야 한다.

② 긴급전화를 통한 노인학대 신고의 접수 및 상담방법과 그 밖의 세부운영 등에 관하여 필요한 사항은 보건복지부장관이 정한다.

나. 시설 기준은 다음 기준에 의한 각 시설을 갖추되, 노인복지시설에 병설하는 경우에는 사업에 지장이 없는 범위 내에서 당해 노인복지시설의 설비시설을 병용할 수 있다.

① 사무실: 긴급전화 설치에 필요한 적정규모를 확보하여야 하며, 노인학대 관련 사무를 처리할 수 있는 설비를 갖추어야 한다.

② 상담실 또는 프로그램운영실: 상담실 또는 프로그램운영실을 설치하여야 하되 상담실 또는 프로그램운영실에는 다음의 설비 구조 또는 장비를 갖추어야 한다.

다. 학대받은 노인 등 상담을 받는 자의 신분, 사생활 및 상담내용 등이 노출되지 아니 하도록 칸막이를 구획할 것

라. 노인의 심리치료 및 프로그램 · 교육 등에 적합한 구조와 설비를 갖출 것

마. 효과적인 상담 또는 프로그램 운영을 위한 장비(녹취기, 카메라 등)를 갖출 것

(4) 노인보호전문기관의 직원자격 및 배치 기준

가. 노인보호전문기관의 직원 자격 기준

노인보호전문기관의 장 및 상담원은 다음 중 하나의 자격을 갖춘 자로 한다.

① 「사회복지사업법」 제11조의 규정에 의한 사회복지사 자격을 가진 자

② 7급 이상 공무원 또는 고위공무원단에 속하는 일반직공무원으로 국가 또는 지방자치단체에서 사회복지사업에 관한 행정업무에 5년 이상 종사한 경력이 있는 자

③ 「의료법」 제2조의 규정에 의한 의료인

나. 노인보호전문기관의 직원 배치 기준

긴급전화의 운영과 「노인복지법」 제39조의5 제1항 각 호에 규정된 업무수행을 위하여 기관의 장과 상담원을 다음과 같이 배치하여야 한다.

① 기관의 장: 기관의 장 1인을 두되, 노인보호전문기관을 운영하는 노인복지시설의 장이 이를 겸직할 수 있다.

② 상담원: 상담원은 노인보호전문기관에 상시 근무하는 자로서 3인 이상을 배치하여야 하며, 이 경우 노인복지시설의 직원은 이를 겸직할 수

있다. 그리고 상담원은 보건복지부장관이 정하는 바에 따라 노인학대예방 프로그램 등 전문교육을 이수하여야 한다.

2) 학대피해노인 전용쉼터의 설치 · 운영 기준

(1) 학대피해노인 전용쉼터의 설치배경과 법적 근거

기존에 60세 이상 학대피해노인의 일시보호를 위해 이용 중이던 시 · 도 지정의 양로 · 요양시설은 전문적인 상담 · 심리치료 프로그램 제공에 대한 한계로 인하여 가족기능 회복 및 학대재발 방지를 위해 학대행위자 및 그 가족에 대한 전문 상담 서비스 제공을 위하여 학대피해노인 전용쉼터를 설치하게 되었다. 법적 근거를 보면, 「노인복지법」 제39조의19(학대피해노인 전용쉼터의 설치)에 따른 피해노인을 일시적으로 보호하기 위한 시설의 운영 규정이 있다.

(2) 학대피해노인 전용쉼터의 설치 기준

가. 학대피해노인 전용쉼터의 시설 기준

① 시설규모는 입소정원(5명 이상 9명 이하)이 입소할 수 있는 시설을 갖추어야 하며, 입소정원 1명당 연면적 15.9㎡ 이상의 공간을 확보하여야 한다. 아울러 응급대상자 및 초기 입소자의 생활지원을 위하여 1인실을 1실 이상 설치할 것을 권장한다.

② 시설구조 및 설비는 일조 · 채광 · 환기 등 입소자의 보건위생과 재해방지 등을 충분히 고려하여야 한다. 아울러 「화재예방, 소방시설 설치 · 유지 및 안전관리에 관한 법률」에 따라 소화설비를 비치하는 등 시설의 실정에 맞게 비상재해에 대비하여야 한다.

③ 시설배치는 침실, 사무실, 요양보호사 · 자원봉사자실, 상담 · 교육실, 식당 · 조리실, 비상재해대비시설, 화장실 · 목욕실(샤워실), 세탁장 · 세탁물 건조

장을 각각 갖추어야 한다. 다만, 세탁물을 전량 위탁하여 처리하는 경우에는 세탁장 및 세탁물 건조장을 두지 않을 수 있다. 단, 사무실, 요양보호사·자원봉사자실, 상담·교육실은 1개의 시설로 통합하여 운영할 수 있다.

④ 침실 설비에 관한 기준은 다음과 같다.

ㄱ. 독신용·독거용·합숙용 침실을 둘 수 있다. 다만, 합숙용 침실은 남실 및 여실로 각각 구분하여야 한다.

ㄴ. 입소자 1명당 침실 면적은 5.0㎡ 이상으로 한다.

ㄷ. 합숙용 침실 1실의 정원은 3명 이하로 한다.

ㄹ. 입소자 생활용품을 개별로 보관할 수 있는 보관시설을 설치하여야 한다.

ㅁ. 채광·조명 및 방습설비를 갖추어야 한다.

⑤ 상담·교육실에 관한 기준은 다음과 같다.

ㄱ. 프로그램이 원활히 진행될 수 있도록 충분한 공간을 확보하여야 한다.

ㄴ. 시설을 상담실로 이용하는 경우에는 상담받는 사람과 상담 내용 등이 노출되지 않도록 칸막이를 설치하고 방음이 되도록 하여야 한다.

ㄷ. 식당 및 조리실: 조리실 바닥은 내수 재료로서 세정 및 배수에 편리한 구조로 하여야 한다.

⑥ 화장실 및 목욕실(샤워실)에 관한 기준은 다음과 같다.

ㄱ. 바닥은 미끄럽지 않아야 한다.

ㄴ. 욕조를 설치하는 경우에는 욕조에 노인의 전신이 잠기지 않는 깊이로 하고, 욕조에의 출입이 자유롭도록 최소 1개 이상의 보조봉과 수직의 손잡이 기둥을 각각 설치하여야 한다.

ㄷ. 자동온도조절장치를 이용하여 급탕을 하는 경우, 물의 최고 온도는 섭씨 40도 이상이 되지 않도록 하여야 한다.

⑦ 그 밖의 시설에 관한 기준은 다음과 같다.

ㄱ. 복도·화장실 및 그 밖의 필요한 곳에 야간 상용등을 설치하여야 한다.

ㄴ. 계단의 경사는 완만하여야 하며, 난간을 설치하여야 한다.

ㄷ. 바닥은 부드러우면서도 미끄럽지 않은 바닥재를 사용하여야 한다.

나. 학대피해노인 전용쉼터의 직원배치 기준 등

① 쉼터의 장은 노인보호전문기관의 장이 겸직하면서 쉼터 업무를 총괄 관리할 수 있다.

② 중간관리자는 지역노인보호전문기관에서 무급 관리직으로 두며, 행정 및 회계 관련업무 지도 및 관리와 프로그램 개발업무를 맡는다.

③ 사회복지사 또는 정신건강전문요원은 2인을 두며, 쉼터 입·퇴소 관련 행정, 회계, 실적보고, 프로그램 지원 및 관리, 입소자에 대한 상담 등의 업무를 한다.

④ 요양보호사는 3인 이상을 두며, 프로그램 지원, 신체활동 및 일상생활 지원, 활력증후 확인, 의료기관 동행, 가사활동, 조리업무, 그 밖에 프로그램 지원 업무 등이 한다.

참고문헌

고령화 및 미래사회위원회(2005). 고령친화산업 활성화 전략.

고명석, 이정숙, 김기태(2018). 노인복지론. 동문사.

고수현, 윤선오(2018). 노인복지론. 양서원.

고영복(2000). 사회학사전. 사회문화연구소.

고용노동부(2012). 고령자 고용연장 지원제도 개편방안. 고용노동부.

_________(2017). 2009~2017년도.

고재욱 외(2020). 노인복지론. 양서원.

과학기술정보통신부(2017). 인터넷이용실태조사 요약보고서.

국가인권위원회(2014). 노인인권 길라잡이.

_____________(2019). 국가인권실태조사.

국민건강보험공단(2017). 2016년 노인장기요양보험 통계연보.

국토교통부 보도자료(2018). 홀몸어르신 안심센서로 독거노인고독사 예방한다. 2018년 1월 30일자.

권명숙(2001). 노인의 성에 대한 탐색적 연구. 연세대학교 대학원 박사학위논문.

권중돈(2000). 노인복지론. 학지사.

_____(2004a). 노인복지론. 학지사.

_____(2004b). 노인상담 프로그램. 질병관리본부.

_____(2008). 노인복지론. 학지사.

_____(2010). 노인복지론. 학지사.

_____(2011). 노인복지론. 학지사.

_____(2012). 노인의 성에 대한 탐색적 연구. 연세대학교 대학원 박사학위논문.

_____(2013). 노인복지론. 학지사.

권중돈, 김동배(2004). 노인학대에 영향을 미치는 요인. 한국노년학회.

김광태(2002). 노인의 성생활에 대한 사회집단간의 지식과 태도 비교연구. 대전대학교 대학원 박사학위논문.

김근홍(2005). 한국노인복지이해. 학문사.

김기원(2010). 전국광역도시별 노인자살 차이에 대한 연구. 영남대학교 대학원 박사학위논문.

김동배(1999). 미래사회와 노인여가활동, 미래사회와 노후생활. 한국노인문제연구소, 통권 제15호.

_____(2008). 시민사회와 자원봉사. 학지사.

김동진(2007). 활기찬 노년을 위한 여가활동. 서울대학교출판부.

김범수(2015). 자원봉사론. 학지사.

김영란(2017). 중장년 세대와 자녀 세대의 가족건강성 및 부양의식에 관한 연구. *Korean Journal Of Family Welfare, 22*(3), 471-492.

김영호 외(2007). 사회복지실천론. 공동체.

김용길(2012). 노인의 신체적, 사회적, 여가복지적 요인이 삶의 질에 미치는 영향에 관한 연구: 서울특별시 종합사회복지관 이용노인을 중심으로. 서울기독대학교 대학원 박사학위논문.

김용하(2010). 2010 베이비붐세대의 이동이 시작된다. 신동아, 통권 604호, 446.

김윤재 외(2016). 노인복지론. 교육과학사.

김익균 외(2004). 노인복지론. 대학출판사

김인혁 외(2011). 노인복지론. 창지사.

김종욱 외(2006). 고령친화산업정보. 한국보건산업진흥원.

김 진(2011). 사회서비스정책의 현황과 과제. 정책연구시리즈. 한국개발연구원.

김태현(2007). 노년학. 교문사.

김한식 외(2019). 노인복지론. 정민사.

김현철(2000). 노인 성생활 인식도에 영향을 미치는 요인에 관한 연구. 서강대학교 공공정책대학원 석사학위논문.

김혜선(2007). 노년기 유배우자 성인식, 성생활과 부부관계와 관계성 연구. 한국노인복지학회.

김혜성(2017). 고령화 한국사회의 노인고독사: 위험요인과 예방전략. 한국콘텐츠학회논문지, 12(8), 454-462.

노기성(2011). 사회서비스 정책의 현황과 과제. KDI정책연구시리즈.

노 혁(2013). 사회복지실천론. 학지사.

류종훈 외(2008). 노인건강과 호스피스케어. 학문사.

모선희 외(2005). 현대노인복지론. 학지사.

미국 사회사업가협회(1997). 미국사회사업백과사전(*Encyclopedia of Social Worker*).

박경일 외(2004). 사회복지학강의. 양서원.

박상훈(2016). 장기요양기관 요양보호사의 보상체계 이직의도에 미치는 영향. 협성대학교 대학원 박사학위논문.

박석돈 외(2016). 노인복지론. 양서원.

박인선(2007). 재활의학에서 바라본 재활복지공학의 역할. 한국재활복지공학회.

박차상 외(2005). 한국 사회복지법 강의. 학지사.

박태룡(2006). 노인의 성에 대한 실태 조사. 사회복지개발연구원.

박현식 외(2015). 노인복지론. 양서원.

박형규(2001). 고령화사회에 있어 노인의 성생활 실태에 대한 연구: 경기도 수원시 거주노인을 중심으로. 강남대학교 대학원 석사학위논문.

백유미, 김재철(2012). 노년기 여성의 성생활 증진을 위한 인간중심적 집단상담 프로그램의 개발 및 효과. 노인복지연구, 57, 137-160.

변용만 외(2011). 노인복지론. 정민사.

변재관(2006). 한국에서의 고용정책의 현황과 정책방안. 한국노인인력개발원.

보건복지부(2006). 노인복지시설 인권보호 및 안전관리 지침.

_________(2008). 요양표준교재.

_________(2014a). 2014년도 노인실태조사.

_________(2014b). 한국보건산업진흥원.

_________(2016). 2016년 노인보건복지사업안내 Ⅰ.

_________(2017a). 2017년 노인보건복지사업안내 Ⅰ. p.520.

_________(2017b). 노인일자리 및 사회활동 지원사업 운영안내.

_________(2018a). 2018년 노인보건복지사업안내.

_________(2018b). 노인보건복지사업 안내.

_________(2018c). 제2차 노인일자리 및 사회활동 종합계획. 보건복지부.

_________(2018d). 중앙치매센터, 국민건강보험 치매전문교육교재.

_________(2018e). 한국보건사회연구원. 2017년도 노인실태조사.

_________(2019a). 2018 노인학대 현황 보고서 가이드북.

_________(2019b). 노인복지시설현황.

_________(2019c). 보건복지통계연보.

_________(2020). 요양표준교재.

삼성서울병원 건강교실(2017). 제238회 치매예방과 치료.

선우덕 외(2010). 신노년층(베이비붐세대)의 건강실태 및 장기요양 이용욕구 분석과 정책과제. 한국보건사회연구원.

송노원(2007). 노년기 성생활 삶의 질에 미치는 영향. 광운대학교 대학원 박사학위논문.

신섭중(1999). 한국사회복지정책론. 대학출판사.

심의경(2015). 계획된 행동이론을 통해 본 고령여성의 노인복지주택 입주의도. 서울여자대학교 대학원 박사학위논문.

양철호(2004). 노인학대 바로알기. 사회연구, 7, 131-147. 한국사회조사연구소.

오봉옥 외(2019). 노인복지론. 정민사.

원석조(2017). 노인복지론(2판). 공동체.

유 경(2008). 유경의 죽음 준비학교. 궁리출판.

유성호 외(2002). 유배우자 노인의 성생활 실태, 2002년도 학술대회 자료집. 한국노인과하학술단체연합회.

윤선오 외(2005). 독일사회복지론. 엠-에드.

이규현(2007). 노년기 삶의 만족도 제고를 위한 정책방안 모색-노인의 성적 욕구해소가 노년기 삶에 미치는 영향을 중심으로 명지대학교 대학원 박사학위논문.

이근홍(2020a). 노인복지론. 지식공동체.

______(2020b). 사례관리론. 지식공동체.

이금룡(1999). 노인자원봉사활성화에 대한 담론. 한국노인의 전화/밝은노후모임. 노인복지정책연구, 15, 91-130.

이남식(1999). 미래사회와 노후생활. 한국노인문제연구소.

이서영(2009). 일본의 권리옹호시스템에 관한 연구. 노인복지연구, 44, 한국노인복지학회.

이승재 외(2013). 노인의 성욕구 수준과 성에 대한 태도. 임상사회사업연구, 10(1), 1-21.

이영희(1992). 기혼여성의 성역할 특성과 스트레스 지각이 스트레스 대처방식에 미치는 영향. 한국심리학회.

이원숙(2014). 사회복지실천론(2판). 학지사.

이재모(2009). 한·일 대학생의 노인에 대한 지식과 태도에 관한 연구. 노인복지연구, 45, 117-140.

이종복 외(2018). 노인복지론. 양서원.

이진혁, 임창복(2005). 도시형 유료노인복지시설의 동향과 건축계획적 제안에 관한 연구. 대학건축학회 논문집, 21(3).

이철수 외(2009). 사회복지학 사전 Blue Fish.

이향숙, 신원우(2016). 노인의 여가활동 유형이 생활만족도에 미치는 영향. 문화산업연구, 16(3), 157-165.

이호선(2012). 노인상담. 학지사.

임장남(2008). 노인 성교육 프로그램의 이론과 실제. 대왕사.

임춘식(2009). 노인장기요양 산업의 이해. 양서원.

임해원, 이현수(2018). IT 기술을 활용한 독거노인고독사 관리 서비스에 관한 연구. 한국실내 디자인학회논문집, 27(3), 71-80.

장동일(2003). 노인복지회관 이용노인의 욕구와 프로그램의 개선 방안. 노인복지연구, 19.

한국노인복지학회.
장미애(2006). 우울이 청소년 자살생각에 미치는 영향: 사회적 지지의 중재효과를 중심으로. 연세대학교 행정대학원 석사학위논문.
장인협, 최성재(1987). 노인복지. 서울대학교출판부.
저출산・고령사회위원회(2007). 고령친화산업 현황과 정책과제.
전혜성 외(2018). 현장사례관리. 학지사.
정상수 외(2018). 노인복지론. 정민사.
정재걸(2010). 삶의 완성을 위한 죽음교육. 지식의 날개.
조추용, 김양이, 윤은경(2015). 노인복지론. 창지사.
조학래(2002). 노인상담의 방법과 기술. 목원대학교. 노인교육전문가 양성과정 교육 교재.
조황희 외(2007). 고령자의 삶의 질 증대를 위한 과학기술 활용방안. 과학기술정책연구원.
중앙노인보호전문기관(2018). 2017 노인학대현황보고서.
중앙자살예방센터(2019). 자살통계.
차은주(2017). 대구・경북학생들의 노인에 대한 지식과 태도가 노인 재혼 인식에 미치는 영향. 영남대학교 대학원 석사학위논문.
채수운(2008). 도시 노인의 성문제 실태에 관한 연구: 종묘 공원 이용 노인을 중심으로. 서울시립대학교 대학원 석사학위논문.
최병헌(2006). 노인의 죽음과 내세준비. 솔로몬.
최상민 외(2018). 노인복지론. 정민사.
최선화(2004). 죽음에 대한 체계적 서비스를 위한 시론적 고찰. 여성연구논집.
최순남(2002). 현대노인복지론. 법문사.
최영아(2002). 재혼자의 노년기 만족도에 영향을 미치는 요인들. 동국대학교 대학원 박사학위논문.
최인근(2007). 노인의 여가 활동 유형에 따른 생활만족에 관한 연구. 국제신학대학교 대학원 박사학위논문.
통계청(2006). 장래인구추계결과.
______(2017). 2017 사회조사결과(2017. 11).
______(2019a). 「사회조사」 각 년도 2019년, 고령자통계인구조사. 장래인구특별추계.
______(2019b). 장래인구특별추계: 2017~2067년(중위추계).
______(2020). 장래인구특별추계, 사회조사. 고령자통계, 경제활동인구조사.
한국교육개발원 교육통계서비스(2017). 교육통계연보.
한국보건사회연구원(2018). 2017 노인실태조사.
한국보건산업진흥원(2011). 고령친화산업 실태조사 및 산업분석.

________________(2017). 4차 산업명에 따른 고령친화산업 대응 방안.

한국사례관리학회 편(2012). 사례관리론. 학지사.

한국임상사회사업학회(2017). 노인복지론. 양서원.

한국자원봉사협의회(2003). 자원봉사 교육과정 표준화연구보고서.

한국호스피스 돌봄 협회(2019). 호스피스·돌봄 교재.

한영현(2006). 노인의 성의식 및 생활만족도에 관한 연구. 한국노년학연구, 15(1), 133-146.

행정안전부(2017). 자원봉사활동 실태조사 및 활성화 방안 연구.

현외성(2007). 노인복지학개론. 학현사.

현외성 외(2010). 노인상담론. 창지사.

홍재훈(2006). 고령친화식품산업. 식품과학과산업, 39(4). 한국식품과학회.

황나미 외(1995). 말기환자 관리를 위한 호스피스의 제도화 방안. 한국보건사회연구원.

황진수 외(2011). 노인복지론. 공동체.

후생통계협회(2016). 보험과 연금의 동향.

조선일보(2020). 미 하버드대, 프랑스플리나텍. 2020년 1월 1일자.

________(2020). 해외 주요 로봇 전문기업. 2020년 12월 28일자.

대한의학회. http://www.kams.or.kr

한국교육개발원 교육통계서비스. 기관유형별 평생교육기관 개황. http://kess.kedi.re.kr/index에서 2018년 5월 17일 검색.

日本 東京都(2018). 개호보험제도.

藤森克彦, 류재상, 김수홍(2018). 1인 가구사회. 나남.

二木立(2015). 地域包括ケアと地域医療連携. 勁草書房.

仲村優一 外(1982). 現代社會福祉事典. 東京: 全國社會福祉協議會.

岡村重夫, 三浦文夫(1974). 老人の福祉と社會保障, 東京: 垣内出版株式會社 pp.84-85.

高橋紋十(1984). 여가활동유형.

Atchely, R. C.(2003). *Social forces and aging: An introduction to social Gerontology*(10th ed.). Belmont. CA: Wordsworth Tompson Learning.

Barrow, S., & Lindon, M.(1997). Suicidality and tiredness of life among very old persons: Result from the Berlin Aging Study(BASE). *Arch Res, 3*, 171-182.

Bennett, G., & Kingston, P.(1993). *Elder Abuse Concepts, Theories, and Interventions*. London: Chapman & Hall.

Birren, J. E.(1959). Principles of Research on Aging. In *Handbook of Aging and the Individual*. Ed. by J. E. Birren, Chipcago. University of Chicago Press.

Bonnewyn, A., Shah, A., & Demyttenaere, K.(2009). Suicidality and suicide in order people. *Reviews in Clinical Gerontology, 19*.

Brody, E. M.(1977). *Long-Term Care of Older People: A Practical Guide*. New York: Human Science Press.

Burlingame, V. S.(1995). Gerocounseling elders and their families. New York: Springer.

Cesta, T. G., Tahan, H. A., & Fink, L. F.(1998). *The Case Manager's Survival Guide: Winning Strategies for Clinical Practice*. St. Louis & Boston: Mosby.

Challis, D., & Davies, B.(1986). Long term care for the elderly: The community care scheme. *British Journal of Social Work, 15*, 563-579.

Charles et al.(1979). *Social welfare policy: analysis and formulation*. D. C. Heath.

Conwell, Y., Caine, E. D., & Olsen, K.(1990). Suicide and cancer in late life. *Hosp Community Psychiatry, 41*(12), 1334-1339.

Darvill, G., & Munday, B.(1984). *Volunteers in the personal social service*. New York: Tavistock Publications Ltd.

Delamater, J.(2012). Sexual Expression in Later Life: A Review and Synthesis. *Journal of Sex Research, 49*(2-3), 125-141.

Dietz, B.(2002). Lebenserwartung, Morbiditat und Mortalitat im Alter. in Sozialer, Fortschritt, 12/2002, 307-314.

Drench, M. E., & Losee, R. H.(1996). sexuality and sexual capacities of elderly people. *Rehabilitation Nursing, 21*(3), 118-123.

Dunn, S., Quigley, J. M., & Rosenthal, L. A.(2005). The effects of prevailing wage requirements on the cost of low-income housing. *Industrial & Labor Relations Review, 59*(1), 141-157.

Faulkner, L. R.(1982). Mandating the Reporting of Suspected Cases of Elder Abuse: An Inappropriate, In *effective and Ageist Response to the Abuse of Older Adults Family Law Quarterly, 16*(1), 69-91.

Graafmans & Koelen(1992). *Management of Information in Gerontechnology*. Akontes Publishing.

Harris, E. C., & Barraclough, B.(1997). Suicide as an outcome for mental disorders: a meta-analysis. *British Journal of Psychiatry*.

Iding, D., 심원진 역(2005). 오늘이 마지막이라면. 문화사항.

Jantsch(1970). Erich, From Forecasting and Planning to Policy Science. *Policy Science, 1*(1).

Kort et al.(2005). Persuasive Gerontechnology. *Gerontechnology, 3*(3).

Kosberg, J. I.(1998). Preventing Elder Abuse: Identification of High Risk Factors Prior to Placement Decisions. *The Gerontologist, 28*(1), 43-50.

Lasswell, H. D., & Kaplan, A.(1970). *Power and Society*. New Haven: Yale University Press.

Manser, G., & Cass, R. H.(1971). *Voluntarism at the Crossroads*. New York: Family Service Association of America.

Marie(2012). Measuring outcomes in care homes using ASCOT. In British Society of Gerontology Conference, 11-13 July 2012, Keele University.

Maslow, A. H.(1971). *The Farther Reaches of Human Nature*. New York: Viking Press.

Matthias(2003). Abuse and Neglect of Clients in Agency-Based and Consumer-Directed Home Care. NASW NATIONAL ASSOCIATION OF SOCIAL WORKERS.

McDonald, L.(2011). Elder Abuse and Neglect in Canada: The Glass is Still Half Full. *Canadian Journal on Aging, 30*(3), 437-465.

Medgadget(2019). Rehabilitation Robots Market Size to Reach $2.6 Billion by 2026.

Mooradian, A. D., & Greiff, V.(1990). Sexuality IN older women. *Archives of Sexual Behavior, 20*, 17-25.

Nay, R.(1992). Sexuality and aged women in nursing homes. In the face of overwhelming evidence that sexuality is essential to health and identity, society continues to make the aged sexually invisible. *Geriatric nursing, 13*(6), 312-314.

Neugarten, B. L.(1974). Age groups in American society and the rise of the young-old. *Annals of the American Academy of Political and Social Science, 415*, 187-198,

Policy Studies Organization, Policy Studies Journal, 1, Autumn, 1972.

Quinn, J.(1993). *Successful Case Management in Long-term Care*. New York: Springer Publishing Company, Inc.

Rankin, D. J.(1989). Intimacy and the elderly. *Nursing Homes and Senior Citizen Care, 38*(3), 10-14.

Richard et al.(2002). Successful Aging and Well-Being: Self-rated Compared With Rown and Kahn. *The Gerontologist*.

Rowland, K. F., & Haynes, S. N.(1978). A sexual enhancement program for elderly couples. *Journal of Sex and Marital Therapy, 4*(2), 91-113.

Shenfield, B. E.(1975). *Social Policy for Old People*. Englewood Cliffs, N.J.: Prentice-Hall.

Skobe(1997). When nurse is not enough: the hospice interdisciplinary ream may be a nurse's best gift. *American Journal of Hospice & Palliative Care, July/Aug.*

Steinke, E. E.(1994). Knowledge and attitudes of older adults about sexuality in aging: A comparison of two studies. *Journal of Advanced Nursing, 19*(3), 477-485.

____________(1997). Sexuality in aging: implications for nursing facility staff. *Journal of Continuing Education in Nursing, 28*(2), 59-63.

Steinke, E. E., & Bergen, M. B.(1986). Sexuality and Aging. *Journal of Gerontological Nursing, 12*(6), 6-10.

Susan, M., & Chirs, E.(2002). Sexuality in older men with mental health problem. *Sexual and Relationship Therapy in Nursing, 28*(2), 59-63.

Titmuss, R. M.(1974). *Social policy: an introduction*. Allen & Unwin.

Toseland, R.(1981). Increasing Access: Outreach Methods in Social Work Practice. *Social Casework, 62*. Milwaukee, WI: Family Service America.

Wang, J. J.(2006). Paychological abuse and its characteristic correlates among elderly Taiwanese. *Archives of Gerontology and Geriatrics, 42*(3), 307-318.

찾아보기

저/자/약/력

박 상 훈(朴相勳)

〈학력〉
일본 복지대학 객원연구원
전, 협성대학교 사회복지학과(겸임교수)
현, 협성대학교 복지서비스경영학과 교수

〈약력〉
글로벌복지경영학회 회장
한국치매요양협회 회장
㈜엔젤요양보호사교육원대표
엔젤노인복지센터장(전)
대한은퇴자협회(NGO) 지회장
사회복지법인 송암 노인요양원 운영위원장
사단법인 대한노인회 한국노인복지정책연구소 연구자문위원

〈저서〉
복지경영론(공저, 정민사, 2022)
아동권리와 복지(공저, 수양재, 2021)
결혼과 가족(정민사, 2019)
건강가정론(공저, 정민사, 2015)

현대 노인복지론 -제2판-

1판 1쇄 발행 2021년 2월 20일
2판 1쇄 발행 2022년 5월 30일
2판 3쇄 발행 2025년 2월 28일

저 자 박상훈
발 행 인 회장 박철용 · 대표 박세원
발 행 처 정민사
주 소 경기도 파주시 직지길 522 파주출판도시
전 화 031-955-8030
팩 스 031-955-8025
홈 페 이 지 http://www.jmpub.co.kr
이 메 일 yswgroup@naver.com
출 판 등 록 1979년 1월 22일 No. 406-2004-000130호

I S B N 978-89-5809-955-0
정 가 22,000원